Faszinierende Schildkröten
SUMPFSCHILDKRÖTEN
Ignaz A. Basile

EDITION TIER SPEZIAL
Herausgeber Dr. Friedrich Naglschmid

Faszinierende Schildkröten
SUMPFSCHILDKRÖTEN
IGNAZ A. BASILE

VERLAG STEPHANIE NAGLSCHMID STUTTGART

Die Deutsche Bibliothek - CIP-Einheitsaufnahme

Basile, Ignaz A.:
Faszinierende Schildkröten:
Sumpfschildkröten / Ignaz A. Basile. -
Stuttgart: Naglschmid 1995
    ISBN 3-927913-81-2

Titelbildgestaltung:	Stephanie Naglschmid / MTi-Press
Titelbild:	Ignaz A. Basile / MTi-Press
Vorsatz:	R. Whitaker / MTi Press
Graphik:	Ignaz A. Basile / MTi-Press
Lektorat:	Helmut Göthel / MTi-Press

Alle in diesem Buch enthaltenen Angaben, Daten, Ergebnisse usw. wurden von dem Autor nach bestem Wissen erstellt und von ihm und vom Verlag sorgfältig überprüft. Gleichwohl können inhaltliche Fehler nicht vollständig ausgeschlossen werden. Daher erfolgen die gemachten Angaben, Daten, Ergebnisse usw. ohne jegliche Verpflichtung oder Garantie des Autors oder des Verlags. Weder der Autor noch der Verlag übernehmen irgendeine Verantwortung und Haftung für etwaige inhaltliche Unrichtigkeiten.

Geschützte Warennamen (Warenzeichen) werden nicht besonders gekennzeichnet. Aus dem Fehlen solcher Hinweise kann also nicht geschlossen werden, daß es sich um einen freien Warennamen handelt. Alle Rechte, insbesondere das Recht der Vervielfältigung und Verbreitung sowie der Übersetzung, vorbehalten. Kein Teil des Werkes darf in irgendeiner Form (durch Fotokopie, Mikrofilm oder ein anderes Verfahren) ohne schriftliche Genehmigung des Verlages reproduziert werden oder unter Verwendung elektronischer Systeme verarbeitet, vervielfältigt oder verbreitet werden.

© **1995** Verlag Stephanie Naglschmid
Rotebühlstr. 87A, 70178 Stuttgart
Printed in Spain

Vorwort

Mit dem vorliegenden Band „Faszinierende Schildkröten", der in seiner Artenzusammenstellung vor allen Dingen die Sumpfschildkröten heraushebt, liegt nun der zweite Band über Schildkröten innerhalb der Reihe „Tier Spezial" vor. Auch dieser Band ist ein in sich vollkommen abgeschlossenes eigenständiges Werk, das sich aber nahtlos an den Band I „Faszinierende Schildkröten / Landschildkröten" angliedert. Ergänzt werden wird diese Reihe durch einen dritten Band mit dem Schwerpunkt der Wasser- und Meeresschildkröten.

Beibehalten wurde auch innerhalb dieses Bandes die strenge Gliederung der Einzelbibliographien, in denen die Besonderheiten jeder vorgestellten Art herausgehoben werden und wichtige Halte- und Pflegetips bei den einzelnen Arten angeschlossen sind. Auch wenn sich dieser Band keineswegs als Aufforderung zur Haltung von Schildkröten versteht, soll dennoch mit diesen Hinweisen gewährleistet werden, daß dort, wo Schildkröten in Gefangenschaft gehalten werden, dies artgerecht erfolgt und eventuell als Nachzucht eine weitere Gefährdung der Naturbestände vermieden werden kann. Verlag, Herausgeber und Autor sind sich darüber im Klaren, daß die Fragen der Nachzucht mit all den Problemen der Domestikation nur unbefriedigende Lösungen darstellen - dennoch sehen sie hier derzeit die einzige Möglichkeit, sowohl den Bedürfnissen nach Schildkrötenhaltung als auch der Notwendigkeit des Schildkrötenschutzes nachzukommen. Unbestritten konnten hier die Erfahrungen und Erfolge Zoologischer Gärten und privater Züchter in den vergangenen Jahren und Jahrzehnten enorme Fortschritte in der Kenntnis der Lebensgewohnheiten von Schildkröten liefern. Gerade hieraus wissen wir, daß das langfristige Ziel dennoch die Erhaltung der Bestände in der freien Natur sein muß. Wiederauffüllungen von Beständen durch Nachzuchten haben sich auch in anderen Bereichen als äußerst problematisch - ja zum großen Teil als undurchführbar - erwiesen. Zuviele wertvolle Verhaltenseigenschaften, zuviele Resistenzen werden aus bislang noch weitgehend ungeklärten Gründen im Verlaufe der Nachzucht als Folge einer fortschreitenden Domestikation verloren. Unbestreitbar ist auch, daß trotz des Washingtoner Artenschutzabkommens der Handel mit gefährdeten Arten bis jetzt kaum eingeschränkt werden konnte. Unvernunft und Sammelgier tragen dabei ein wesentliches zur Erhaltung der Märkte bei. Auch wir sind von der Faszination der Schildkröten gefangen, dennoch wollen wir mit diesem Buch erreichen, daß die Faszination zu verantwortungsvollem Handeln des einzelnen führt. Wir möchten den Menschen nicht aus der Natur ausschließen und möchten ihm den Umgang mit Tieren nicht verbieten, aber wir können dies nur guten Gewissens dann tun, wenn wir davon ausgehen können, daß artgerechte Haltung, vernünftiger Umgang mit Tieren, die Berücksichtigung und Einhaltung der Artenschutzverordnungen sowie der Naturschutz- und der Tierschutzgesetze gewährleistet sind. Wir würden es begrüßen, wenn sich durch diesen Band wiederum viele aufgerufen fühlten, mehr für die Schildkröten zu tun und damit mitzuhelfen, daß diese faszinierenden Tiere in ihrem Bestand von über 200 verschiedenen Arten auf unserer Erde eine Überlebenschance haben.

Wir sind uns aber auch dessen bewußt, daß dies nicht nur eine Frage der Einzeltiere ist, sondern daß die Voraussetzung für das Überleben der einzelnen Schildkrötenarten vor allen Dingen - wie auch überall sonst im natürlichen Geschehen - eine Frage der Biotoperhaltung ist. Ständig fortschreitende Biotopvernichtungen, der fortschreitende Anspruch des Menschen auf bislang unberührte Territorien durch Trockenlegung weiter Sumpfgebiete der Erde sowie das Abholzen der letzten großen Regenwaldbestände - aber auch das Vordringen in allen anderen Naturgebieten - engen den Lebensraum der Schildkröten in beängstigendem Maße ein. Das Einbringen von Pestiziden und Insektiziden, das fortschreitende Bedürfnis nach Siedlungs- und Weideland sind gerade bei den Schildkröten mit Hauptverursacher der ständig abnehmenden Populationsdichten. So steht zu befürchten, daß auch von den in diesem Band vorgestellten Arten und Unterarten einige in wenigen Jahrzehnten nur noch in zoologischen Gärten oder bei privaten Züchtern zu beobachten sind. Wir haben auch in diesem Band wieder Arten veröffentlicht, von denen - nach unserer bisherigen Kenntnis - keine Bilddokumente existieren. Wir möchten hier gleichzeitig alle Schildkrötenfreunde auffordern, uns bei der Vervollständigung der bekannten Schildkrötenarten zu unterstützen und sowohl Biotop- als auch Nachzuchtbeispiele zuzusenden. Wir möchten damit erreichen, daß nach Abschluß dieser Serie das umfassendste Kompendium zu dieser faszinierenden Gruppe präsentiert werden kann. Die Bände dieser Reihe sollen deshalb auch Aufruf sein, mitzuwirken, die Vielfalt der Arten auf unserer Erde zu erhalten, um so die ökologischen Gleichgewichte nicht weiter zu gefährden. Was in Jahrmillionen gewachsen ist und als Artenbestand seit dem Erdmittelalter alle Klimaschwankungen überstehen konnte, das darf nicht durch den unkontrollierten Raubbau des Menschen innerhalb von wenigen Jahrzehnten verschwinden. Zu wenig kennen wir noch die Vernetzungen, die Querverbindungen, die ökologischen Hintergründe in vielen Biotopen. Leider werden immer mehr Arten von der Erde verschwinden, ohne daß wir über ihre Bedeutung, ihre Lebens- und Verhaltensweisen überhaupt Bescheid wissen. Auch hier soll diese Reihe dazu beitragen, die Kenntnisse über Schildkröten zu erweitern, zu ergänzen und vor allen Dingen zu vervollständigen, so daß wir alle unser Wissen einsetzen können, um einen verstärkten Schildkrötenschutz weltweit zu erreichen.

Vorwort

Die große Anerkennung, die bereits Band I „Faszinierende Schildkröten" fand, der die Landschildkröten und die weitgehend landlebenden Sumpfschildkröten zum Inhalt hatte, hat Autor, Herausgeber und Verlag veranlaßt, Bewährtes in diesen neuen Band zu übernehmen und gleichzeitig fortschreitende Druck- und Reproduktionsmöglichkeiten zu nutzen, um eine weitere Steigerung in der Qualität zu erreichen. Wir haben aber auch die vielen Anregungen verarbeitet, die uns seit der Veröffentlichung von Band I zu Nachzuchten im Bereich der Sumpfschildkröten erreicht haben. Wir möchten deshalb auch nicht versäumen, hier besonders darauf hinzuweisen, daß die Haltung von Sumpfschildkröten weit pflegeintensiver ist, als dies bei Landschildkröten der Fall ist. Stellt schon die Schaffung einer artgerechten Umwelt innerhalb eines Terrariums bei landlebenden Arten hohe Anforderungen an den Tierfreund, so wird deutlich ersichtlich, daß sich bei Mischbiotopen von Feucht- und Trockenzonen die artgerechte Haltung als noch schwieriger erweist. Dies bitten wir alle zu berücksichtigen, die ihr hauseigenes Schildkrötenrepertoire erweitern wollen. Nur wenn Sie nach Abwägung aller Möglichkeiten zu dem Schluß kommen, daß Sie eine artgerechte Haltung auch wirklich langfristig gewährleisten können, sollten Sie sich überhaupt an die Haltung von Schildkröten heranwagen.

Dr. Friedrich Naglschmid
Vorstand der Aktionsgemeinschaft
Artenschutz (AGA)

Inhalt

Vorwort 5
Inhalt 7
Einleitung 9
Panzerbeschilderung 10
Biographien der Arten 11

Wissenschaftliche Namen

1. *Annamemys annamensis* 12
2. *Callagur borneoensis* 14
3. *Chinemys megalocephala* 16
4. *Chinemys reevesi* 18
5. *Chrysemys picta ssp.* 20
6. *Clemmys guttata* 24
7. *Clemmys insculpta* 26
8. *Cuora amboinensis amboinensis* 28
9. *Cuora amboinensis couro* 30
10. *Cuora amboinensis kamaroma* 32
11. *Cuora pani* 34
12. *Cuora trifasciata* 36
13. *Cyclemys dentata* 38
14. *Cyclemys tcheponensis* 40
15. *Deirochelys reticularia miaria* 42
16. *Emydoidea blandingi* 44
18. *Emys orbicularis orbicularis* 46
19. *Geoclemys hamiltoni* 48
20. *Graptemys barbouri* 50
21. *Graptemys geographica* 52
22. *Graptemys kohni* 54
23. *Graptemys nigrinoda nigrinoda* 56
24. *Graptemys pseudogeographica pseudogeographica* .. 58
25. *Graptemys pulchra* 60
26. *Hardella thurji thurji* 62
27. *Heosemys grandis* 64
28. *Heosemys spinosa* 66
29. *Kachuga dhongoka* 68
30. *Kachuga kachuga* 70
31. *Kachuga smithi smithi* 72
32. *Kachuga tecta ssp.* 74
33. *Malaclemys terrapin ssp.* 76
34. *Malayemys subtrijuga* 80
35. *Mauremys caspica caspica* 82
36. *Mauremys caspica rivulata* 84
37. *Mauremys leprosa* 86
38. *Mauremys nigricans* 88
39. *Melanochelys trijuga thermalis* 90
40. *Melanochelys trijuga trijuga* 92
41. *Morenia petersi* 94
42. *Ocadia sinensis* 96

Deutsche Namen

1. Annam-Sumpfschildkröte 12
2. Callagur-Schildkröte 14
3. Chinesische Dickkopfschildkröte 16
4. Chinesische Dreikielschildkröte 18
5. Zierschildkröte 20
6. Tropfenschildkröte 24
7. Waldbachschildkröte 26
8. Amboina-Scharnierschildkröte 28
9. Amboina-Scharnierschildkröte 30
10. Amboina-Scharnierschildkröte 32
11. Pan's Scharnierschildkröte 34
12. Dreistreifen-Scharnierschildkröte 36
13. Malayische Dornschildkröte 38
14. Streifenhals-Dornschildkröte 40
15. Langhals-Schmuckschildkröte 42
16. Amerikanische Sumpfschildkröte 44
18. Europäische Sumpfschildkröte 46
19. Strahlen-Dreikielschildkröte 48
20. Barbour's Höckerschildkröte 50
21. Landkarten-Höckerschildkröte 52
22. Mississippi-Höckerschildkröte 54
23. Schwarzkopf-Höckerschildkröte 56
24. Falsche Landkarten-Höckerschildkröte 58
25. Alabama-Landkartenschildkröte 60
26. Diademschildkröte 62
27. Riesen-Erdschildkröte 64
28. Stachel-Erdschildkröte 66
29. Dhongoka-Dachschildkröte 68
30. Bengalische Dachschildkröte 70
31. Smith-Dachschildkröte 72
32. Indische Dachschildkröte 74
33. Diamantschildkröte 76
34. Malayen-Sumpfschildkröte 80
35. Kaspische Bachschildkröte 82
36. Kaspische Wasserschildkröte 84
37. Maurische Sumpfschildkröte 86
38. Dreikiel-Wasserschildkröte 88
39. Schwarzbauch-Erdschildkröte 90
40. Schwarzbauch-Erdschildkröte 92
41. Indische Pfauenaugenschildkröte 94
42. Chinesische Streifenschildkröte 96

Inhalt

43. *Orlitia borneensis* 98	43. Borneo-Flußschildkröte 98
44. *Pseudemys concinna concinna* 100	44. Hieroglyphen-Schmuckschildkröte 100
45. *Pseudemys concinna hieroglyphica* 102	45. Hieroglyphen-Schmuckschildkröte 102
46. *Pseudemys concinna mobilensis* 104	46. Hieroglyphen-Schmuckschildkröte 104
47. *Pseudemys floridana hoyi* 106	47. Florida-Schmuckschildkröte 106
48. *Pseudemys nelsoni* 108	48. Florida-Rotbauch-Schmuckschildkröte 108
49. *Rhinoclemmys diademata* 110	49. Venezuela-Erdschildkröte 110
50. *Rhinoclemmys pulcherrima pulcherrima* 112	50. Pracht-Erschildkröte 112
51. *Rhinoclemmys punctularia punctularia* 114	51. Guayana-Erdschildkröte 114
52. *Sacalia quadrocellata* 116	52. Chinesische Pfauenaugenschildkröte 116
53. *Siebenrockiella crassicollis* 118	53. Schwarze Dickkopfschildkröte 118
54. *Terrapene coahuila* 120	54. Wasser-Dosenschildkröte 120
55. *Trachemys scripta callirostris* 122	55. Kinnflecken-Schmuckschildkröte 122
56. *Trachemys scripta chichiriviche* 124	56. Venezuela-Schmuckschildkröte 124
57. *Trachemys scripta dorbigni* 126	57. Brasilianische Schmuckschildkröte 126
58. *Trachemys scripta elegans* 128	58. Rotwangen-Schmuckschildkröte 128
59. *Trachemys scripta ornata* 132	59. Pfauenaugen-Schmuckschildkröte 132
60. *Trachemys scripta scripta* 134	60. Gelbwangen-Schmuckschildkröte 134
61. *Trachemys scripta venusta* 136	61. Schmuckschildkröte 136

Haltung und Nachzucht der Europäischen Süßwasserschildkröten 138
Krankheiten der Europäischen Süßwasserschildkröten 148
Bau und Gestaltung einer Freilandanlage für Europäische Süßwasserschildkröten 151
Literatur 153
Auflistung der Tiere aus Band I 154
Liste der rezenten Sumpfschildkröten der Erde 155
Index wissenschaftliche Namen aus Band I und II 157
Index deutsche Namen aus Band I und II 158

Einleitung

Auch in diesem Bildband möchte ich wieder die Schönheit und Faszination der Schildkröten zeigen. Bei den in diesem Band vorgestellten Tieren handelt es sich um die Arten, die man als Sumpfschildkröten eingestuft hat. Für den Neuling oder nichtwissenschaftlichen Leser muß allerdings festgestellt werden, daß es sich bei dieser Kategorie um die gesamte Spannbreite der Wasserschildkröten handelt.

Es gibt hierbei Tiere, die dem Namen „Sumpfschildkröte" in ihrer Lebensweise sehr stark gerecht werden, also auch teilweise terrestrisch leben und schlechte Schwimmer sind. Gleichzeitig gibt es aber auch echte Tauch- und Schwimmschildkröten, wie die Dachschildkröten der Gattung *Kachuga*, die Callagur-Schildkröte *Callagur borneoensis* und die Borneo-Flußschildkröte *Orlitia borneensis* und viele andere mehr. Diese Arten sind ausgiebige Schwimmer, die sich gerne in tiefen Flüssen aufhalten, wo sie schwimmen und tauchen, wofür sie auch durch den entsprechenden Körperbau geeignet sind.

Weiterhin gibt es die Schmuckschildkröten der Gattung *Pseudemys*, die alle großen Flüsse Nordamerikas bevölkern und natürlich nicht der landläufigen Vorstellung einer Sumpfschildkröte entsprechen.

Bei den Sumpfschildkröten handelt es sich um die schönste und farbenprächtigste Gruppe unter den Wasserschildkröten. Ich hoffe, daß ich mit meinen Aufnahmen diesem Anspruch gerecht werden konnte.

Gerade noch rechtzeitig für dieses Buch erschien die neue Systematik (Nomenklatur) von WELCH, die die neueste Namensgebung und neue Unterarten beinhaltet. Auch diese Systematik wird nur kurze Zeit aktuell sein, doch im Moment ist sie die Aktuellste.

In Band 1 habe ich einige Sumpfschildkröten gezeigt, die teilweise terrestrisch leben und somit eine Berechtigung hatten, in einem Buch über landlebende Schildkröten zu erscheinen. Normalerweise würde ich diese Tiere in diesem Sumpfschildkrötenband nicht nochmals erwähnen. Es wäre aber schade, wenn in diesem Band z. B. eine Amboina-Scharnierschildkröte *Cuora amboinensis* oder eine Riesen-Erdschildkröte *Heosemys grandis* fehlen würde. Der Käufer dieses Buches darf erwarten, diese populären Tiere hier vorzufinden, und es wäre sicherlich nicht fair, hier darauf hinzuweisen, er könnte sich ja Band 1 noch dazukaufen. So finden sich in diesem Band also 4 Arten aus Band I, die ich aber mit einem neuen Foto präsentiere; z. B. ist die Riesen-Erdschildkröte *Heosemys grandis* in Band I als Jungtier und hier als total anders aussehendes erwachsenes Tier abgebildet.

Ein Anliegen unserer heutigen Zeit ist es nach wie vor, keine Tiere aus der Natur zu entnehmen. Auch bei den Sumpfschildkröten gilt es daher, möglichst immer eine Nachzucht anzustreben und keine seltenen Arten ohne Aussicht auf eine Vermehrung zu halten. Sie finden daher auch in diesem Buch wieder einen ausgezeichneten Bericht über die Nachzucht, in diesem Falle der europäischen Süßwasserschildkröten, die in unseren Breiten sogar im Freiland gehalten und vermehrt werden können. Dieser Bericht stammt von Hans-Peter Kau, einem der erfolgreichsten Schildkröten-Züchter Deutschlands, der schon einige Hunderte europäische Land- und Sumpfschildkröten nachgezogen hat.

Es wäre schön, wenn andere Schildkrötenhalter durch diesen Bericht animiert würden, es mit einer Nachzucht zu versuchen, oder wenn der eine oder andere in diesem Buch den entscheidenden Tip für eine erfolgreiche Nachzucht findet.

Auf die an dieser Stelle üblichen Danksagungen möchte ich in diesem Falle gerne verzichten, da sie den Leser meist nicht sehr interessieren.

Eine angenehme Verpflichtung ist es mir, meinem Sohn Matthias zu danken, ohne dessen tatkräftige Mithilfe dieser Bildband nicht entstanden wäre. Er war nicht nur „Assistent" bei fast allen Fotoaufnahmen, er hat auch die gesamte Schreibarbeit per Com-puter übernommen.

Weiterhin danke ich auch meiner Frau und meiner Tocher, die meine Arbeit an diesem Buch jeweils wohlwollend und mit viel Verständnis begleitet haben.

Ignaz A. Basile

Panzerbeschilderung

Carapax	-	Rückenpanzer
N = Nuchal	-	Nackenschild
C = Central	-	Zentralschild
Co = Costal	-	Seitenschild
M = Marginal	-	Randschild
S = Supracaudal	-	Schwanzschild

Plastron	-	Bauchpanzer
I = Intergular	-	Zwischenkehlschild
G = Gular	-	Kehlschild
H = Humeral	-	Armschild
P = Pectoral	-	Brustschild
Ab = Abdominal	-	Bauchschild
F = Femoral	-	Schenkelschild
An = Anal	-	Afterschild

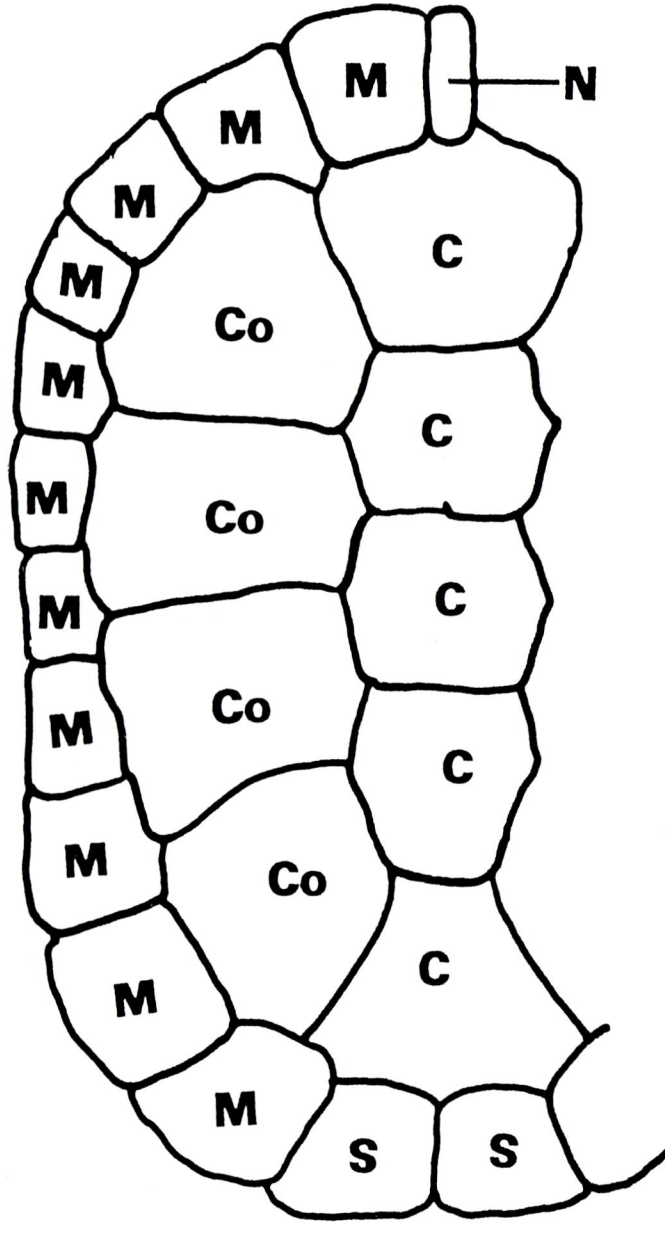
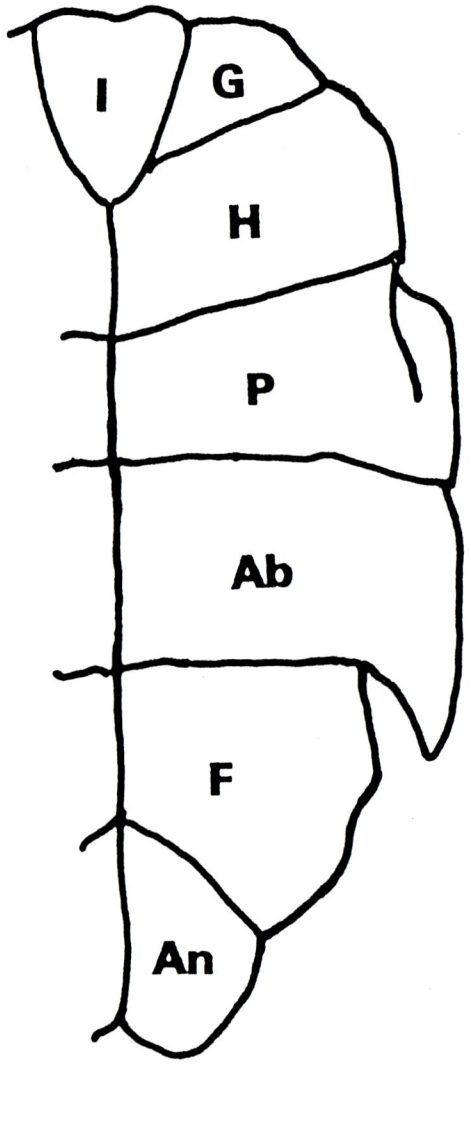

Biographien

Annamemys annamensis (Siebenrock 1903)
Annam-Sumpfschildkröte

Geographische Verbreitung
Annamemys annamensis lebt in Südost-Asien (Zentralvietnam).

Biotop
Die Annam-Sumpfschildkröte bevölkert flache Tümpel (Bewässerungsgräben) und langsam fließende, kleinere Bäche mit starker Vegetation (verkrautete Zonen).

Größe
Die max. Größe liegt bei 16-18 cm (Panzerlänge/Stockmaß). Männchen sollen kleiner bleiben.

Beschreibung
Der einfarbig braune Carapax (Rückenpanzer) wölbt sich nur mäßig hoch. Ein Vertebralkiel (Rückenkiel) zeichnet sich auch bei Alttieren deutlich ab. Jungtiere dagegen weisen deren drei auf. Die Grundfarbe des Plastrons (Bauchpanzer) ist gelb bis orange-gelb. An beiden Seiten ziehen sich breite dunkle Bänder über die gesamte Plastronlänge. Die Brücke (= Verbindung zwischen Plastron und Carapax) ist bei ebenfalls gelblicher Grundfarbe mit größeren dunklen Flecken versehen. Der Kopf ist von bräunlicher Grundfarbe und weist eine Anzahl gelber Längsstreifen auf. Ein gelber Streifen umfaßt das Auge und reicht bis zum Hals. Auch unter und über dem Auge befindet sich ein gelber Streifen, er ist oft mehr oder weniger dick schwarz eingefaßt. Die Streifen verbreitern sich am Übergang vom Kopf zur Haut des Halses. Die Haut auf der Kopfunterseite ist cremefarben.

Die Beine sind dunkelbraun und ohne Zeichnung. Zwischen den Zehen befinden sich gut ausgeprägte Schwimmhäute. Das nebenstehende Foto beweist eine gewisse Variabilität der Art im Aussehen. Die gelben Streifen sind hier besonders breit schwarz eingefaßt, dadurch gleicht die Zeichnung sehr der von *Cuora amboinensis* (Amboina-Scharnierschildkröte). Auch der Rückenpanzer ist hier außergewöhnlich hoch gewölbt. Im allgemeinen gleicht *Annamemys annamensis* eher den *Mauremys*-Arten, von denen sie sich wiederum durch den Querbalken durch das Auge unterscheidet (*Mauremys*-Arten haben runde, ungeschlitzte Augen).

Allgemeines
Die Annam-Sumpfschildkröte besteht nur aus einer Art ohne Unterarten. Sie ähnelt wie schon oben beschrieben der Amboina-Scharnierschildkröte. Diese ist allerdings meist leuchtender gelb gefärbt, und der Anteil an schwarzer Färbung am Kopf ist größer. Auch sind die Amboina-Scharnierschildkröten meist höher gewölbt als die Annam-Sumpfschildkröte, mit Ausnahme der flachen Unterart der Scharnierschildkröte (siehe neue Beschreibung in diesem Buch, wonach 3 Unterarten von *Cuora amboinensis* unterschieden werden). Natürlich hat *Annamemys annamensis* kein Bauchpanzerscharnier. Die Annam-Sumpfschildkröte wird recht selten aus SO-Asien importiert. Vor nicht allzu langer Zeit wurde sie aus diesem Grund zu sehr hohen Preisen verkauft. Das nachlassende Interesse der Käufer und auch ihre Ähnlichkeit mit der genannten *Cuora*-Art ließen allerdings die Preise wieder fallen.

Haltung und Pflege
Trotz ihrer recht warmen Heimat sind Haltungstemperaturen von 23-26 °C ausreichend. Als Futter werden bei dieser stark vegetarisch lebenden Art die verschiedensten Früchte und Pflanzensorten angenommen. Nach einer Eingewöhnungszeit nehmen die Tiere aber auch animalische (tierische) Kost an. Eine Nachzucht in Gefangenschaft ist schon gelungen. Die Weibchen legen große, aber nur wenige Eier. Bei Substrat-Temperaturen um die 30 °C im Brutkasten schlüpfen nach ca. 75 Tagen die Baby-Schildkröten. Die Schlüpflinge bevorzugen Lebendfutter bzw. Fisch- oder Fleischstreifen. Erst mit zunehmendem Alter stellen sie den Schwerpunkt ihrer Ernährung auf pflanzliche Kost um.

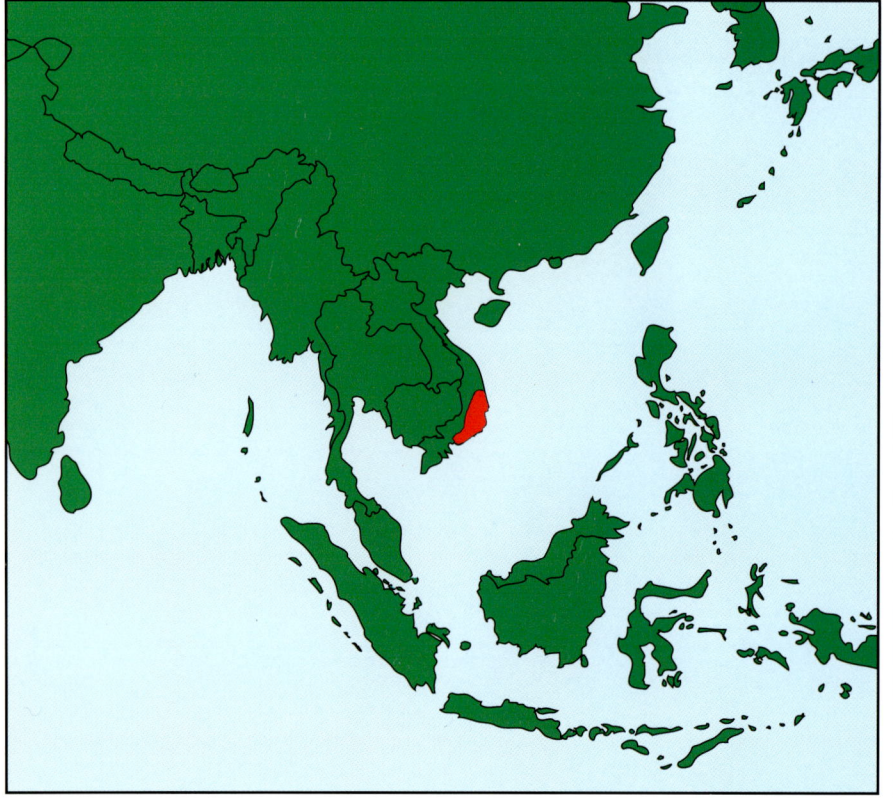

Foto: I. A. Basile / MTi-Press

Annamemys annamensis (SIEBENROCK 1903)
Annam-Sumpfschildkröte

Callagur borneoensis (Schlegel & Müller 1844)
Callagur-Schildkröte

Geographische Verbreitung
Callagur borneoensis ist im südlichen Hinterindien verbreitet. Sie lebt in Malaysia und Indonesien (Sumatra, Borneo, Java, Kleine Sundainseln). Laut Wirot Nutaphand („The Turtles of Thailand") ist sie vereinzelt auch im südlichsten Ost-Thailand (Provinzen Patthani und Narativat) beheimatet. Vereinzelt soll sie auch auf den Philippinen vorkommen.

Biotop
Die Callagur-Schildkröte lebt hauptsächlich in großen und tiefen Flüssen, in denen sie sich sehr oft im Brackwasserbereich aufhält. Außerdem findet man sie auch in geschützten Meeresbuchten. Sie verläßt das Wasser fast nur zur Eiablage.

Größe
Die Callagur-Schildkröte ist wahrscheinlich die größte Sumpfschildkröte der Erde; die durchschnittliche Carapaxlänge beträgt 60 bis 80 cm, wobei die Weibchen größer werden als die Männchen.

Beschreibung
Der Rückenpanzer dieser Art ist relativ flach und stromlinienförmig. Bei Jungtieren besitzt er drei Längskiele, wobei der mittlere am stärksten ausgeprägt ist. Diese Kiele entwickeln sich mit dem Alter zu drei schwarzen Streifen zurück, die sogar unterbrochen sein können. Ansonsten ist der Carapax bei Jungtieren gräulich und bei adulten Tieren braun gefärbt und ohne weitere Zeichnung. Sehr alte Tiere sind nur noch hellbraun mit verwaschenen dunklen Flecken.
Der Bauchpanzer ist bei Jungtieren ebenfalls grau, erwachsene Tiere haben einen blaß-rosa bis weißen Plastron, wobei die Unterseiten der Marginalschilder wie der Carapax gefärbt sind.
Der Kopf ist bei juvenilen Tieren grau, sonst bräunlich gefärbt und bei Weibchen und Jungtieren einfarbig. Männchen dagegen besitzen einen breiten blaß-roten Streifen, der von der Schnauzenspitze zur Kopfmitte geht. Die Kieferränder sind gezackt. Auch dieser Pflanzenfresser besitzt im Inneren des Maules viele Höckerreihen, die das Zerkleinern der Nahrung erleichtern.
Hals und Gliedmaßen besitzen eine gräulich-braune Grundfarbe und sind einfarbig. Die Extremitäten haben vorne 5 und hinten 4 scharfe Krallen, die mit sehr starken Schwimmhäuten versehen sind.

Allgemeines
Besonders auffällig ist die Färbung der Männchen in der Paarungszeit. Im allgemeinen verblaßt die Körperfarbe. So bekommt der Rückenpanzer eine olivene Grundfarbe, und der Kopf wird weiß. Dadurch treten die drei schwarzen Längsstreifen und der rote Kopfstreifen, der eine kräftigere Rotfärbung bekommt, stärker hervor, auf den Marginalschildern erscheinen schwarze Flecken. Weiterhin bekommt der Plastron eine kräftig-gelbe Farbe. Diese Farbänderung wird wahrscheinlich durch Hormone gesteuert.
Die Callagur-Schildkröte, die zur Gruppe der Tauchschildkröten gehört, ist sehr gut an das Leben in tiefen Gewässern und überhaupt an das Leben im Wasser angepaßt. Der Rückenpanzer ist flach und stromlinienförmig, die Vorderextremitäten sind abgeflacht und gleichen den Flossen der Meeresschildkröten, die Nasenregion ist erhöht und erleichtert das Atmen aus dem Wasser, und die Lunge ist durch knöcherne Lungenkammern vor zu großem Druck beim Tauchen geschützt. Auch die Schwimmweise von *Callagur borneoensis* ist auffällig. Während die meisten anderen Emyden hauptsächlich mit den großflächigen Hinterbeinen schwimmen, benutzt *Callagur borneoensis* wie die Meeresschildkröten die flossenartigen Vorderextremitäten. Sie eignen sich nicht sehr gut zum Laufen, sind aber ideal zum Schwimmen und Tauchen. Eine weitere Gemeinsamkeit mit den Meeresschildkröten ist die Eiablage, die auch bei der Callagur-Schildkröte nur nachts an Dünen oder Stränden erfolgt.
Die Gattung *Callagur* ist sehr nah mit den Gattungen *Batagur* und *Orlitia* verwandt. Von diesen unterscheidet sie sich durch die Anzahl der Krallen an den Vorderfüßen (nur 4 bei *Batagur*) und durch die Kopfoberfläche (*Orlitia* besitzt Schuppen, während die Kopfoberseite von *Callagur* aus einem Hautstück besteht). Weiterhin ist sie mit der Diademschildkröte *Hardella thurji* und den Dachschildkröten *Kachuga sp.* verwandt, denen sie allerdings nicht sehr ähnlich sieht.

Haltung und Pflege
Die Haltung von *Callagur borneoensis* in Gefangenschaft ist prinzipiell möglich. Die Tiere bereiten im Großen und Ganzen keine besonderen Probleme. Wegen der zu erwartenden Erwachsenengröße sollte man sich jedoch eine Anschaffung überlegen. Es ist zu beachten, daß ein sehr großer Wasserteil nötig ist, der auch eine große Wassertiefe haben sollte. Die Temperatur muß gemäß dem Verbreitungsgebiet deutlich über 25 °C liegen. Ein Landteil ist dagegen für diese Tauchschildkröten nicht unbedingt nötig, da die Tiere kaum aus dem Wasser gehen.
Die Fütterung ist relativ einfach, da die Tiere immer fressen, wenn sie etwas bekommen. Jungtiere sind reine Pflanzenfresser, adulte Tiere sind dagegen eigentlich Allesfresser, wobei der Schwerpunkt aber auf pflanzlicher Nahrung liegt.
Eine Nachzucht dieser Art in Gefangenschaft ist nicht bekannt. Außerdem sind die Tiere wegen ihrer Seltenheit und ihrer Größe äußerst selten im Handel.

Foto: I. A. Basile / MTi-Press

Callagur borneoensis (SCHLEGEL & MÜLLER 1844)
Callagur-Schildkröte

Chinemys megalocephala Fang 1934
Chinesische Dickkopfschildkröte

Geographische Verbreitung
Chinemys megalocephala lebt im Osten Mittelchinas (Provinzen Kiangsu, Anhwei und Tschekiang) im Bereich von Nanking.

Biotop
Die Chinesische Dickkopfschildkröte bevölkert - wie ihre Verwandten der Gattung *Chinemys* auch - kleine Gewässer mit starker Wasservegetation (z. B. Algen). Die findet sie hauptsächlich in landwirtschaftlichen Gewässern (Reisfeldern) und auf sumpfigen Wiesen, aber auch in kleinen Tümpeln und langsam fließenden Gewässern.

Größe
Mit einer maximalen Carapaxlänge von 20 cm zählt *Chinemys megalocephala* zu den kleineren Sumpfschildkröten-Arten. Hierbei bleiben die Männchen noch etwas kleiner als die Weibchen.

Beschreibung
Der Rückenpanzer dieser Art ist nicht sehr hoch gewölbt, er erscheint jedoch höher als bei der Chinesischen Dreikielschildkröte *Chinemys reevesi*. Er besitzt keinerlei Kiele und ist auch am Hinterrand nicht gezackt. Der Rückenpanzer ist in allen Brauntönen gefärbt. Auf den Central- und Costalschildern befinden sich drei schwarze Streifen (*Chinemys reevesi* hat hier dagegen jeweils einen deutlichen Kiel). Eine weitere Zeichnung ist nicht vorhanden, die Schildränder sind jedoch gefurcht.

Der Bauchpanzer ist wie bei den anderen *Chinemys*-Arten blaß-gelb, wobei auf jedem Schild ein großer schwarzer Fleck vorhanden ist. Diese Flecken sind jedoch nicht so groß wie bei *Chinemys reevesi* und der Rothalsschildkröte *Chinemys kwangtungensis*.

Charakteristisch für diese Art ist der namengebende, auffällig große Kopf, durch den sich die Chinesische Dickkopfschildkröte von *Chinemys reevesi* unterscheidet. Er ist jedoch ebenfalls gräulich-braun gefärbt und hat gelbe Verzierungen an den Kopfseiten. Weiterhin fehlt bei der Chinesischen Dickkopfschildkröte der schwarze Strich durch die Pupillen. Die Extremitäten haben die gleiche Farbe wie der Kopf, besitzen jedoch keine Zeichnung.

Allgemeines
Die Gattung *Chinemys* besteht aus der Chinesischen Dickkopfschildkröte sowie aus zwei weiteren Arten: der Chinesischen Dreikielschildkröte *Chinemys reevesi* (Gray 1831) und der Rothalsschildkröte *Chinemys kwangtungensis* (Pope 1934).

Chinemys kwangtungensis lebt, wie der lateinische Name aussagt, hauptsächlich in der südchinesischen Provinz Kwangtung. Diese drei Arten unterscheiden sich voneinander hauptsächlich durch die Carapaxform und -färbung. Während *Chinemys reevesi* drei Längskiele besitzt (Chinesische Dreikielschildkröte), ist bei *Chinemys kwangtungensis* nur ein Mittelkiel vorhanden. Bei *Chinemys megalocephala* ist kein Kiel mehr zu sehen, statt dessen hat der Rückenpanzer nur noch drei schwarze Streifen. Wie erwähnt, ist auch der auffällig breite Kopf charakteristisch für diese Art, dies ist jedoch kein alleiniges Merkmal für *Chinemys megalocephala* (auch *Chinemys kwangtungensis* hat im Vergleich zu *Chinemys reevesi* einen auffällig großen Kopf). Von *Chinemys kwangtungensis* ist leider nicht sehr viel bekannt. Außer ihrem Verbreitungsgebiet (Provinz Kwangtung) ist lediglich noch bekannt, daß sie einen breiteren Kopf als *Chinemys reevesi* besitzt und daß dieser keine Schuppen auf der Oberseite aufweist. Die Färbung der Kopfseiten ist laut PRITCHARD sehr unscheinbar, dagegen zeigt er aber in seinem Buch ein sehr auffällig rot geflecktes Tier, welches offensichtlich keine *Chinemys kwangtungensis* ist.

Die Oberfläche des Rückenpanzers ist weniger gewölbt und dunkler gefärbt als bei den anderen beiden *Chinemys*-Arten. Alle drei Arten besitzen relativ kleine Extremitäten mit nur gering ausgebildeten Schwimmhäuten, vorwiegend an den Hinterfüssen. *Chinemys kwangtungensis* ist mit maximal 15 cm die kleinste der drei Arten.

Haltung und Pflege
Die Chinesische Dickkopfschildkröte ist im allgemeinen sehr gut für die Pflege in Gefangenschaft geeignet. Sie ist eine sehr friedfertige Art, die zudem bei uns im Sommer auch im Freiland gehalten werden kann, da ihre Temperaturansprüche gemäß dem Klima im Ursprungsbiotop nicht allzu hoch sind. Sie liegen bei ca. 25-28 °C im Sommer. Im Winter ist eine kurze Winterruhe angebracht, da besonders das Heimatgebiet von *Chinemys megalocephala* relativ kalte Winter hat. Dies wird durch alljährliche Monsune verursacht, die kalte Luft von den Höhen des Binnenlandes zum Verbreitungsgebiet von *Chinemys megalocephala* an der chinesischen Ostküste treiben. Dort gibt es daher trotz des südlichen Breitengrades relativ kühle Winter.

Im Heimatbiotop legen die Weibchen dieser Art im Juni zwischen zwei und vier Eier ab, aus denen die Jungtiere nach ungefähr 70 Tagen schlüpfen. Bei der Aufzucht dieser Tiere ist zu beachten, daß sie fast ausschließlich tierische Nahrung zu sich nehmen. Da diese Tierart sehr selten im Handel zu finden ist (durch das kleine Verbreitungsgebiet bedingt) und dadurch auch kaum in Gefangenschaft gepflegt wird, ist auch über eine erfolgreiche Gefangenschaftsnachzucht nichts bekannt geworden. Im allgemeinen dürften aber die bekannten Bedingungen bei der Nachzucht von *Chinemys reevesi* auch auf diese Art zutreffen.

Foto: I. A. Basile / MTi-Press

Chinemys megalocephala Fang 1934
Chinesische Dickkopfschildkröte

Chinemys reevesi (Gray 1831)
Chinesische Dreikielschildkröte

Geographische Verbreitung
Chinemys reevesi ist im südlichen Südkorea und in Südost- und Zentral-China verbreitet. Außerdem wurde sie auf den Philippinen und auf den japanischen Inseln angesiedelt.

Biotop
Die Chinesische Dreikielschildkröte bevölkert kleinere Gewässer mit relativ starkem Algenwuchs, d. h. Tümpel, Bäche, sumpfige Wiesen, Bewässerungsanlagen der Landwirtschaft und Reisfelder.

Größe
Die durchschnittliche Größe beträgt bei Männchen dieser Art ca. 12 cm und bei Weibchen ca. 18 cm. Es sind jedoch auch Weibchen bekannt geworden, die über 30 cm groß waren. Diese Tiere stammten meist aus Japan. Andererseits gibt es Männchen, die kleiner als 9 cm bleiben.

Beschreibung
Der Carapax von *Chinemys reevesi* ist nicht sehr hoch gewölbt, er besitzt bei Tieren jeden Alters drei stark ausgeprägte Längskiele (daher der deutsche Name). Die Schildränder sind deutlich zu erkennen, da sie gelblich-weiß sind und der Rückenpanzer hell- bis dunkelbraun gefärbt ist. Erwachsene Männchen sind teilweise dunkelgrau bis schwarz gefärbt, die dunklere Färbung ist jedoch nicht bei allen Männchen vorhanden.
Der Plastron ist in der Regel blaß-gelb. Auf jedem Schild ist ein sehr großer, schwarzer Fleck vorhanden, der fast das gesamte Schild ausfüllt. Bei den oben erwähnten schwarzen Männchen ist auch der Bauchpanzer komplett schwarz gefärbt, nur die dünnen Schildränder sind gelb.
Kopf und Hals besitzen dieselbe Grundfarbe wie der Carapax. An den Kopfseiten sind gelbe Verzierungen vorhanden; auf dem Hals befinden sich gelbe Längsstreifen, die zu Punkten aufgelöst sein können. Die Pupillen sind schlitzförmig, die Iris ist gelb gefärbt. Bei schwarzgefärbten Männchen sind Kopf, Hals und Augen einfarbig schwarz.
Die Extremitäten sind gräulich-braun und ohne Zeichnung. Bei schwarzen Männchen sind auch die Extremitäten schwarz gefärbt.

Allgemeines
Die Gattung *Chinemys* besteht noch aus zwei weiteren Arten, die wie *Chinemys reevesi* ebenfalls keine Unterarten besitzen: *Chinemys kwangtungensis* (Pope 1934) und *Chinemys megalocephala* Fang 1934. Von diesen Arten ist nur sehr wenig bekannt.
Aufgrund von Farbvarianten wurden zwei weitere Arten beschrieben: *Damonia unicolor* (Gray 1873), die auf einem schwarzgefärbten Männchen basierte, und *Geoclemys grangeri* (Schmidt 1927), die im Vergleich zu *Chinemys reevesi* eine auffälligere Kopfzeichnung besitzen sollte. Die beiden Arten werden heute, wie oben erwähnt, als Farbvarianten von *Chinemys reevesi* betrachtet.

Haltung und Pflege
Die Chinesische Dreikielschildkröte ist grundsätzlich gut für die Pflege in Gefangenschaft geeignet. Sie ist friedfertig und kann daher gut mit anderen Tieren zusammen in einem Aqua-Terrarium gehalten werden. Da sie keine allzu hohen Ansprüche an die Temperatur stellt (Wassertemperatur um ca. 22 °C und Lufttemperatur um ca. 28 °C sind ideal), kann sie in unseren Breiten im Sommer sogar im Freiland gehalten werden. Bei kühleren Temperaturen neigen die Tiere dazu, sich im Landteil einzugraben (es wird auch berichtet, daß sie sich bei normalen Temperaturen für einige Zeit eingraben). Im Winter ist ein kurzer Winterschlaf angebracht, vor allem bei Tieren aus dem nördlicheren Teil des Verbreitungsgebietes. Die Eiablage findet in der Natur je nach Verbreitung im Frühsommer statt, es können auch mehrere Gelege abgelegt werden. Es werden zwei bis vier Eier gelegt, die Jungtiere schlüpfen nach ca. 60-70 Tagen.
Es wird fast nur animalisches Futter angenommen.

rechts: männliches Tier mit typischer Schwarzfärbung

links: Weibliches Tier in typischer Färbung
Foto: I. A. Basile / MTi-Press

Foto: I. A. Basile / MTi-Press

Chinemys reevesi (G<small>RAY</small> 1831)
Chinesische Dreikielschildkröte

Chrysemys picta ssp.
Zierschildkröte

Geographische Verbreitung
Chrysemys picta picta lebt in Süd-Kanada und in den Ost-USA (Maine bis Georgia).
Chrysemys picta dorsalis lebt in den Südost-USA (von Süd-Illionois über Arkansas und Tennessee bis nach Louisiana, Mississippi und Alabama).
Chrysemys picta marginata ist von den Großen Seen südwärts über Illionois und Tennessee bis nach Alabama zu finden.
Chrysemys picta belli schließlich ist im Westen der USA beheimatet. Man findet sie von Wisconsin westwärts bis nach Vancouver (Süd-Kanada). Südwärts dringt sie bis Kansas und Missouri und teilweise bis nach New Mexico und Arizona vor.

Biotop
Alle Unterarten der Zierschildkröte bevölkern langsam fließende und stehende Gewässer (Tümpel, Seen, Flüsse). In seltenen Fällen wurden sie auch schon im Brackwasserbereich gefunden.

Größe
Bei allen Unterarten von *Chrysemys picta* werden die Weibchen deutlich größer als die Männchen. *C. p. belli* ist mit ca. 25 cm die größte der Unterarten, *C. p. dorsalis* ist mit ca. 14 cm die kleinste. *C. p. picta* und *C. p. marginata* werden ca. 18 bis 20 cm groß.

Beschreibung
Der Rückenpanzer von *Chrysemys picta* ist verhältnismäßig flach und zum Rand hin teilweise noch weiter abgeflacht. Es sind keine Kiele vorhanden, der Hinterrand ist flach.
Der Carapax von *C. p. picta* besitzt eine olive bis dunkelbraune Grundfarbe, wobei die Schildnähte in der Regel heller gefärbt sind. Teilweise ist eine unregelmäßige helle Musterung vorhanden. Die Carapax-Randschilder sind meist rötlicher in der Färbung und mit unregelmäßigen schwarzen Verzierungen versehen. Ein auffälliges Merkmal von *C. p. picta* ist die gerade Naht zwischen den Central- und Costalschildern, die so bei keiner anderen Unterart vorhanden ist.
Chrysemys picta dorsalis hat einen dunkelbraunen bis schwarzen Rückenpanzer. Sehr auffällig ist eine kräftig orange (bei Schlüpflingen weiße) Linie, die längs über die Mitte des Carapax verläuft. Diese Linie wird auch „Dorsallinie" genannt, worauf sich der lateinische Name dieser Unterart bezieht.
Der Carapax von *C. p. marginata* ist relativ unscheinbar, da er einfarbig braun bis schwarz ist und außer einer hellen Umrandung, die teilweise vorhanden sein kann, keine weitere Zeichnung besitzt. Auch die Schildränder sind hier nicht, wie bei den anderen Unterarten, heller als die Schilder gefärbt.
Der Rückenpanzer von *C. p. belli* hat eine oliv-grüne bis braune Grundfarbe, wobei Jungtiere im allgemeinen heller gefärbt sind als erwachsene Tiere. Es ist eine gelbe Zeichnung vorhanden, die ein Netzmuster bildet.
Die Grundfarbe des Bauchpanzers ist in der Regel blaß-gelb, nur bei *C. p. belli* kann sie ins Rötliche übergehen. *C. p. picta* und *C. p. dorsalis* besitzen einen ungezeichneten Bauchpanzer, während bei *C. p. marginata* eine dunkle zentrale Figur entlang der Mittelnaht zu sehen ist. Ansonsten ist auch bei dieser Unterart keine weitere Zeichnung vorhanden. *C. p. belli* dagegen hat einen Bauchpanzer mit einer komplexen Zeichnung, die von einer zentralen Figur ausgeht. Insgesamt ist auch in bezug auf den Bauchpanzer *C. p. belli* am kräftigsten und farbenfrohsten gefärbt.
Der Kopf ist bei allen Arten sehr ähnlich gefärbt. Die Grundfarbe ist hellbraun bis schwarz, wobei eine ausführliche Streifenzeichnung vorhanden ist, die vom Kinn bzw. der Nasenregion ausgeht und sich bis über den Hals erstreckt. Bei *C. p. picta* geht die Farbe dieser Streifen am Hals ins Rötliche über. Weiterhin sind bei dieser Unterart hinter dem Auge zwei große gelbe Flecken vorhanden. Auch bezüglich der Kopffärbung ist *C. p. belli* leuchtender gefärbt als die anderen Unterarten.
Die Gliedmaßen sind gräulich-braun bis schwarz und mit Ausnahme von *C. p. belli* ungezeichnet. Bei dieser Unterart haben die Beine gelbe bis orangefarbene Längsstreifen. Zwischen den Krallen befinden sich Schwimmhäute. Wie bei vielen *Pseudemys*- und *Chrysemys*-Arten zeigen die Krallen der Vorderfüsse einen geschlechtsspezifischen Unterschied. Die Männchen haben deutlich verlängerte Krallen. Dies hat nichts mit den Haltungsbedingungen zu tun. Die Krallen dürfen daher auch nicht beschnitten werden.

Allgemeines
Die Gattung *Chrysemys picta* besteht aus vier Unterarten: *C. p. picta* (SCHNEIDER 1783), *C. p. dorsalis* AGASSIZ 1857, *C. p. marginata* AGASSIZ 1857 und *C. p. belli* (GRAY 1831). Diese vier Unterarten lassen sich am besten durch die Bauchpanzerfärbung unterscheiden. Der Plastron von *C. p. picta* und *C. p. dorsalis* ist einfarbig, bei *C. p. marginata* ist eine zentrale Zeichnung und bei *C. p. belli* ist ein komplexes Muster vorhanden. Weiterhin hat *C. p. picta* eine gerade Naht zwischen Central- und Costalschildern und *C. p. dorsalis* eine Dorsallinie auf dem Rückenpanzer, während *C. p. marginata* einen einfarbigen und *C. p. belli* einen auffällig gezeichneten Rückenpanzer (Netzmuster) besitzt. Im allgemeinen ist *C. p. belli* sehr viel auffälliger gefärbt als die anderen Unterarten.
Die Gattung *Pseudemys* ist sehr nah mit der Gattung *Chrysemys* verwandt. Die Zuordnung der einzelnen Arten zu einer bestimmten Gattung ist noch nicht vollständig geklärt. Da sich die vier *Chrysemys*-Unterarten doch wesentlich von den *Pseudemys*-Arten unterscheiden, hat der Autor die Bezeichnung *Chrysemys* beibehalten.
Chrysemys picta ist bei uns recht häufig im Handel und in Gefangenschaftshaltung anzutreffen, u. a. weil diese Art in den

Foto: I. A. Basile / MTi-Press

Chrysemys picta picta (SCHNEIDER 1783)
Zierschildkröte

Chrysemys picta ssp.
Zierschildkröte

Foto oben: *Chrysemys picta marginata*
Foto unten: *Chrysemys picta dorsalis*
Fotos: I. A. Basile / MTi-Press

USA in speziellen Zuchtfarmen gezüchtet wird.

Haltung und Pflege

Zur Haltung von *Chrysemys picta* in Gefangenschaft ist ein Aqua-Terrarium notwendig, das sowohl einen großen Wasserteil mit relativ hohem Wasserstand als auch einen großen Landteil hat, auf dem die Tiere sich sonnen können, was sie häufig und ausgiebig tun. Die Temperaturen sollten dabei zwischen 25 und 28 °C liegen. Es ist sehr wichtig zu wissen, wo die Tiere herstammen, da sie ein großes Verbreitungsgebiet besitzen. Die nördlich verbreiteten Tiere kennen einen Winter mit niedrigen Temperaturen und zugefrorene Biotope. Diesen Tieren sollte man auch in Gefangenschaft die Möglichkeit zur Winterruhe bei herabgesetzten Temperaturen bieten. Man kann sie in unseren Breiten im Sommer auch gut im Freiland halten, da sie auch niedrigere Temperaturen um ca. 20 °C vertragen.

Tiere aus dem südlichen Verbreitungsgebiet verlangen nach höheren Temperaturen um 28 °C. Sie benötigen keine Winterruhe.

Die Ernährung von *Chrysemys picta* ist relativ einfach, da die Tiere praktisch Allesfresser sind. Der Schwerpunkt liegt hierbei auf tierischer Nahrung, die aus Schnecken, Krebstieren, Insekten und Fischen besteht. Im allgemeinen ernähren sich ältere Tiere stärker vegetarisch als jüngere Tiere, wobei Schlüpflinge nur tierische Nahrung annehmen.

Die Nachzucht in Gefangenschaft ist bei dieser Art auch problemlos. Die Weibchen legen mehrere Gelege pro Jahr ab, die Zahl der Eier liegt je nach Größe des Weibchens bei ca. 10 Stück. Gemäß ihrer Herkunft haben südlich verbreitete Tiere mehrere Gelege im Jahr, da sie eine deutlich längere „Sommerzeit" haben. Die Gelege sind dann auch kleiner (ca. 4-6 Eier). Bei einer Brutkasten-Temperatur von ca. 28 °C schlüpfen die Jungtiere nach 60 bis 70 Tagen.

Foto: I. A. Basile / MTi-Press

Chrysemys picta belli (Gray 1831)
Zierschildkröte

Clemmys guttata (Schneider 1792)
Tropfenschildkröte

Geographische Verbreitung
Clemmys guttata ist an der Atlantikküste der USA von Maine bis Nordkarolina und im Landesinneren bis nach Illinois, Indiana, Tennessee und Georgia verbreitet. Vereinzelt kommt sie auch bis Nord-Florida und in Süd-Kanada (Quebec) vor.

Biotop
Die Tropfenschildkröte ist sehr stark an das Wasser gebunden, sie verläßt es praktisch nur zur Eiablage. Trotzdem ist sie eine schlechte Schwimmerin, die meist auf dem Boden des Gewässers läuft. Sie bevölkert flache, stehende und langsam fließende Gewässer mit reichlichem Pflanzenwuchs.

Größe
Männchen und Weibchen dieser Art erreichen die gleiche Größe von 10 bis 12 cm. Sie gehören damit zu den kleinsten Sumpfschildkröten der Welt.

Beschreibung
Der Carapax ist nur schwach gewölbt und besitzt keinen Kiel. Der Hinterrand ist nicht gezackt. Die Grundfarbe des Rückenpanzers ist schwarz. Er ist mit gelben und orangen „Tropfen" gefleckt, wobei die Dichte dieser Punkte bei älteren Tieren meist höher ist als bei jüngeren Tieren. Schlüpflinge sind manchmal sogar ganz schwarz.
Die Grundfarbe des Bauchpanzers ist gelb bis rötlich. Auf jedem Schild sind große schwarze Flecken vorhanden.
Kopf, Hals und Extremitäten sind ebenfalls von schwarzer Grundfarbe und gelb bis rötlich gepunktet. Die Iris ist bei Männchen braun und bei Weibchen orange gefärbt. Die Kieferränder sind meist hell. Die Gliedmaßen besitzen scharfe Krallen mit stark ausgeprägten Schwimmhäuten.

Allgemeines
Die Gattung *Clemmys* (Amerikanische Wasserschildkröten) besteht aus vier Arten: der Tropfenschildkröte *Clemmys guttata* (lat.: gutta = Tropfen), *Clemmys insculpta* (Le Conte 1830), *Clemmys marmorata* mit den Unterarten *C. m. marmorata* (Baird & Girard 1852) und *C. m. pallida* Seeliger 1945 und *Clemmys muhlenbergi* (Schoepff 1792).
Auffällig ist, daß sich die Tropfenschildkröte fast nur im Wasser aufhält, obwohl sie nur sehr schlecht schwimmen kann.

Haltung und Pflege
Clemmys guttata ist die *Clemmys*-Art mit der stärksten Bindung ans Wasser. Trotzdem lebt sie amphibisch in Gewässern mit schlammigem Grund. Im Terrarium sollte es daher auch die Möglichkeit geben, an Land zu gehen, da die Tiere nicht gerade ausdauernde Schwimmer sind.
Für die Temperaturwahl wäre es gut zu wissen, woher die Tiere stammen. Aufgrund des großen Verbreitungsgebietes gibt es Tiere, die schon bei 15 bis 20 °Celsius gedeihen und eine Winterruhe einlegen. Prinzipiell sollte *Clemmys guttata* jedoch bei ca. 25 °C Wasser- und Lufttemperatur gehalten werden. Eine Freilandhaltung im Sommer ist möglich.
Eine Winterruhe sollte auf jeden Fall eingelegt werden.
Nachzuchten sind in Gefangenschaft schon gelungen. Es werden durchschnittlich drei Eier gelegt. In der Natur ist dies normalerweise im Mai oder Juni (Paarung schon im kühlen März) der Fall. Die Jungtiere schlüpfen dann erst im späten August. Bei ungünstigen Verhältnissen sollen die Schlüpflinge bis zum Frühjahr im Ei verbleiben und erst dann schlüpfen, wie es auch von vielen anderen Arten berichtet wird. Diese Probleme gibt es beim Ausbrüten im Brutkasten nicht.
Clemmys guttata bevorzugt tierisches Futter wie Insekten, Würmer und Krebse. Auch Fleisch- und Fischstückchen werden in Gefangenschaft angenommen, pflanzliches Futter weniger. Die Tiere gehen leicht ans Futter und sind relativ problemlos zu halten.
Clemmys guttata ist ein idealer Pflegling für die Terrarienhaltung. Ideal ist bereits die maximale Größe von ca. 12 cm. Dadurch kann eine größere Gruppe von erwachsenen Tieren in einem normalen Terrarium gepflegt und zur Nachzucht gebracht werden. Weiterhin stellt die Tropfenschildkröte keine besonderen Ansprüche an die Temperatur; vor allen Dingen Tiere aus dem nördlichen Teil des Verbreitungsgebietes.

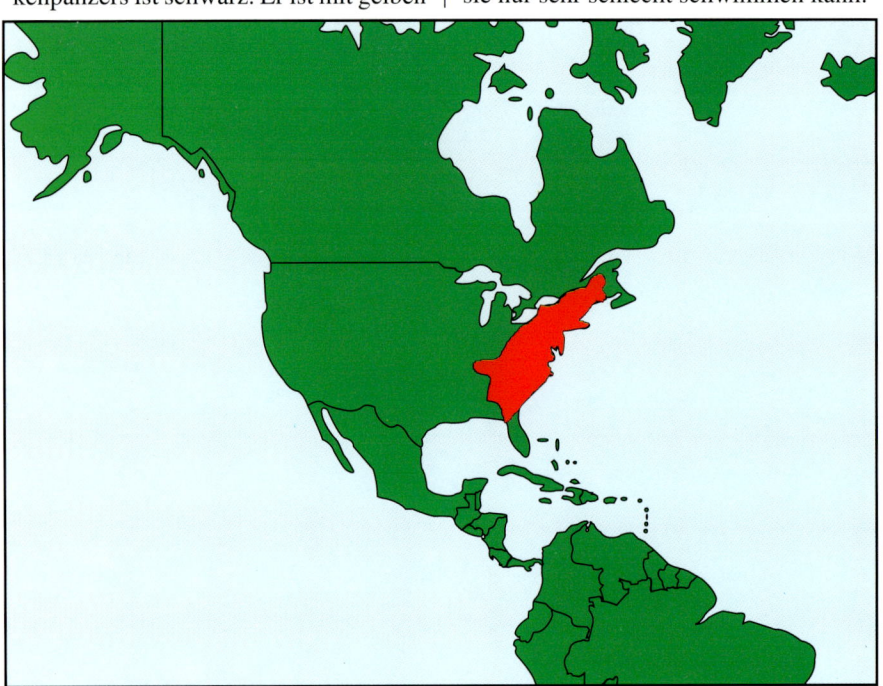

Foto: I. A. Basile / MTi-Press

Clemmys guttata (SCHNEIDER 1792)
Tropfenschildkröte

Clemmys insculpta (LE CONTE 1830)
Waldbachschildkröte

Geographische Verbreitung
Die Waldbachschildkröte lebt im nördlichen Virginia und in Süd-Ontario und New York. Im Norden kommt sie bis Wisconsin und Nordost-Iowa vor.

Biotop
Clemmys insculpta lebt weitgehend terrestrisch. Man findet sie in den unterschiedlichsten Biotopen von Waldgebieten über Wiesen- und Sumpflandschaften. Sie geht außer zum Winterschlaf und zur Paarung nicht ins Wasser. Sie ist neben der Dosenschildkröte und der Gopher-Schildkröte die dritte nordamerikanische landlebende Schildkröte.

Größe
Die Waldbachschildkröte wird ca. 16-20 cm groß. Die maximale Größe beträgt bis zu 23 cm. Sie ist damit die größte aller *Clemmys*-Arten.

Beschreibung
Der Rückenpanzer ist relativ flach und mit einem deutlichen Mittelkiel versehen. Der Hinterrand ist gesägt. Die Farbe ist grünlich-grau bis hellbraun. Auf den einzelnen Schildern sind starke Jahresringe zu sehen. Es ist eine ausgeprägte, unruhige hellgelbe Punkt- und Strichzeichnung zu sehen. Die Unterseite der Randschilder und die Brücken weisen meist dunkle Flecken auf.
Der Bauchpanzer ist hellgelb mit schwarzen Flecken an den Schildrändern. Der Kopf ist im Vergleich zu den anderen *Clemmys*-Arten sehr groß, der Oberkiefer ist leicht eingekerbt. Die Kopfoberseite ist oliv-braun bis schwarz gefärbt. die Unterseite ist hellgelb bis orange.
Die Beine sind auf der Oberseite relativ dunkel (gräulich bis schwarz) gefärbt. Die Unterseite der Vorderbeine dagegen ist auffallend orange bis rot gefärbt, ebenso wie der Hals und die Kopfunterseite. Es sind so gut wie keine Schwimmhäute vorhanden.

Allgemeines
Die Waldbachschildkröte kann als landlebend betrachtet werden. In ihrer Heimat wird sie in den unterschiedlichsten Biotopen angetroffen. PRITCHARD berichtet, daß sie im Staate New York geschützt sei, aber in großer Zahl auf den Straßen von Fahrzeugen überfahren werde.
Clemmys insculpta ist die größte der vier *Clemmys*-Arten; nur sie lebt terrestrisch. *Clemmys guttata* (SCHNEIDER 1792), die Tropfenschildkröte, und *Clemmys muhlenbergi* (SCHOEPFF 1792), die Muhlenberg-Wasserschildkröte, zählen zu den kleinsten Schildkrötenarten der Welt. Sie werden maximal 10 cm groß. Diese beiden Arten leben semi-terrestrisch und sind in Sümpfen und stehenden schlammigen Gewässern zu finden. Auch sie leben in Nordamerika und sind winterschlafend.
Clemmys marmorata bildet zwei Unterarten. Neben der Nominatform *Clemmys marmorata marmorata* gibt es noch *Clemmys marmorata pallida* (SEELIGER 1945), die von Francisco Bay südlich bis Baja California vorkommt und sich durch das Fehlen der Inguinalschilder und die einfarbige Färbung der Haut von der Nominatform unterscheidet.
Clemmys marmorata marmorata (BAIRD & GIRARD 1852), die Pazifik-Wasserschildkröte, wird maximal 15 cm groß, lebt aquatil und geht nur sehr selten an Land. Wie auch andere wasserlebende Schildkröten ernährt sie sich ausschließlich fleischlich (im Gegensatz zu den vorher erwähnten beiden Arten *Clemmys muhlenbergi* und *Clemmys guttata*). Die Pazifik-Wasserschildkröte lebt in klaren Flüssen bis in eine Höhe von 1.800 m und wurde auch schon im Brackwasserbereich angetroffen. Sie ist die Art mit der südlichsten Verbreitung der *Clemmys*-Arten.

Haltung und Pflege
Die Waldbachschildkröte lebt terrestrisch auf Waldboden oder Wiesen- und Sumpflandschaften. In Gefangenschaft muß sie daher ebenfalls trocken gehalten werden. Der Wasserteil im Terrarium muß daher nicht sehr groß sein. Am besten läßt sie sich in unserem Klima im Freiland halten, wobei auch hier der Wasserteil eher nebensächlich ist. Lediglich zum Winterschlafen gehen die Tiere ins Wasser und verbringen die Winterzeit im schlammigen Bodengrund vergraben. Bei einer Haltung im Freiland kann *Clemmys insculpta* ganzjährig im Freien gehalten werden, wenn die Möglichkeit des Winterschlafes im Wasser vorhanden ist. Auch bei einer Terrarienhaltung sollte ein Winterschlaf in der üblichen Art ermöglicht werden. Die Waldbachschildkröte ist relativ unempfindlich und verträgt sehr niedrige Temperaturen. Sie geht in unserem Klima noch bei Temperaturen von 16-18 °C ans Futter. Hierbei bevorzugt sie im allgemeinen pflanzliche Kost (Grünzeug und Früchte). In Gefangenschaft wird allerdings wie so oft Futter jeglicher Art angenommen.
Von der Fortpflanzung wird berichtet, daß die Paarung im Wasser erfolgt. Hierbei umklammern die Männchen das Weibchen mit allen vier Beinen und verhalten sich recht aggressiv. Die Weibchen legen in der Natur im Frühjahr zwischen 4 und 12 Eier, wobei die Brutdauer ca. 70-80 Tage beträgt. Die Schlüpflinge sind graubraun ohne die orange Färbung erwachsener Tiere an Hals und Beinen; auch ein Kiel ist noch nicht ausgebildet. Während *Clemmys guttata* sehr häufig im Handel erhältlich ist, werden die drei anderen *Clemmys*-Arten äußerst selten eingeführt. Vor allem *Clemmys muhlenbergi* ist ein äußerst seltenes und geschütztes Tier.

Foto: I. A. Basile / MTi-Press

Clemmys insculpta (LE CONTE 1830)
Waldbachschildkröte

Cuora amboinensis amboinensis (DAUDIN 1802)
Amboina-Scharnierschildkröte

Geographische Verbreitung
Cuora amboinensis amboinensis ist auf den Philippinen, auf Ambon (und anderen Molukken) und auf der Insel Sulawesi (Celebes) beheimatet.

Biotop
Die Amboina-Scharnierschildkröte findet man in stehenden oder langsam fließenden Gewässern mit flachen Ufern und auch in Sümpfen oder überschwemmten Reisfeldern. Sie hält sich sowohl an Land als auch im Wasser auf. Es wurde jedoch berichtet, daß philippinische Jungtiere völlig aquatisch leben.

Größe
Die durchschnittliche Carapaxlänge von *Cuora amboinensis amboinensis* beträgt ca. 15 bis 20 cm. Männchen bleiben in der Regel geringfügig kleiner als die Weibchen.

Beschreibung
Der Rückenpanzer dieser Amboina-Scharnierschildkröte hat eine ovale bis runde Form, wobei Weibchen grundsätzlich runder als Männchen und Jungtiere runder als Weibchen sind. Weiterhin ist der Carapax sehr flach, zu den Rändern hin noch weiter abgeflacht und bildet einen deutlich aufgebogenen Marginalrand. In der Regel sind bei Jungtieren drei Längskiele vorhanden, die mit zunehmendem Alter verschwinden, wobei der Mittelkiel am längsten erhalten bleibt. Die Farbe des Rückenpanzers reicht von hellbraun bis dunkelbraun, teilweise auch bis schwarz.

Die Grundfarbe des Bauchpanzers ist gelblich, bei Jungtieren ist eine zentrale schwarze Figur entlang der Mittelnaht vorhanden. Diese Zeichnung löst sich mit zunehmendem Alter immer mehr auf, bis schließlich bei adulten Tieren auf jedem Schild nur noch ein runder schwarzer Fleck vorhanden bleibt. Teilweise können auch bei erwachsenen Tieren noch Überreste der zentralen Figur erhalten sein. Tiere, die von den Philippinen stammen, haben in der Regel eine dunklere Plastronfärbung als andere Tiere. Ohnehin haben die Tiere der Unterart *Cuora a. amboinensis* einen größeren Dunkelanteil als die anderen Unterarten.

Das Bauchpanzer-Scharnier der *Cuora*-Arten ist bei *Cuora a. amboinensis* nur noch sehr schwach ausgebildet und erfüllt kaum noch seine Verschluß-Funktion.

Die Kopfoberseite ist braun, die Kopfunterseite ist gelb gefärbt. Am oberen Rand der Kopfseiten verläuft ein schmales gelbes Band, parallel dazu ein braunes Band, darunter wieder ein schmales gelbes Band, welches die Augen, die geschlitzte Pupillen haben, einbezieht. Es fällt auf, daß philippinische Tiere schmalere Streifen besitzen als die Tiere von Celebes und den Molukken. Hier handelt es sich eventuell um eine geographische Farbvariante. Der Hals ist gelb gefärbt, die Beine sind von dunkler Farbe und besitzen schwach ausgeprägte Schwimmhäute.

Allgemeines
Die neue Unterteilung der Unterarten von *Cuora amboinensis* verdanken wir H. J. Rummler/Salamandra 1990, der den Status präzise untersuchte. Danach gibt es drei Unterarten von *Cuora amboinensis*: *C. a. amboinensis*, *C. a. couro* (SCHWEIGGER 1812) und die 1990 neu beschriebene *C. a. kamaroma* RUMMLER & FRITZ 1991. Diese drei Unterarten unterscheiden sich hauptsächlich durch die Höhe der Carapaxwölbung und teilweise auch durch die Bauchpanzerfärbung.

C. a. amboinensis ist die flachste der Unterarten, *C. a. kamaroma* ist am stärksten gewölbt. *C. a. couro* ist ein intermediäres Tier, das in der Wölbung zwischen den beiden anderen Unterarten liegt. Die Gattung *Cuora* besteht aus den bekannten Arten *C. amboinensis* (neu bearbeitet), dem Gelbköpfchen *C. flavomarginata* (3 Unterarten), der Vietnamesischen Scharnierschildkröte *C. galbinifrons* (3 Unterarten), der Dreistreifen-Scharnierschildkröte *C. trifasciata* und der Yunnan-Scharnierschildkröte *C. yunnanensis*. In den letzten Jahren sind einige neue Arten und Unterarten neu hinzugekommen.

Haltung und Pflege
Cuora a. amboinensis zählt zu den wasserliebenden Arten der Gattung. Ihre ausgesprochen flache Körperform weist sie als gute Schwimmerin aus. Im Aqua-Terrarium sollte daher genügend Schwimmraum zur Verfügung stehen. Ein Landteil ist angebracht, da die Tiere gerne an Land gehen.

Die Amboina-Scharnierschildkröte kann als Allesfresser bezeichnet werden, der sich räuberisch ernährt, aber auch Obst zu sich nimmt.

Die Pflege in Gefangenschaft ist bei herkunftsgemäßer Haltung kein Problem. Dabei sollte die Temperatur deutlich über 25 °C liegen.

Wie bei allen Wasserschildkröten findet die Paarung im Wasser statt, die Eiablage erfolgt selbstverständlich auf dem Land, wobei es im Ursprungsbiotop zu mehreren Gelegen im Jahr kommt. Es werden dabei jeweils nur 2-3 Eier gelegt. Diese sind verhältnismäßig groß. Nachzuchten in Gefangenschaft sind bei dieser Art ebenfalls schon des öfteren gelungen. Alle drei Unterarten der *Cuora amboinensis* sind relativ regelmäßig im Handel.

Foto: I. A. Basile / MTi-Press

Cuora amboinensis amboinensis (Daudin 1802)
Amboina-Scharnierschildkröte

Cuora amboinensis couro (SCHWEIGGER 1812)
Amboina-Scharnierschildkröte

Geographische Verbreitung
Cuora amboinensis couro lebt auf den Inseln Sumatra und Java.

Biotop
Die Amboina-Scharnierschildkröten bevölkern stehende und langsam fließende Gewässer mit einer flachen Ufervegetation. Außerdem sind sie in Sumpfgebieten und temporären Gewässern, wie z. B. überschwemmten Reisfeldern, zu finden.

Größe
Die durchschnittliche Größe dieser Unterart liegt bei ca. 15 bis 20 cm. Hierbei bleiben die Männchen in der Regel etwas kleiner als die Weibchen.

Beschreibung
Der Rückenpanzer von *Cuora amboinensis couro* ist höher gewölbt als bei der Nominatform, jedoch nicht so hoch wie bei der 1990 neu beschriebenen *C. a. kamaroma*. Ein im Vergleich zur Nominatform nur leichter Marginalrand ist vorhanden. Im Jugendalter sind drei Längskiele vorhanden. Wie bei allen *Cuora*-Arten verschwinden diese Längskiele im Laufe des Wachstums immer mehr, bis lediglich nur noch der Mittelkiel, oft auch nur in Form eines Striches, verbleibt. Die Farbe des Carapax ist ein Braun in allen Tönen, teilweise auch schwarz. Auch bei dieser Unterart existiert eine sehr große Farbvariabilität (siehe hierzu das abgebildete dunkelbraune Tier).

Die Grundfarbe des Bauchpanzers ist gelblich. Im Jugendstadium ist eine zentrale schwarze Figur entlang der Mittelnaht zu sehen, die jedoch mit zunehmendem Alter immer mehr verschwindet. Im Erwachsenenstadium verbleibt von dieser Figur als Rest jeweils nur noch ein schwarzer Punkt, der immer mehr vom Zentrum zum Rand der Schilder wandert. Ein weiterer Fleck ist jeweils an den Nähten der Hals- und Analschilder vorhanden. Die Bauchpanzerfärbung dieser intermediären Art ist identisch mit der neubeschriebenen hochgewölbten Art. Wie bei allen Arten aus der Gattung *Cuora* ist auch bei dieser Unterart ein Bauchpanzerscharnier vorhanden. Dadurch kann sich das Tier komplett verschließen.

Die Oberseite des Kopfes hat eine braune Farbe, die Kopfunterseite ist gelb. An den Oberkanten der Kopfseiten ist jeweils ein gelbes Band vorhanden, darunter ein braunes Band und parallel dazu wiederum ein gelbes Band, welches die Augen umschließt. Die Augen haben geschlitzte Pupillen.

Die Gliedmaßen sind einfarbig braun bis schwarz und besitzen nur schwach ausgeprägte Schwimmhäute. Die Vorderbeine haben fünf Krallen, die Hinterbeine vier.

Allgemeines
Cuora amboinensis couro ist eine intermediäre Form zwischen der flachen Nominatform und der neu beschriebenen, sehr hoch gewölbten *Cuora a. kamaroma*. Laut RUMMLER handelt es sich wahrscheinlich um die Nachkommen einer ehemaligen Übergangspopulation zwischen den beiden Extremformen. Da diese „Zwischenform" geographisch isoliert lebt, wurde ihr ein Unterartenstatus gegeben.

Diese Unterart von Java und Sumatra wurde 1812 von SCHWEIGGER als *Emys couro* beschrieben. Da es sich hierbei zweifellos um eine *Cuora amboinensis* handelte, kann der wissenschaftliche Name nur *Cuora amboinensis couro* (SCHWEIGGER 1812) lauten.

Haltung und Pflege
Diese Unterart kann, wie alle anderen Unterarten von *Cuora amboinensis*, problemlos im Aqua-Terrarium gehalten werden. Sie ist ebenfalls eine ausdauernde Schwimmerin, für die ein großer Schwimmteil vorhanden sein sollte. Trotzdem ist ein Landteil notwendig, da sie, wie alle Scharnierschildkröten, gerne an Land geht. Im Ursprungsbiotop werden die Tiere sehr oft in großer Entfernung von ihrem Wassertümpel entdeckt. Prinzipiell kann gesagt werden, daß bisher kein Unterschied in der Lebensweise der extrem flachen Tiere und der höher gewölbten Tiere festgestellt werden konnte. Gemäß ihrer warmen Herkunft sollte die Wasser- und Lufttemperatur zwischen 25 und 28 °C betragen, sowie die Möglichkeit zu ausgiebigen Sonnenbädern mittels Bestrahlung im Aqua-Terrarium hergestellt werden.

Aus der Literatur ergibt sich eine pflanzliche Ernährungsweise der Unterarten von *Cuora amboinensis*. Alle Unterarten erweisen sich aber im Aqua-Terrarium als Allesfresser, die auch gerne fleischliche Kost annehmen.

Als kleine Wasserschildkröten-Art sind die Gelege der *Cuora amboinensis couro* relativ klein (2-3 Eier), wobei es zu mehreren Gelegen im Jahr kommt. Auch hier sind Gefangenschaftsnachzuchten des öfteren erfolgt.

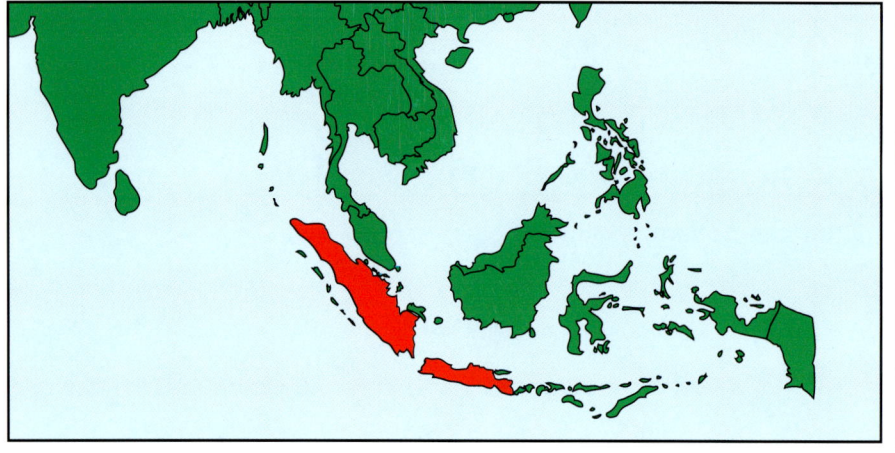

Foto: I. A. Basile / MTi-Press

Cuora amboinensis couro (SCHWEIGGER 1812)
Amboina-Scharnierschildkröte

Cuora amboinensis kamaroma RUMMLER & FRITZ 1991
Amboina-Scharnierschildkröte

Geographische Verbreitung
Cuora amboinensis kamaroma lebt auf der Insel Borneo und auf dem südostasiatischen Festland (hauptsächlich Malaysia).

Biotop
Wie alle Unterarten von *Cuora amboinensis* lebt auch diese Scharnierschildkröte in seichten Gewässern aller Art mit einem flachen Ufer. Weiterhin bevölkert sie Sümpfe und temporäre Gewässer.

Größe
Auch bei dieser Unterart bleiben die Männchen deutlich kleiner als die Weibchen. Während die Weibchen ca. 20 cm groß werden, erreichen die Männchen nur eine Größe von ca. 15 cm.

Beschreibung
Im Vergleich zu den anderen Amboina-Scharnierschildkröten ist diese Unterart auffällig hoch gewölbt. Ein Marginalrand ist nicht mehr vorhanden. Die im Jugendstadium vorhandenen drei Längskiele reduzieren sich im Alter bis auf einen verbleibenden Mittelkiel.

Die Farbvariabilität ist auch bei dieser Unterart sehr groß, der Rückenpanzer ist von hellbraun über dunkelbraun bis zu schwarz gefärbt. Bei helleren Tieren ist eine zentrale schwarze Zeichnung auf jedem Schild zu erkennen.

Der Bauchpanzer ist wie bei allen anderen Unterarten ebenfalls gelb gefärbt. Bei Jungtieren ist eine zentrale schwarze Figur entlang der Mittelnaht vorhanden, die sich mit zunehmendem Alter immer mehr auflöst, wobei die einzelnen Teile dieser Färbung immer weiter zum Plastronrand wandern. Daher ist bei erwachsenen Tieren auf jedem Schild entlang des Bauchpanzerrandes ein schwarzer Punkt vorhanden. Im allgemeinen ist der Bauchpanzer von *Cuora amboinensis kamaroma* so gefärbt wie der von *C. a. couro*. Die Nominatform *C. a. amboinensis* hat in der Regel einen dunkleren Bauchpanzer, auf dem auch bei adulten Tieren noch eine zentrale Zeichnung vorhanden sein kann. Das cuoratypische Bauchpanzerscharnier ist gerade bei *Cuora amboinensis kamaroma* noch besonders gut ausgebildet. Es befindet sich in der Bauchpanzermitte und ermöglicht es den Tieren, den Panzer komplett zu verschließen.

Die Kopfoberseite ist auch bei dieser Unterart braun gefärbt, die Kopfunterseite ist gelb. Wie bei allen Unterarten von *Cuora amboinensis* ist auch die arttypische Streifenzeichnung am Oberrand der Kopfseiten vorhanden. Hierbei fällt jedoch auf, daß diese hochgewölbten Tiere eine breitere Streifenzeichnung besitzen als beispielsweise Tiere von *Cuora a. amboinensis*.

Die Beine sind dunkel gefärbt und besitzen nur schwach ausgeprägte Schwimmhäute.

Allgemeines
Schon in den frühesten Beschreibungen über *Cuora amboinensis* fällt auf, daß die verschiedensten Autoren sowohl über ungewöhnlich flache als auch über hochgewölbte Tiere berichten. In neueren Beschreibungen wird auch der Zusammenhang mit der geographischen Verbreitung hergestellt. Besonders die flachrückigen Tieren von den Philippinen wurden erwähnt.

Erst RUMMLER 1990 ging diesen Unterschieden nach. Seine Arbeit scheint präzise und fundiert genug zu sein, um diese Erkenntnisse hier in diesem Buch unverändert zu übernehmen. Die Methode und die Menge des untersuchten Materials (über 200 gesammelte Exemplare aus den verschiedensten Museen) haben den Autor von der Richtigkeit seiner Feststellungen überzeugt.

Danach steht fest, daß bisher in der Literatur nur die flache und die intermediäre Form beschrieben wurden. Das bisher am meisten in den Handel gelangte, hochrückige Tier ist somit paradoxerweise noch nicht beschrieben. RUMMLER beschrieb diese Unterart als *Cuora amboinensis kamaroma*.

Haltung und Pflege
Auch diese Tiere sind gute und ausdauernde Schwimmer. Daher sollte ihnen im Aqua-Terrarium ein möglichst großer Schwimmraum geboten werden. Der Landteil ist jedoch ebenfalls nicht zu vernachlässigen, da die Tiere sich gerne auf dem Trockenen sonnen. Dies sollte zum Beispiel durch einen starken Strahler ermöglicht werden. Gemäß des südlichen Verbreitungsgebietes von *Cuora amboinensis* sind Land- und Wassertemperaturen von ca. 25 bis 30 °C angebracht.

Bei der Fütterung erweisen sich Tiere dieser Art als relativ problemlose Pfleglinge. In der Natur sind die Tiere fast reine Pflanzenfresser, die sich in Gefangenschaft aber sehr schnell zu Allesfressern entwickeln, d. h. auch fleischliche Nahrung wird gerne angenommen.

Im Aqua-Terrarium erfolgen bei dieser Art die Paarungen im Wasser das ganze Jahr über. Normalerweise erfolgt die Eiablage im Frühjahr. Das Gelege besteht nur aus zwei walzenförmigen, großen Eiern. Die Inkubationszeit im Brutkasten dauert in der Regel ca. 75 Tage. Den Berichten zufolge sind Schlupf und Aufzucht der Jungtiere problemlos. Diese gehen bereits wenige Tage nach dem Schlupf an das Futter, wobei viele Pfleger geschabtes Rinderherz oder zerschnittene Regenwürmer anbieten.

Cuora amboinensis kamaroma ist die am häufigsten im Handel erhältliche Unterart.

Foto: I. A. Basile / MTi-Press

Cuora amboinensis kamaroma Rummler & Fritz 1991
Amboina-Scharnierschildkröte

Cuora pani Song 1984
Pan's Scharnierschildkröte

Geographische Verbreitung
Cuora pani hat ein begrenztes Verbreitungsgebiet. Sie lebt im nördlichen China, Shaanxi Province (Nähe Peking).

Biotop
Über den Biotop ist nur sehr wenig bekannt. Nach bisherigen Erfahrungen lebt *Cuora pani* weitgehend aquatil.

Größe
Wie alle Scharnierschildkröten handelt es sich auch hier um eine kleinbleibende Art. Die max. Größe wird mit 15,6 cm angegeben.

Beschreibung
Der Rückenpanzer ist länglich, nur leicht gewölbt und am breitesten hinter der Mitte. Die höchste Stelle befindet sich auf dem 2. Vertebralschild. Die Randschilder sind leicht aufgebogen. Ein schwach ausgeprägter Mittelkiel ist vorhanden. Das 1. Vertebralschild wird nach vorne sehr breit und ist am größten. Die weiteren sind breiter als lang. Die Rückenpanzerfarbe ist dunkelbraun bis schwarz mit rotbraunen Flächen entlang dem Mittelkiel. Der Bauchpanzer ist gelb mit schwarzen dreieckigen Flecken entlang der Nähte. Ein schwarzer Fleck befindet sich auf jeder Brücke. Der Bauchpanzer der Männchen ist nur leicht konkav. Die Randschilder sind gelb mit Ausnahme der Brücken. Das Bauchpanzer-Hinterteil ist eingekerbt, so daß die Beine gut eingezogen werden können.

Der Kopf ist länglich, der Oberkiefer hat nur einen leichten Haken. Die Haut am Hals ist gräulich mit cremefarbigen Streifen, der Kopf selbst ist oben und unten zitronengelb mit feinen braunen Streifen vom Auge zum Hals. Die feingliedrigen Beine sind gräulich bis braun mit cremefarbigen Streifen.

Allgemeines
Bisher existierte von Pan's Scharnierschildkröte nur die Originalbeschreibung aus China. Seit einigen Jahren erscheinen die Tiere nun auch vereinzelt hier im Handel. Ein Grund dafür, daß der Autor hier die neubeschriebenen Arten aus den Jahren 1984-1988 vorstellt.

Cuora chriskarannarum Ernst & McCord 1987, die grüne Yunnan-Scharnierschildkröte, hat eine längliche Panzerform und ist etwas höher gewölbt als Pan's Scharnierschildkröte. Die Farbe ist mittelbraun mit einem dunklen Mittelkiel, der nur schwach ausgebildet ist. Die Schildnähte sind dunkel. Der Bauchpanzer ist gelb mit schwarzen Schildnähten. Der Kopf ist nicht so leuchtend gelb wie bei *C. pani*, sondern eher grüngelb mit zwei dunkleren grünlichen Streifen, die schwarz eingerahmt sind. Die Iris ist grün. Die Kiefer und die Haut sind gelb bis hellbraun. Die Beine sind außen dunkel (grünlich) und innen hell (creme). Die Männchen sind kleiner (ca. 11 cm) als die Weibchen, die Weibchen sind höher gewölbt. Die Yunnan-Scharnierschildkröte lebt im nördlichen China, in der Yunnan Province.

Cuora mccordi (Ernst 1988), McCord's Scharnierschildkröte, hat einen stark gewölbten rotbraunen Rückenpanzer mit schwachem Mittelkiel und schwarzen Schildnähten. Der Bauchpanzer ist gelb mit einer ausgeprägten schwarzen Markierung und zwei schwarzen Flecken auf jeder Brücke.

Der Kopf ist länglich, und der Oberkiefer hat keine Kerbe und keinen Haken. Die Farbe des Kopfes ist gelb bis orange. Ein schwarz eingefaßter gelber Streifen geht von der Schnauze bis zum Hals. Schnabel und Hals sind ebenfalls gelb gefärbt. Auf der Oberseite der Vorderbeine befinden sich große rotbraune Schuppen. Die Hinterbeine sind braun. Die restliche Haut ist gelb. *Cuora mccordi* wird ca. 13,5 cm groß. Sie lebt im südlichen China, in der Provinz Kwangsi.

Weitere Neuentdeckungen sind *Cuora aurocapitata* Luo & Zong 1988, *Cuora flavomarginata evelynae* Ernst & Lovich 1990, *Cuora galbinifrons serrata* Iverson & McCord 1992 und *Coura zhoui* Zhao, Zhou & Ye 1990.

Haltung und Pflege
Über Haltungsbedingungen ist bisher recht wenig bekannt. Gemäß ihrer Herkunft aus dem Norden Chinas stellt *Cuora pani* keine hohen Ansprüche an die Wasser- und Landtemperatur. 22-26 °C dürften ausreichen. Es wird berichtet, daß sie aquatil lebt, wofür auch der flache Rückenpanzer und die ausgeprägten Schwimmhäute sprechen.

Im Ursprungsbiotop gibt es warme und regenreiche Sommer, aber kalte und trockene Winter, so daß man davon ausgehen kann, daß eine Winterruhe eingelegt wird. In Gefangenschaft erwiesen sich die Tiere als ruhige und scheue Pfleglinge, die nur mit ruhigen Arten zusammen gehalten werden sollten.

Kopffärbung und Panzerbeschilderung
Foto: I. A. Basile / MTi-Press

Foto: I. A. Basile / MTi-Press

Cuora pani Song 1984
Pan's Scharnierschildkröte

Cuora trifasciata (Bell 1825)
Dreistreifen-Scharnierschildkröte

Geographische Verbreitung
Cuora trifasciata hat ein relativ kleines Verbreitungsgebiet. Sie lebt in Süd-China bis nach Nord-Vietnam und kommt auch auf der Insel Hainan vor.

Biotop
Die Dreistreifen-Scharnierschildkröte lebt in Küstengebieten bis max. 400 Meter Höhe in langsam fließenden größeren Bächen, flachen Tümpeln und überschwemmten Reisfeldern. Auch in den Tempelteichen des Verbreitungsgebietes werden sie öfter gesehen.
Sie ist im Vergleich zu den anderen *Cuora*-Arten relativ stark an das Wasser gebunden.

Größe
Cuora trifasciata erreicht eine maximale Carapaxlänge von ca. 20 bis 25 cm.

Beschreibung
Der Rückenpanzer ist mäßig gewölbt und sehr länglich. Er ist von brauner Farbe, die von Gelbbraun bis Rotbraun reicht. Über den Rückenpanzer verlaufen bei Jungtieren drei Längskiele, die bei erwachsenen Tieren meist zu schwarzen Längsbändern zurückgebildet sind. Der mittlere Kiel ist in der Regel stärker ausgeprägt als die beiden Lateralkiele. Auf jedem Carapax-Schild kann eine dünne schwarze Streifenzeichnung vorhanden sein. Da der Rückenpanzer nicht sehr hoch gewölbt ist, ist ein kompletter Verschluß durch das Bauchpanzer-Scharnier nicht ganz möglich.
Der Bauchpanzer ist in der Mitte schwarz und am Rand hell. Die schwarze Mittelfläche kann einen dünnen hellen Streifen beinhalten. Die Unterseite der Marginalschilder ist ebenfalls gelblich, teilweise sind jedoch schwarze Flecken vorhanden.
Die Kopfoberseite ist meist leuchtend gelb. Vom Augenrand verläuft auf jeder Seite ein schwarzes Band nach hinten, darunter ein gelber Streifen und danach vom Mundwinkel nach hinten wieder ein schwarzes Band. Der Hals und die Beine sind grau-braun und ungezeichnet. Vorder- und Hinterbeine besitzen starke Krallen sowie nur leicht angedeutete Schwimmhäute.

Allgemeines
Wie bei allen *Cuora*-Arten ist ein Bauchpanzer-Scharnier vorhanden, das aber nicht sehr wirksam ist. Durch die auffällige Kopf-Zeichnung ist die Dreistreifen-Scharnierschildkröte ein sehr schönes und begehrtes Tier.
Sie kann als stark gefährdet bezeichnet werden, da sie ein sehr kleines Verbreitungsgebiet hat und in ihrer Heimat stark verfolgt wird, weil sie als Nahrungsmittel und als Medizin stark geschätzt wird. Sie ist mit der ebenfalls seltenen Yunnan-Scharnierschildkröte *Cuora yunnanensis* verwandt, die in höheren Regionen gefunden wurde.
Cuora trifasciata zählt zu den aquatil lebenden Arten der Gattung *Cuora*, obwohl sie aufgrund der Panzerform und der nur schwach ausgebildeten Schwimmhäute keine gute Schwimmerin ist.

Haltung und Pflege
Über Gefangenschaftsbedingungen und Nachzuchten ist nur sehr wenig bekannt, da diese Art selten importiert wird.
Zur Haltung wird ein warmes Aqua-Terrarium (mit Temperaturen um ca. 25 °C) benötigt, das einen Wasser- und einen Landteil enthält.
Das Futter wird im Wasser und an Land genommen. *Cuora trifasciata* ist ein Allesfresser, sie frißt hauptsächlich Regenwürmer, Insekten, Fleisch und Früchte.
Bei der Paarung unterschwimmt das Männchen das Weibchen, bevor es zur eigentlichen Paarung kommt. Von Dezember bis April vergraben sich die Tiere im Boden. Im Heimatbiotop findet dann im Mai die Eiablage statt.

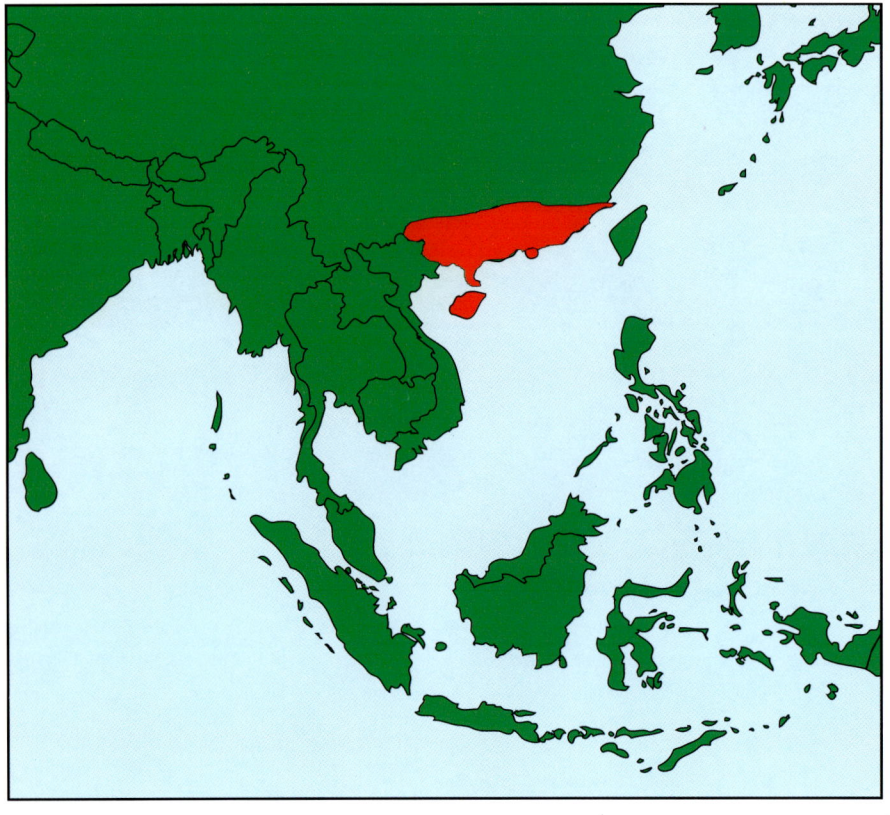

Foto: I. A. Basile / MTi-Press

Cuora trifasciata (Bell 1825)
Dreistreifen-Scharnierschildkröte

Cyclemys dentata (GRAY 1831)
Malayische Dornschildkröte

Geographische Verbreitung
Cyclemys dentata ist von Nordost-Indien über Bangladesh, Birma, Süd-Thailand und Süd-Vietnam bis nach Malaysia beheimatet. Außerdem lebt sie auf den Inseln Sumatra, Borneo und Java (Große Sunda-Inseln) und auf den Philippinen.

Biotop
Die Malayische Dornschildkröte bevölkert hauptsächlich Gebirgsbäche und sumpfige, höhergelegene Gebiete. Jungtiere sind sehr eng an das Wasser gebunden, während erwachsene Tiere hauptsächlich terrestrisch, d. h. in Sumpfregionen, leben.

Größe
Männchen und Weibchen werden ungefähr gleich groß und erreichen eine Carapaxlänge von ca. 25 cm. Damit wird die Malayische Dornschildkröte geringfügig größer als die Streifenhals-Dornschildkröte *Cyclemys tcheponensis*.

Beschreibung
Der Rückenpanzer (Carapax) von *Cyclemys dentata* ist relativ flach und läuft zum Rand hin flach aus. Er ist am Hinterrand gezackt. Ein mehr oder weniger stark ausgeprägter Mittelkiel ist bei Tieren jeden Alters vorhanden. Die Färbung des Rückenpanzers ist meist einfarbig braun bis rotbraun, manchmal ist auf jedem Schild ein dunkler Fleck vorhanden. Auch eine leichte Streifenzeichnung kann zu erkennen sein, wobei die Zeichnung bei jüngeren Tieren meist häufiger ist als bei älteren Tieren.
Die Vorderhälfte des Bauchpanzers (Plastron) ist durch ein Gelenk, das sich vor der Brücke befindet, beweglich. Der Panzer kann jedoch nicht komplett verschlossen werden, wie dies zum Beispiel bei den Dosenschildkröten der Fall ist. Dieses Gelenk entwickelt sich jedoch erst mit der Geschlechtsreife. Der Bauchpanzer ist blaß-gelb bis braun gefärbt und besitzt eine Strahlenzeichnung. Bei Jungtieren können auch einige braune Flecken vorhanden sein.
Kopf und Hals sind meist einfarbig braun, an den Kopfseiten können jedoch rötliche und am Hals gelblich-weiße Längsstreifen vorhanden sein. Der Oberkiefer besitzt einen Haken.
Die Extremitäten sind rötlich braun bis grau gefärbt und meist einfarbig. Manchmal sind einige gelbe bis orangene Punkte vorhanden. Die Haut ist weiß, die kurzen und scharfen Krallen besitzen Schwimmhäute.

Allgemeines
Die Gattung *Cyclemys* besteht aus zwei Arten, die keine Unterarten besitzen: *Cyclemys dentata* und *Cyclemys tcheponensis*. Diese beiden Arten sind sich sehr ähnlich, so daß u. a. PRITCHARD zuerst der Meinung war, daß das als *Cyclemys tcheponensis* beschriebene Tier eigentlich eine *Cyclemys dentata* gewesen sei, und daß die Art *Cyclemys tcheponensis* gar nicht existiere. Durch spätere Funde wurden jedoch die Unterschiede von *Cyclemys dentata* zu *Cyclemys tcheponensis* gefestigt. So ist zum Beispiel die Kopf- und Carapaxzeichnung von *Cyclemys tcheponensis* deutlich auffälliger. Auch die Verbreitungsgebiete sind größtenteils verschieden. Der Knochenbau des Plastrons ist ebenfalls unterschiedlich.

Haltung und Pflege
Da die Malayische Dornschildkröte sowohl an Land und im Wasser lebt, ist ein Aqua-Terrarium erforderlich. Dabei sollte bei Jungtieren der Wasserteil und bei älteren Tieren der Landteil größer sein. Bei erwachsenen Tieren kann sogar ganz auf einen Wasserteil verzichtet werden, da die Tiere ja auch in Sumpfgebieten leben. Der Bodengrund muß dann jedoch ständig feucht gehalten werden, auch eine hohe Luftfeuchtigkeit ist erforderlich.
Da die Tiere trotz ihrer Lebhaftigkeit nicht aggressiv sind und so gut zusammen mit anderen Tieren gehalten werden können, ist *Cyclemys dentata* prinzipiell gut in Gefangenschaft zu halten. Dazu trägt auch die problemlose Fütterung bei. Die Tiere fressen sowohl pflanzliches wie tierisches Futter. Auffällig ist, daß pro Jahr bis zu 5 Eiablagen vorkommen können, wobei jedesmal zwischen 10 und 20 Eier abgelegt werden. Die Nachzucht in Gefangenschaft ist schon geglückt.

Typische Kopfzeichnung eines Jungtieres
Foto: I. A. Basile / MTi-Press

Foto: I. A. Basile / MTi-Press

Cyclemys dentata (GRAY 1831)
Malayische Dornschildkröte

Cyclemys tcheponensis BOURRET 1939
Streifenhals-Dornschildkröte

Geographische Verbreitung
Cyclemys tcheponensis ist laut Wirot Nutaphand „The Turtles of Thailand" von Ost-Birma über West-, Zentral- und Ost-Thailand und Süd-Laos bis nach Südwest-Vietnam verbreitet.

Biotop
Die Streifenhals-Dornschildkröte bevölkert gleichermaßen Wasser und Land. Sie lebt in Flüssen oder Gebirgsbächen und in sumpfigen Gebieten. Damit lebt sie in dem selben Biotop wie die andere *Cyclemys*-Art.

Größe
Männchen und Weibchen dieser Art werden ungefähr gleich groß und erreichen eine maximale Carapaxlänge von ca. 22 cm. Sie bleiben damit geringfügig kleiner als die Malayische Dornschildkröte *Cyclemys dentata*.

Beschreibung
Der Rückenpanzer von *Cyclemys tcheponensis* besitzt einen schwach ausgeprägten Mittelkiel und ein sehr kleines Nackenschild. Er ist bei Jungtieren im Gegensatz zu *Cyclemys dentata* auffallend länglich, am Hinterrand ist er gezackt. Bei Jungtieren ist der Rückenpanzer gräulich-braun bis hell-rötlich gefärbt. Auf jedem Schild ist ein kräftiger schwarzer Punkt vorhanden, von dem dünne schwarze Linien ausgehen. Bei erwachsenen Tieren ist der Carapax dagegen einfarbig grünlich-grau über dunkelbraun bis schwarz gefärbt.
Der Bauchpanzer (Plastron) besitzt ein Gelenk vor der Brücke. Mit diesem Gelenk kann der Panzer jedoch nicht so dicht wie zum Beispiel bei den Dosenschildkröten verschlossen werden. Bei Jungtieren ist dieses Gelenk noch nicht vorhanden, es entwickelt sich erst im Erwachsenenalter (PRITCHARD konnte daher diesen Punkt nicht bestätigen, da seine Kenntnisse nur Jungtiere betrafen). Der Bauchpanzer von Jungtieren ist blaß-rot bis rosa gefärbt und besitzt braune Flecken, bei erwachsenen Tieren ist er blaß-gelb und meist einfarbig. Manchmal ist eine dünne, schwarze Streifenzeichnung vorhanden.
Kopf und Hals besitzen eine dunkelbraune Grundfarbe. Bei jungen Tieren ist eine gelbliche bis rote Streifenzeichnung vorhanden, am Hals entlang verläuft eine blaß-rote Linie, die hinter den Augen ihren Ursprung hat. Die Kopfoberseite ist oft dunkel gefleckt. Diese Zeichnungen verschwinden bei erwachsenen Tieren meist. Der Oberkiefer ist bei Tieren jeden Alters in der Mitte eingekerbt. Die Extremitäten sind dunkelgrau bis braun gefärbt und besitzen kurze Krallen, die mit Schwimmhäuten versehen sind. Die Haut der Weichteile ist weiß.

Allgemeines
Die eigentliche neuere Beschreibung von *Cyclemys tcheponensis* verdanken wir Wirot Nuthapand in „The Turtles of Thailand", wo diese Art unter dem Namen *Geoemyda tcheponensis* ausführlich beschrieben wird. Pritchard war der Meinung, daß es sich bei dem 1939 von R. BOURRET beschriebenen Jungtier um eine Malayische Dornschildkröte *Cyclemys dentata* handelte. Weitere Funde festigten aber die Unterschiede von *Cyclemys tcheponensis* zu *Cyclemys dentata*. So sind zum Beispiel die Jungtiere von *Cyclemys tcheponensis* länglicher als die fast kreisrunden Jungtiere von *Cyclemys dentata*. Geringfügige Abweichungen in der Kopfzeichnung und im Knochenbau sind ebenfalls vorhanden, auch das Verbreitungsgebiet ist verschieden. Insgesamt hat PRITCHARD die Art als *Cyclemys tcheponensis* eingestuft, was ohne weitere Untersuchungen zunächst so belassen werden sollte.

Haltung und Pflege
Cyclemys tcheponensis ist grundsätzlich gut im Aqua-Terrarium zu pflegen, sie kann sogar, da sie auch in sumpfigen Gebieten lebt, ganz ohne Wasserteil leben, wenn der Bodengrund feucht genug gehalten wird; auch eine hohe Luftfeuchtigkeit ist wichtig. Die Streifenhals-Dornschildkröte ist ein sehr lebhaftes Tier, das jedoch in keinster Weise aggressiv ist. Sie kann daher gut mit anderen Tieren zusammen gehalten werden. Auch die Fütterung ist problemlos, da Futter aller Art angenommen wird.

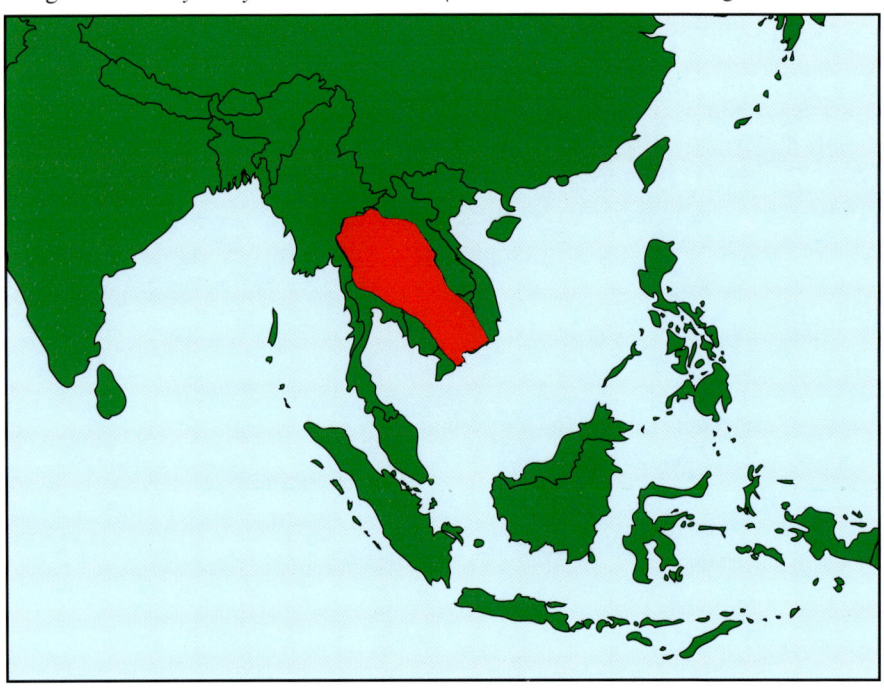

Foto: I. A. Basile / MTi-Press

Cyclemys tcheponensis Bourret 1939
Streifenhals-Dornschildkröte

Deirochelys reticularia miaria SCHWARTZ 1956
Langhals-Schmuckschildkröte

Geographische Verbreitung
Deirochelys reticularia miaria lebt in den südlichen USA westlich des Mississippi in den Staaten Louisiana, Texas, Oklahoma und Kansas.
Die Nominatform *D. r. reticularia* lebt östlich des Mississippi (von Nordkarolina über Südkarolina, Georgia, Alabama, Mississippi und Tennessee bis nach Südost-Louisiana.
Die dritte Unterart *D. r. chrysea* ist nur auf der Halbinsel Florida zu finden, so daß sich die Verbreitungsgebiete der einzelnen Unterarten nicht überschneiden.

Biotop
Die Langhals-Schmuckschildkröte lebt in stehenden, kleineren Gewässern (z. B. Tümpel o. ä.), selbst in temporären Teichen ist sie zu finden. Sie ist nicht sehr stark an das Wasser gebunden und verläßt es häufig zu Wanderungen, z. B. wenn ihr Gewässer austrocknet.

Größe
Weibchen erreichen eine Carapax-Länge von ca. 25 cm. Männchen bleiben etwas kleiner.

Bauchpanzeransicht
Foto: I. A. Basile / MTi-Press

Beschreibung
Der Rückenpanzer ist relativ flach und bei Jungtieren fast kreisrund. Der Hinterrand ist nicht gezackt, bei Jungtieren ist ein schwach ausgeprägter Mittelkiel vorhanden. Die Carapax-Grundfarbe ist grünlich bis braun, es ist ein schwaches Netzmuster vorhanden, das sich in der Farbe kaum von der Grundfärbung abhebt. Die Panzerwände sind im Vergleich zu den *Pseudemys*-Arten auffallend dünn.
Der Bauchpanzer hat eine blaß-gelbe Grundfarbe. Die Schildnähte sind schwarz gefärbt, und auf den Femoral- und Analschildern kann sich ein dicker schwarzer Fleck befinden. Auf den Brücken sind jeweils zwei große schwarze Flecken zu sehen. Die Unterseiten der Marginalschilder sind schwarz gefleckt.
Kopf, Hals und Gliedmaßen haben eine grünlich braune Grundfärbung. Sie sind mit dünnen blaß-gelben Streifen versehen, die Kopfoberseiten und der Hals sind manchmal auch rötlich gestreift. Der Hals ist auffallend lang und erinnert an die Langhalsschildkröten der Gattung *Chelodina*, welche aber Halswender sind und den Kopf und den Hals „S"-förmig seitlich einziehen, während die Langhals-Schmuckschildkröte ein Halsberger ist, der den Kopf wie alle Sumpfschildkröten einzieht. Die Halsunterseite ist sehr hell und bei erwachsenen Tieren ungezeichnet. Bei Jungtieren ist eine blasse gräuliche Streifenzeichnung vorhanden.
Eine weitere Auffälligkeit von *Deirochelys reticularia* ist die Färbung der Haut zwischen den Hinterbeinen und dem Schwanz. Hier werden die typischen gelben Längsstreifen durch Querstreifen ersetzt.

Allgemeines
Die Gattung *Deirochelys* besteht nur aus der einen Art *D. reticularia*, die allerdings drei Unterarten besitzt: *D. r. reticularia* (LATREILLE 1801), *D. r. chrysea* SCHWARTZ 1956 und die hier beschriebene *D. r. miaria*.
Deirochelys reticularia chrysea läßt sich von den beiden anderen Unterarten leicht durch den ungezeichneten Bauchpanzer unterscheiden, bei dem nur auf den Brücken blasse Flecken vorhanden sind. Der Nominatform fehlt im Vergleich zur hier beschriebenen Unterart die Schwarzfärbung der Schildnähte des Plastrons.

Haltung und Pflege
Da es sich bei der Langhals-Schmuckschildkröte um eine sehr scheue Art handelt, sollte man sie entweder nur unter sich oder auch mit anderen ruhigen Arten zusammen pflegen. Bei besonders aktiven Arten kommt sie sonst nur unzureichend ans Futter.
Ansonsten wird sie im üblichen Aqua-Terrarium bei Wassertemperaturen von ca. 23-27 Grad Celsius gepflegt. Dem Herkunftsgebiet entsprechend sollte im Winter eine kurze Winterruhe eingelegt werden. Ein warmer Landteil im Aqua-Terrarium ist notwendig, da sich die Tiere sehr gerne und lange an Land sonnen. Unter günstigen Bedingungen läßt sich *Deirochelys reticularia* auch ohne weiteres nachziehen. Die Weibchen können im Jahr mehrere Gelege mit einer Anzahl von 5-15 länglichen, weichschaligen Eiern produzieren. Bei einer Inkubation in Gefangenschaft bei Temperaturen von 30 Grad Celsius schlüpfen nach 70-116 Tagen die fast kreisrunden Jungtiere. Mit kleinen Würmern, Mückenlarven oder auch Fleisch- und Fischstückchen lassen sie sich leicht aufziehen. Adulte Tiere nehmen auch einen hohen pflanzlichen Futteranteil.
Weiterhin ist zu beachten, daß diese Art sehr anfällig für Panzernekrosen ist. Einen detaillierten Bericht zur Behandlung dieser Krankheit findet der Leser in diesem Buch.

Foto: I. A. Basile / MTi-Press

Deirochelys reticularia miaria Schwartz 1956
Langhals-Schmuckschildkröte

Emydoidea blandingi (HOLBROOK 1838)
Amerikanische Sumpfschildkröte

Geographische Verbreitung
Emydoidea blandingi lebt im Bereich der Großen Seen in Süd-Kanada (Ontario) und in den Nord-USA von Nordost-Nebraska über Nord- und Süddakota, Minnesota, Iowa, Wisconsin, Illinois, Michigan und Indiana bis nach Ohio. Weiterhin soll es in den Staaten New Hampshire und Massachussetts eine isolierte Population geben.

Biotop
Die Amerikanische Sumpfschildkröte lebt in flachen Gewässern (kleine Teiche und Flüsse), die eine reiche Unterwasservegetation und einen schlammigen Boden besitzen. Zeitweilig hält sie sich auch ausschließlich auf feuchten Wiesen auf und ist häufig auch an Land zu finden, wo sie längere Wanderungen unternimmt.

Größe
Die maximale Carapaxlänge (Stockmaß) liegt bei ca. 25 cm. Männchen und Weibchen werden etwa gleich groß.

Beschreibung
Der Rückenpanzer der Amerikanischen Sumpfschildkröte ist im Vergleich zur Europäischen Sumpfschildkröte *Emys orbicularis* relativ hoch gewölbt und hat eine längliche Form. Der Carapaxhinterrand ist ungesägt, es sind keine Kiele vorhanden. Die Grundfarbe des Rückenpanzers reicht von braun bis schwarz. Es sind mehr oder weniger viele gelbe Flecken vorhanden, die besonders bei Jungtieren sehr leuchtend sind. Die Dichte dieser Flecken ist sehr variabel. Es gibt Tiere, bei denen die Flecken so dicht stehen, daß sie fast den gesamten Carapax einnehmen.

Der Bauchpanzer von *Emydoidea blandingi* besitzt ein mittiges Bauchpanzerscharnier, das es den Tieren ermöglicht, sich komplett zu verschließen. Der Plastron hat eine gelbe Grundfärbung. Auf jedem Schild ist ein großer unregelmäßiger Fleck vorhanden, der eine dunkelbraune bis schwarze Farbe hat. Dieser Fleck befindet sich jeweils am Panzerrand. Die Oberseite und die Seiten von Kopf, Hals und Gliedmaßen haben eine gräulichbraune bis schwarze Farbe, auch hier sind die arttypischen gelben Flecken in einer sehr variablen Dichte vorhanden. Die Unterseite des Kopfes dagegen ist ungefleckt und hat eine leuchtend gelbe Grundfärbung. Auffällig ist der relativ lange Hals dieser Art, der etwas an die Langhals-Schmuckschildkröte *Deirochelys reticularia* erinnert.

Allgemeines
Schon auf den ersten Blick bemerkt man die große Ähnlichkeit zwischen der hier beschriebenen Art und der Europäischen Sumpfschildkröte *Emys orbicularis*, hauptsächlich aufgrund der gleichen Zeichnung (schwarze Grundfarbe mit gelben Flecken). So wurde *Emydoidea blandingi* früher auch der Gattung *Emys* zugeordnet. Neuerdings wird sie jedoch eher als Verwandte der Gattung *Deirochelys* (Langhals-Schmuckschildkröten) betrachtet, die die gleiche Panzer- und Kopfform und auch den gleichen langen Hals hat. Sie besitzt allerdings kein Bauchpanzer-Scharnier, und auch die Färbung ist vollkommen anders.

Hier wiederum ist *Emydoidea blandingi* der Tropfenschildkröte *Clemmys guttata* sehr ähnlich, die auch kein Bauchpanzer-Scharnier hat.

Haltung und Pflege
Die Amerikanische Sumpfschildkröte wird nur sehr selten in Gefangenschaft gehalten. Dabei ist sie eine Art, die für die Terrarienhaltung geradezu geeignet wäre. Aufgrund des relativ nördlichen Verbreitungsgebietes hat sie nur sehr geringe Temperaturansprüche. Die Idealtemperatur liegt bei ca. 20 °C. *Emydoidea blandingi* ist auch sehr tolerant gegen niedrigere Temperaturen (sie wurde schon unter Eis aktiv gesehen). Dadurch ist sogar eine ganzjährige Freilandhaltung in unserem Klima möglich. Sie könnte ähnlich wie die Europäische Sumpfschildkröte in einem kleinen Gartenteich ganzjährig im Freien gehalten werden. Gemäß den Bedingungen im Ursprungsbiotop muß allerdings ein Winterschlaf ermöglicht werden. Auch hier könnten die Tiere wiederum im Freiland verbleiben, wenn der Teich tief genug ist und nicht zufriert. Bei einer Terrarienhaltung sollte der Winterschlaf ebenfalls ermöglicht werden. Die geringe Erwachsenengröße macht *Emydoidea blandingi* zudem zum idealen Terrarientier.

Für die Gefangenschaftshaltung ist ein Aqua-Terrarium mit großem Landteil notwendig, da sich die Tiere gerne an Land aufhalten, um sich zu sonnen. Ein entsprechender Wärmestrahler für die Sonnenbäder darf daher nicht fehlen.

Auch die Ernährung der Amerikanischen Sumpfschildkröte ist kein größeres Problem. Der Nahrungsschwerpunkt liegt auf animalischer Kost (hauptsächlich Schalentiere, aber auch Insekten, Fisch- und Fleischstücke und Würmer), aber auch Pflanzliches wird angenommen.

Über eine erfolgreiche Nachzucht in Gefangenschaft ist bisher noch nichts bekannt geworden. Aus dem Heimatgebiet vom *Emydoidea blandingi* wird berichtet, daß die Weibchen pro Saison ein bis zwei Gelege mit jeweils ca. 10 Eiern ablegen. In der Natur schlüpfen die Tiere nach ca. 65-70 Tagen. Einige überwintern auch in den Eiern und schlüpfen im folgenden Frühjahr. Die Schlüpflinge sind rund und haben einen Kiel.

Foto: I. A. Basile / MTi-Press

Emydoidea blandingi (HOLBROOK 1838)
Amerikanische Sumpfschildkröte

Emys orbicularis orbicularis (LINNAEUS 1759)
Europäische Sumpfschildkröte

Geographische Verbreitung
Emys orbicularis lebt in Mittel- und Südeuropa bis West-Asien sowie Nord-Afrika. Es existieren Inselpopulationen auf Sardinien, Korsika und den Balearen. Vereinzelt ist *Emys orbicularis* auch noch in Süd-Deutschland anzutreffen. Ausgesetzte Tiere leben auch im mittleren Deutschland, wo sie zwar überleben, sich aber nicht vermehren können.

Biotop
Die Europäische Sumpfschildkröte lebt meist in kleinen Gewässern, wie Seen, Tümpeln und toten Flußarmen mit verkrautetem Boden und starker Ufervegetation. Auch kleine, langsam fließende Bäche werden besiedelt.

Größe
Bis max. 25 cm. Weibliche Tiere werden größer als männliche. Die Inselpopulationen bleiben meist kleiner.

Beschreibung
Aufgrund ihres großen Verbreitungsgebietes kennt man *Emys orbicularis* in einigen Farbvariationen. Der nur leicht gewölbte Rückenpanzer hat eine ovale Form. Er hat keinen Kiel und ist nie gezackt. Lediglich Jungtiere haben einen leichten Mittelkiel, der im Alter verschwindet.
Die Grundfarbe ist schwarz mit vielen gelben Punkten. Es gibt Tiere, bei denen diese Punkte derart dicht stehen, daß das gesamte Tier fast gelb erscheint. Die Randschilder können leicht aufgebogen sein.
Der Bauchpanzer (Plastron) ist hell-gelb mit unregelmäßigen dunklen Flecken. Erwachsene Tiere haben ein Bauchscharnier, welches keine Verschlußfunktion hat. Der Bauchpanzer hat keine feste Verbindung zum Rückenpanzer, beide sind nur durch das Scharnier verbunden. Der Kopf und die Extremitäten sind schwarz gefärbt und ebenfalls mit gelben Flecken versehen. Der Schwanz ist bei beiden Geschlechtern auffällig lang. Zwischen den Zehen befinden sich gut ausgebildete Schwimmhäute.

Allgemeines
Die Gattung *Emys*, Europäische Sumpfschildkröten, besteht nur aus einer Art. Sie wird oft zusammen mit den anderen Europäischen Sumpfschildkröten der Gattung *Mauremys* in Gefangenschaft gepflegt. *Emys orbicularis* hat teilweise das gleiche Verbreitungsgebiet wie die *Mauremys*-Arten, ist aber nicht so empfindlich bei der Haltung in unseren Breiten. Sie war in früheren Zeiten bis nach Norddeutschland verbreitet. Heute gibt es in Deutschland noch viele künstlich angesiedelte Tiere, die hier gut überleben. Lediglich zum Ausbrüten der Eier reicht die Sonnenbestrahlung in unseren Breiten nicht aus. In Gefangenschaft ist dies bei günstigem Kleinklima schon gelungen.
Seit 1989 wird neben der hier abgebildeten Unterart *Emys orbicularis orbicularis* noch eine weitere Unterart aufgeführt, *Emys orbicularis luteofusca* FRITZ 1989, die aus der Hochebene der Zentral-Türkei stammt.

Haltung und Pflege
Die europäische Sumpfschildkröte ist ein idealer Pflegling für die Terrarium- und Gefangenschaftshaltung. Im Terrarium wird sie ähnlich wie alle anderen subtropischen Wasserschildkröten gehalten. Wassertemperaturen um 25 °C und etwas höhere Lufttemperaturen sind ideal. Ein Landteil für Sonnenbäder unter einer Wärmelampe, sowie genügender Schwimmraum für die lebhaften Tiere sind angebracht.
Emys orbicularis frißt im wesentlichen tierische Kost, wie Schnecken, Würmer und sonstiges Kleingetier. In Gefangenschaft gibt man wenn möglich Fisch oder Fleisch. Auch das übliche Trockenfutter wird nach einiger Zeit angenommen. Pflanzliche Kost spielt kaum eine Rolle.

Eine Winterruhe ist gemäß den Gegebenheiten im Ursprungsbiotop erforderlich.
Besser als eine Terrariumhaltung ist die Freilandhaltung, welche in unserem Klima problemlos möglich ist. Wenn die Möglichkeit hierzu gegeben ist, sollte man dies auf jeden Fall vorziehen. *Emys orbicularis* findet in unseren Breiten ein Klima, das eine ganzjährige Freilandhaltung ermöglicht. Gerade mit der Freilandhaltung werden in den letzten Jahren große Nachzuchterfolge erzielt. Vielen Züchtern ist es gelungen, natürliche Gegebenheiten herzustellen, wo sich die Tiere wohl fühlen, was durch erfolgreiche Nachzuchten dokumentiert wird. Der Grundstein des Erfolges scheint u.a. eine richtige Überwinterung zu sein. Auch die Übergangszeiten im Frühjahr und Herbst fordern einiges Geschick. KAU berichtet von seiner Methode, die Übergangszeiten im Frühjahr zu verkürzen, so daß seine Tiere teilweise zwei Gelege im Jahr produzieren.
Durch das Artenschutzgesetz ist *Emys orbicularis* nicht mehr im Handel erhältlich. Da die Tiere in ihrer Heimat aber durch Umweltverschmutzung und Biotopzerstörung bedroht sind, fällt der Nachzucht in Gefangenschaft eine große Bedeutung zu. Sie ist daher ein äußerst erstrebenswertes Ziel. Natürlich gibt es in den Übergangszeiten einige Dinge, die man beachten muß, um die Tiere viele Jahre zu pflegen und eventuell nachzuziehen. Alle Einzelheiten zur Haltung und Nachzucht der Europ. Sumpfschildkröten finden Sie in einem ausführlichen Bericht in diesem Buch.

Foto: I. A. Basile / MTi-Press

Emys orbicularis orbicularis (Linnaeus 1759)
Europäische Sumpfschildkröte

Geoclemys hamiltoni (Gray 1831)
Strahlen-Dreikielschildkröte

Schutz-Status
Geoclemys hamiltoni steht im Washingtoner Artenschutzgesetz im Anhang I (vom Aussterben bedrohte Tiere).

Geographische Verbreitung
Die Strahlen-Dreikielschildkröte lebt hauptsächlich im Bereich der Flußsysteme von Indus und Ganges. Damit kommt sie hauptsächlich in Pakistan und Nord-Indien vor.

Biotop
Diese Art bevölkert - wie die Chinesische Dreikielschildkröte - kleine saubere Gewässer mit einer reichhaltigen Ufervegetation. Weiterhin werden langsam fließende oder sogar stehende Gewässer bevorzugt. Daher ist diese Art meist in kleinen Seen oder Bächen anzutreffen, außerdem kommt sie in Bewässerungsanlagen der Landwirtschaft vor.

Größe
Die maximale Carapaxlänge beträgt ca. 30 cm, wobei die Weibchen dieser Art geringfügig größer werden als die Männchen.

Beschreibung
Der Rückenpanzer der Strahlen-Dreikielschildkröte hat eine längliche Form und ist relativ hoch gewölbt. Auffällig sind drei deutliche Längskiele, die bei Jungtieren noch stärker ausgeprägt sind als bei erwachsenen Tieren und die sehr an die Chinesische Dreikielschildkröte *Chinemys reevesi* erinnern. Die Grundfarbe des Carapax ist dunkelbraun bis schwarz, wobei ältere Tiere meist eine dunklere Farbe besitzen als Jungtiere. Weiterhin sind auf dem gesamten Rückenpanzer deutliche gelbe Flecken vorhanden, deren Dichte auf den Randschildern größer ist als auf den übrigen Schildern.
Die Grundfarbe des Bauchpanzers ist gelb, wobei diese Farbe zu einem sehr großen Teil von einer schwarzen Flecken- und Streifenzeichnung bedeckt wird. Besonders auffällig ist die Einkerbung zwischen den Analschildern.
Der Kopf ist im Verhältnis zur Größe des Panzers relativ groß. Die Kopffärbung ist sehr auffällig. Er ist schwarz gefärbt und mit hellen gelben oder weißen Punkten gefleckt. Auch der Hals und die Gliedmaßen besitzen weiße Punkte, allerdings ist hier die Grundfarbe gräulich-braun, auch sind diese Punkte kleiner als die am Kopf. Die Weichteile sind einfarbig weiß bis rosa gefärbt, und die Augen besitzen eine schwarze Iris mit einer runden Pupille.

Allgemeines
Geoclemys hamiltoni ist die einzige Art der Gattung *Geoclemys*, der früher jedoch auch die Chinesische Dreikielschildkröte *Chinemys reevesi* zugeordnet wurde. Diese beiden Arten, die sich schon wegen der auffälligen Längskiele auf dem Rückenpanzer sehr ähneln, wurden später aber getrennt, da zwischen ihnen doch einige Unterschiede bestehen. Dabei fallen besonders die stark unterschiedliche Größe (*Geoclemys hamiltoni* wird fast doppelt so groß wie *Chinemys reevesi*) und das unterschiedliche Aussehen der Augen auf (die Chinesische Dreikielschildkröte besitzt meist eine gelbe Iris mit einer geschlitzten Pupille). Damit paßt *Chinemys reevesi* besser zu den anderen *Chinemys*-Arten als zu *Geoclemys hamiltoni*.

Haltung und Pflege
Die Strahlen-Dreikielschildkröte ist fast nie in Gefangenschaft anzutreffen, da sie aufgrund ihrer Seltenheit und des Artenschutzgesetzes nicht in den Handel kommt. Prinzipiell ist diese Art jedoch gut für die Gefangenschaftshaltung geeignet. Gemäß ihrer südlichen Verbreitung stellt *Geoclemys hamiltoni* relativ hohe Ansprüche an die Wasser- und Lufttemperatur, die jeweils über 25 °C liegen sollten. Ansonsten ist diese Art problemlos zu halten, auch wenn - besonders von Jungtieren - fast nur tierisches Futter (hauptsächlich Schnecken und Würmer) gefressen wird.
Über eine erfolgreiche Nachzucht ist bisher nichts bekannt geworden.

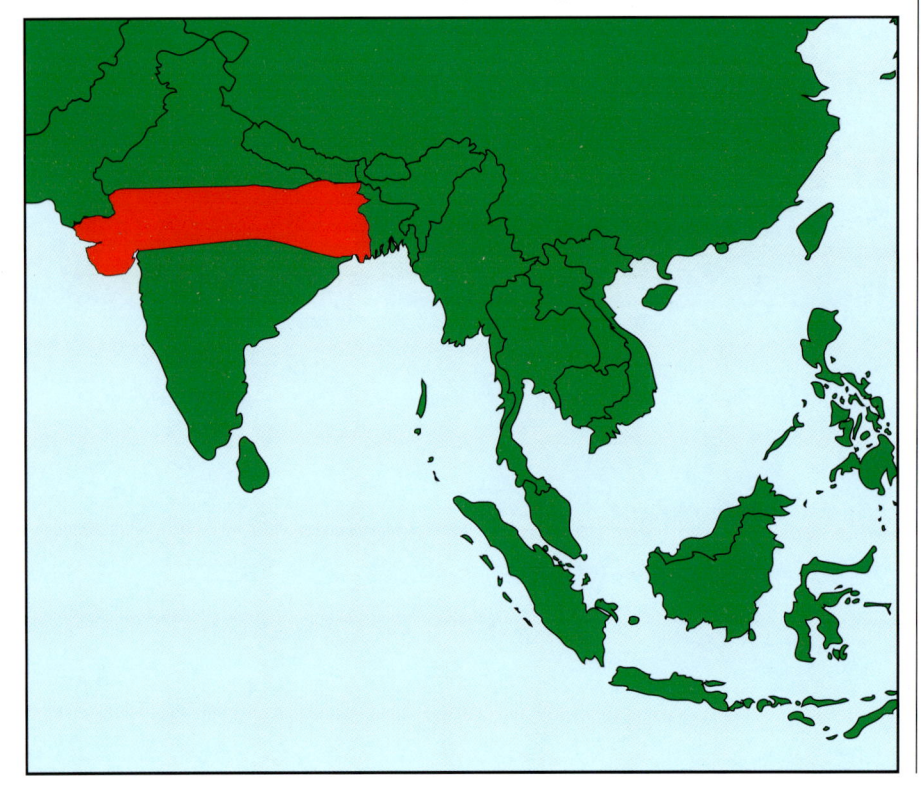

Foto: R. Whitaker / MTi-Press

Geoclemys hamiltoni (Gray 1831)
Strahlen-Dreikielschildkröte

Graptemys barbouri CARR & MERCHAND 1942
Barbour's Landkartenschildkröte

Geographische Verbreitung
Graptemys barbouri lebt in den südöstlichen USA (Südost-Alabama, Südwest-Georgia und West-Florida).

Biotop
G. barbouri hält sich vorwiegend in klaren Flüssen mit feinsandigem Untergrund und reicher Ufervegetation auf. Es fällt auf, daß die Geschlechter unterschiedliche Biotope bevorzugen.

Größe
Weibliche Tiere werden 30 cm groß. Die Männchen erreichen max. 12-13 cm.

Beschreibung
Die Grundfarbe des Carapax ist hellbraun bis olivgrün, auf dem ein feines orangenes oder gelbes halbkreisförmiges Muster sichtbar ist. Diese Zeichnung verblaßt im Alter. Ein deutlicher Mittelkiel ist vorhanden.
Die silbrig-grauen Weichteile sind in Längsrichtung blaßgelb gestreift. Der ebenfalls gräuliche Kopf hat an den Seiten gelbliche Punkte und Striche. Besonders stark ist die Zeichnung auf der Kopfoberseite, zwischen den Augen, beziehungsweise im Bereich zwischen Auge und Trommelfell.
Die Bauchunterseite ist einfarbig gelb. Jungtiere haben meist dunkle Schildnähte. Wie alle *Graptemys*-Arten zeigt auch *G. barbouri* einen ausgeprägten Sexualdimorphismus, d. h. es gibt bedeutende Unterschiede zwischen beiden Geschlechtern. Die Weibchen werden wesentlich größer als die Männchen (siehe oben). Es gibt kaum eine andere Art, wo dieser Unterschied so ausgeprägt ist. Auch haben Weibchen einen auffallend größeren, massigen Kopf, gegenüber einem kleinen länglichen Kopf bei den männlichen Tieren. Höchst ungewöhnlich ist auch, daß die großen weiblichen Tiere eher im trüben Wasser (und dort meist am Grund) anzutreffen sind, während die Männchen eher klares Wasser bevorzugen und sich öfter sonnen.

Typische Kopfzeichnung
Foto: I. A. Basile / MTi-Press

Allgemeines
Die Gattung *Graptemys* ähnelt stark den *Pseudemys*-Arten. Barbour's Landkartenschildkröte ist eine von zehn *Graptemys*-Arten (*G. barbouri, G. caglei, G. flavimaculata, G. geographica, G. kohni, G. nigrinoda, G. oculifera, G. pseudogeographica, G. pulchra, G. versa*). Alle Höckerschildkröten-Arten sind nur auf dem nordamerikanischen Kontinent anzutreffen.

Haltung und Pflege
Die Tiere der Gattung *Graptemys* sind ideale Pfleglinge für die Terrarienhaltung. Zwar sind einige südliche Arten etwas empfindlich gegen tiefere Temperaturen, doch im großen und ganzen gibt es keine Probleme. Die weiter nördlich vorkommenden Formen kann man auch ohne weiteres den Sommer über im Freiland halten. An Nahrung wird bei Schlüpflingen und Jungtieren oft nur Lebend- und Frostfutter angenommen. Aber schon bald wird jegliche Form von Trocken- und Frischfutter vertilgt. Adulte Tiere fressen sogar Grünzeug und Obst (Banane). In Gefangenschaft sollte *G. barbouri* im Aquarium mit ausreichendem Schwimmraum und einem trockenen Platz zum Sonnenbad bei Temperaturen um 25 °C gehalten werden. Nördlichere Arten vertragen ohne weiteres tiefere Temperaturen. Im Winter ist für diese Tiere eine mehrwöchige Winterruhe bei herabgesetzten Temperaturen (ca. 10 °C) förderlich.
Wie bei vielen nordamerikanischen Arten haben nördlich verbreitete Tiere meist nur ein großes Gelege im Jahr. Südlichere Tiere legen mehrmals im Jahr bis zu insgesamt 20 Eier. *Graptemys barbouri* bereitet in der Terrarienhaltung keinerlei Schwierigkeiten und ist somit ein idealer Pflegling, der leider relativ selten im Handel zu erhalten ist. Der Autor hat in Gefangenschaft auch meist nur Einzeltiere angetroffen, es ist daher auch nicht verwunderlich, daß über erfolgreiche Nachzuchten wenig bekannt ist. Sie dürfte allerdings kein Problem sein.

Foto: I. A. Basile / MTi-Press

Graptemys barbouri CARR & MERCHAND 1942
Barbour's Landkartenschildkröte

Graptemys geographica (LE SUEUR 1817)
Landkarten-Höckerschildkröte

Geographische Verbreitung
Der nördlichste Teil des Verbreitungsgebietes von *Graptemys geographica* ist in der Umgebung des St. Lorenz-Stromes in Südost-Kanada. Von dort aus findet man sie westwärts bis zu den Großen Seen und von da über die Staaten New York, Pennsylvania und New Jersey bis nach Maryland. Weiterhin lebt sie im Westen der Großen Seen von Wisconsin und Süd-Minnesota und über Iowa, Illionois, Missouri, West-Kentucky und Arkansas bis nach Mississippi und Alabama.

Biotop
Wie alle *Graptemys*-Arten lebt auch die Landkarten-Höckerschildkröte in Flüssen (hauptsächlich in den großen Flußsystemen des Verbreitungsgebietes) und in großen Seen. Sie hält sich sehr häufig an Land auf, ist aber eine sehr gute Schwimmerin.

Größe
Während die Weibchen dieser Art bis zu 28 cm Carapaxlänge erreichen, werden die Männchen gerade halb so groß (meist zwischen 10 und 14 cm). Damit ist bei dieser Art der Größenunterschied zwischen den Geschlechtern besonders stark ausgeprägt.

Beschreibung
Der Rückenpanzer ist relativ flach und zum Rand hin noch weiter abgeflacht. Der Hinterrand ist gezackt. Die namensgebenden Höcker entlang des Mittelkiels sind auch bei dieser Art vorhanden, bei Jungtieren im allgemeinen stärker ausgeprägt als bei erwachsenen Tieren. Die höchste Erhebung befindet sich auf dem zweiten Centralschild. Auf dem ersten und dritten Centralschild sind leichte Höcker vorhanden, während die übrigen Centralschilder in der Regel keine Erhöhungen aufweisen. Die Höckerspitzen sind meist schwarz gefärbt. Der übrige Carapax hat eine grünliche bis braune Grundfarbe, bei Jungtieren ist eine komplexe gelbe Streifenzeichnung vorhanden, die an eine Landkarte erinnert. Auf den Marginalschildern kann eine kreisförmige Zeichnung zu sehen sein.
Der Bauchpanzer ist gelb. Jungtiere haben teilweise schwarze Streifen entlang der Schildnähte. Ansonsten ist keine Zeichnung vorhanden. Die Unterseite der Marginalschilder und die Brücken sind jedoch mit Verzierungen versehen.
Kopf, Hals und Gliedmaßen haben eine gräulich-braune bis schwarze Grundfarbe und sind mit gelben Streifen versehen. Hinter dem Auge befindet sich jeweils ein mehr oder weniger großer, isolierter gelber Fleck, der von gelben Streifen umrundet wird (siehe Foto). Unter den Augen können weitere gelbe Flecken vorhanden sein. Im allgemeinen ist diese Färbung bei Jungtieren leuchtender als bei erwachsenen Tieren, sie bleibt jedoch immer vorhanden.
Die Augen haben eine helle Iris, durch die Pupille verläuft ein schwarzer Balken. Die Extremitäten sind mit stark entwickelten Schwimmhäuten versehen.

Allgemeines
Die Gattung *Graptemys* (Höckerschildkröten) besteht neben *Graptemys geographica* noch aus neun weiteren Arten: *G. barbouri*, *G. caglei*, *G. flavimaculata*, *G. kohni*, *G. nigrinoda* (2 Unterarten), *G. oculifera*, *G. pseudogeographica* (3 Unterarten), *G. pulchra* und *G. versa*. Die Falsche Landkarten-Höckerschildkröte *Graptemys pseudogeographica* (lat.: pseudo = falsch) scheint besonders nah mit *Graptemys geographica* verwandt zu sein, da sie ihr zumindest täuschend ähnlich sieht. Die Unterscheidung dieser beiden Arten wird noch durch die zahlreichen Unterarten von *Graptemys pseudogeographica* erschwert. Es kann jedoch festgestellt werden, daß der Fleck hinter dem Auge bei keiner Unterart von *Graptemys pseudogeographica* isoliert und durch Linien umrandet ist, wie dies bei *Graptemys geographica* der Fall ist. Außerdem hat *Graptemys pseudogeographica* (zumindest die Nominatform) einen unscheinbarer gefärbten Carapax, und die Kopfstreifen erscheinen dünner und sind teilweise sogar unterbrochen. Weiterhin scheinen die Mittelkiel-Höcker von *Graptemys pseudogeographica* höher zu sein, wodurch der gesamte Carapax höher gewölbt wirkt. Jungtiere lassen sich ferner anhand der Bauchpanzerfärbung unterscheiden. Die hier besprochene Art hat schwarze Streifen entlang der Schildnähte, während bei *Graptemys pseudogeographica* eine zentrale Figur vorhanden ist. Beide Färbungen verschwinden jedoch mit zunehmendem Alter immer mehr.
Im gleichen Gebiet wie *Graptemys geographica* lebt *Graptemys kohni*, sich jedoch durch die sichelförmige Umrandung der Augen leicht von den anderen *Graptemys*-Arten unterscheiden läßt.

Haltung und Pflege
Die Landkarten-Höckerschildkröte ist wie alle *Graptemys*-Arten ein sehr aktives Tier, weshalb ein großes Aqua-Terrarium benötigt wird. Hierbei sind ein großer Wasserteil und ein Landteil mit einem Strahler zum Sonnenbad notwendig.
Je nach Herkunft (*Graptemys geographica* ist von Süd-Kanada bis in die südlichen USA verbreitet) stellen die Tiere natürlich auch unterschiedliche Temperaturansprüche, die insgesamt zwischen 22 und 28 °Celsius liegen dürften. Im Winter ist vor allem bei Tieren nördlicher Verbreitung eine längere Winterruhe bei herabgesetzten Temperaturen nötig.
Bei der Fütterung ist zu beachten, daß die Tiere ausschließlich fleischfressend sind. Ihre Nahrung besteht fast nur aus Wasserinsekten und Weichtieren. In Gefangenschaft sind sie problemlose und gierige Fresser, die schnell heranwachsen.
Die Eiablage erfolgt im Juni und Juli, wobei 10-20 Eier gelegt werden. Da die Tiere in den USA zu den geschützten Arten zählen, werden sie nicht exportiert und sind daher nicht so häufig im Handel wie andere *Graptemys*-Arten.

Foto: I. A. Basile / MTi-Press

Graptemys geographica (LE SUEUR 1817)
Landkarten-Höckerschildkröte

Graptemys kohni (BAUR 1890)
Mississippi-Höckerschildkröte

Geographische Verbreitung
Die Mississippi-Höckerschildkröte lebt, wie der Name schon sagt, in den mittleren und südlichen USA (von Südost-Nebraska, Südwest-Iowa und West-Illinois südwärts bis Ost-Texas, Louisiana und Alabama).

Biotop
Graptemys kohni bevölkert ruhige Flußabschnitte, Teiche und Seen. Eine starke Ufer- und Wasservegetation ist immer vorhanden.

Größe
Die maximale Größe der Weibchen liegt bei 30 cm. Durchschnittlich werden sie jedoch nur etwa 15 cm groß. Männchen bleiben in der Regel etwas kleiner.

Beschreibung
Der Carapax ist fast kreisrund und besitzt einen höckerartigen, stark ausgeprägten Mittelkiel. Die Grundfarbe ist oliv-braun. Bei Jungtieren ist eine netzartige Linienzeichnung vorhanden, die mit dem Alter immer mehr verblaßt und schließlich ganz verschwindet. Der Mittelkiel dagegen behält seine schwarze Farbe immer (außer bei sehr alten Tieren). Der Hinterrand ist vor allem bei Jungtieren leicht gezackt. Der Bauchpanzer ist gelb. Jungtiere besitzen eine zentrale schwarze Figur, die aus dicken Linien besteht und mit zunehmendem Alter ebenfalls immer mehr verschwindet.
Kopf, Hals und Gliedmaßen sind gräulichschwarz gefärbt und mit dünnen gelben Streifen versehen. Typisch für diese Art sind die sichelförmigen Umrandungen der Augen, die eine auffallend helle, ununterbrochene Iris haben, und eine gelbe Linie, die auf der Kopfoberseite zwischen den Augen verläuft. Die Tiere besitzen gut ausgeprägte Schwimmhäute. Erwachsene Männchen haben an den Vorderbeinen auffällig lange Krallen, wie z. B. die Rotwangen-Schmuckschildkröte.

Allgemeines
Die Mississippi-Höckerschildkröte ist wohl die populärste Höckerschildkrötenart. Jährlich werden in den USA Tausende dieser Tiere in Zuchtfarmen gezüchtet und in die ganze Welt exportiert. Sowohl in diesem Zuchtfarmen als auch im natürlichen Verbreitungsgebiet von *Graptemys kohni*, das sich teilweise mit den Verbreitungsgebieten anderer *Graptemys*-Arten überschneidet, kommt es häufig zu Vermischungen, z. B. mit *Graptemys geographica* (Landkarten-Höckerschildkröte). Auch Farbvarianten kommen vor (siehe Foto).
Die Mississippi-Höckerschildkröte wurde früher teilweise als Unterart der Falschen Landkartenschildkröte *Graptemys pseudogeographica* betrachtet, der sie, abgesehen von der sichelförmigen Umrandung der Augen, auch sehr ähnlich sieht.

Haltung und Pflege
Zur Haltung von *Graptemys kohni* benötigt man ein Aqua-Terrarium mit einem großen Wasserteil und einem Landteil zum Sonnenbad. Entsprechend der südlichen Verbreitung stellt diese Art relativ hohe Ansprüche an die Temperaturen. Besonders Jungtiere reagieren gegenüber einem plötzlichen Temperaturabfall sehr empfindlich. Am besten werden die Tiere bei Wassertemperaturen um 25 °C und etwas höheren Lufttemperaturen gehalten. In der warmen Jahreszeit ist auch ein Freilandaufenthalt im eingezäunten Teich möglich.
Mit der Ernährung dürfte es bei diesen Tieren keinerlei Probleme geben. Man kann die Mississippi-Höckerschildkröte durchaus als Allesfresser bezeichnen. Mit den üblichen Trockenfuttersorten und natürlich auch diversem Lebendfutter bzw. Fisch- und Fleischstückchen, lassen sie sich leicht aufziehen. Heranwachsende Tiere nehmen mit zunehmendem Alter auch immer mehr Pflanzenteile zu sich, ähnlich den *Pseudemys*-Arten.
Eine Nachzucht dieser ruhigen Schildkrötenart ist unter Aquarienbedingungen möglich. Die männlichen Tiere umwerben zuvor auf ähnliche Weise wie bei den Rotwangen-Schmuckschildkröten ihre Weibchen, indem sie im Wasser stehen und mit den Vorderbeinen den Weibchen Wasser zufächeln. Von Mai bis September produzieren die Weibchen manchmal mehrere Gelege in etwa vierwöchigen Abständen. Bei 30 °C im Brutkasten schlüpfen schon nach etwa 65 Tagen die Jungtiere.

Graptemys kohni, Farbvariante
Foto: I. A. Basile / MTi-Press

Foto: I. A. Basile / MTi-Press

Graptemys kohni (BAUR 1890)
Mississippi-Höckerschildkröte

Graptemys nigrinoda nigrinoda CAGLE 1954
Schwarzkopf-Höckerschildkröte

Geographische Verbreitung
Graptemys nigrinoda lebt in den südöstlichen USA, in den Flüssen in Alabama und Mississippi.

Biotop
Die Schwarzkopf-Höckerschildkröte bevölkert ruhige Flußabschnitte mit sandigem Ufer und ausreichender, dichter Vegetation sowohl am Gewässerrand als auch im Wasser. Sie ist auch in tieferen Gewässern anzutreffen.

Größe
G. nigrinoda ist eine sehr klein bleibende Art. Weibchen erreichen selten mehr als 12-15 cm Stockmaß. Die Männchen bleiben geringfügig kleiner.

Beschreibung
Auch bei dieser Art ist der für die *Graptemys*-Arten typische, höckerartige Mittelkiel vorhanden, der hier jedoch nur noch aus vereinzelten Höckern besteht und keinen durchgehenden Kiel mehr bildet. Weiterhin werden diese Höcker mit zunehmendem Alter immer flacher, bis sie schließlich fast ganz verschwinden, auch bei Jungtieren sind sie nur auf den ersten drei Vertebralschildern vorhanden. Der Carapax-Hinterrand ist stärker als bei den meisten anderen *Graptemys*-Arten gezackt. Die Grundfarbe des Rückenpanzers ist oliv-grün bis bräunlich. Auf den Pleural- und Marginalschildern befindet sich eine gelbe bis orangene Oceolenzeichnung mit schwarzem Zentrum. Der Mittelkiel dagegen ist dunkelbraun bis schwarz gefärbt.
Der Bauchpanzer ist gelb bis orange. Es ist eine zentrale schwarze Figur vorhanden, die bei der Unterart *Graptemys nigrinoda delticola* wesentlich größer ist als bei *Graptemys nigrinoda nigrinoda*. Auf den Brücken ist immer eine komplexe Streifenzeichnung vorhanden.
Der Kopf hat eine schwarze Grundfarbe, die Gliedmaßen und der Hals sind gräulich-braun. Es sind kräftig-gelbe Längsstreifen vorhanden. Hinter den Augen befindet sich ein großer gelber Fleck, die Längsstreifen sind hier teilweise durch weitere Linien verbunden.

Allgemeines
Die Art *Graptemys nigrinoda* besteht aus zwei Unterarten: *Graptemys n. nigrinoda* und *Graptemys n. delticola*.
Letztere unterscheidet sich von der Nominatform durch die umfangreichere Bauchpanzerfigur und durch die dünneren Kopfstreifen.

Haltung und Pflege
Durch die geringe Größe ausgewachsener Tiere ist die Art gut für die Haltung in Gefangenschaft geeignet. Entsprechend ihrer Herkunft muß man sie allerdings relativ warm halten. Temperaturen von 26-28 °C sind ideal. Ein trockener Platz und ein Strahler zum Sonnenbaden tragen weiter zum Wohlbefinden bei.
Auch die Ernährung ist unproblematisch. Die Art kann als Allesfresser bezeichnet werden, wobei der Schwerpunkt jedoch auf tierischer Nahrung liegt.
Unter diesen Bedingungen (eine kurze Ruheperiode im Winter für einige Wochen vorausgesetzt) steht auch einer Nachzucht nichts im Wege. Es werden nur wenige, recht große Eier abgelegt, wobei jedoch mehrere Gelege pro Saison möglich sind. Bei einer Zeitigungstemperatur von 28 °C schlüpfen nach ca. 65-72 Tagen die Jungtiere.
Aufgrund der seltenen Importe aus dem Ursprungsbiotop ist *Graptemys nigrinoda* recht selten in Gefangenschaft anzutreffen.

Foto: I. A. Basile / MTi-Press

Graptemys nigrinoda nigrinoda CAGLE 1954
Schwarzkopf-Höckerschildkröte

Graptemys pseudogeographica pseudogeographica (GRAY 1831)
Falsche Landkartenschildkröte

Geographische Verbreitung
Graptemys pseudogeographica lebt in den nördlichen und mittleren USA. Die Nominatform *G. p. pseudogeographica* findet man in Süd-Minnesota und West-Wisconsin. *Graptemys p. ouachitensis* lebt im Gebiet von Tennessee bis Ost-Oklahoma und Kansas, während *Graptemys p. sabinensis* nur im Sabine River etwas südlich von *Graptemys p. ouachitensis* vorkommt.

Biotop
Die Falschen Landkartenschildkröten leben in den ruhigen Seitenarmen und Buchten der großen Flüsse des Verbreitungsgebietes. Bevorzugt werden Bereiche mit reicher Ufer- und Wasservegetation.

Größe
Die Nominatform ist die größte der drei Unterarten, die Weibchen erreichen eine Carapaxlänge von ca. 25 cm. Die anderen Unterarten bleiben geringfügig kleiner. Auch bei dieser *Graptemys*-Art bleiben die Männchen um einiges kleiner.

Beschreibung
Der Rückenpanzer dieser Art ist relativ flach und zum Rand hin noch weiter abgeflacht. Auf den ersten drei Vertebralschildern ist der gattungstypische, höckerartige Mittelkiel vorhanden, der bei Jungtieren stärker ausgeprägt ist als bei adulten Tieren. Bei Jungtieren ist auch der Carapax-Hinterrand stärker gezackt. Die Färbung ist grünlich bis braun und bei erwachsenen Tieren, außer dem schwarzen Mittelkiel, ungezeichnet. Lediglich bei Jungtieren, hauptsächlich bei *Graptemys p. ouachitensis*, ist eine leichte Oceolenzeichnung vorhanden.
Der Bauchpanzer hat eine gelbe Grundfarbe. Es ist eine schwarze symmetrische Figur entlang der Mittelnaht vorhanden, die bei *Graptemys p. sabinensis* aus dünneren Linien als bei den anderen Unterarten gebildet wird. Diese Figur verblaßt mit zunehmendem Alter immer mehr. Die Brücken sind in der Regel mit einer Streifenzeichnung versehen.
Die Kopffärbung wird in der Literatur als Hauptunterscheidungsmerkmal der drei Unterarten angegeben. Die Grundfärbung ist gräulich-braun bis schwarz, es sind gelbe Längsstreifen vorhanden. *Graptemys p. pseudogeographica* zeichnet sich durch einen schmalen länglichen Fleck hinter dem Trommelfell aus und besitzt keine weiteren großen Flecken. Bei *Graptemys p. ouachitensis* dagegen ist ein viereckiger Fleck hinter dem Auge vorhanden, der oftmals eine Verbindung mit den Kopfstreifen hat. Auch im Bereich der Kiefer können einige Flecken vorhanden sein. Es verlaufen zwischen einem und drei gelbe Streifen zwischen dem Auge und dem Hals. Bei *Graptemys p. sabinensis* sind hier jedoch fünf bis neun Streifen vorhanden. Weiterhin ist bei dieser Unterart jeweils ein ovaler Hinteraugenfleck vorhanden.
Der Hals und die Gliedmaßen sind wie der Kopf gräulich-braun oder schwarz und mit gelben Längsstreifen versehen. Die Füße sind mit gut ausgebildeten Schwimmhäuten versehen.

Allgemeines
Die Art *Graptemys pseudogeographica* besteht heute aus drei Unterarten: *G. p. pseudogeographica*, *G. p. ouachitensis* und *G. p. sabinensis*. Früher wurden der Art noch zwei weitere, heute eigenständige, Arten zugeordnet: *Graptemys kohni* und *Graptemys versa*. Diese unterscheiden sich von der hier besprochenen Art allerdings recht deutlich, etwa durch den wesentlich auffälliger gezeichneten Carapax (*G. versa*) bzw. durch die auffällige, sichelförmige Umrandung der Augen (*G. kohni*).
Die drei Unterarten von *Graptemys pseudogeographica* sind sich untereinander sehr ähnlich. Sie unterscheiden sich nur durch geringfügige Unterschiede in der Kopfzeichnung und sind daher nur schwer voneinander zu unterscheiden.
Wie schon erwähnt, sind sich *Graptemys kohni* und *Graptemys pseudogeographica* sehr ähnlich. Das zeigt sich auch durch die Bastardbildung zwischen den beiden Arten, die im teilweise gemeinsamen Verbreitungsbiet dieser beiden Arten vorkommt.

Haltung und Pflege
Die Haltung von *Graptemys pseudogeographica* ist im Grund problemlos, auch die geringe Erwachsenengröße trägt dazu bei, daß sie ein idealer Pflegling für die Gefangenschafts-Haltung ist.
Gemäß der unterschiedlichen Verbreitungsgebiete der Unterarten stellen die Tiere auch unterschiedlichen Ansprüche an die Temperaturen. Im allgemeinen dürften Wassertemperaturen um 25 °C und etwas höhere Lufttemperaturen angemessen sein. Weiterhin sind ein Landteil mit Wärmestrahler zum Sonnenbad und ein tiefer Wasserteil notwendig, da die Tiere ausdauernde Schwimmer sind.
Bei der Ernährung dürfte es keine Schwierigkeiten geben, denn auch die Falsche Landkartenschildkröte ist ein Allesfresser, jedoch mit Schwerpunkt auf animalischer Nahrung.
Über die Bedingungen einer Nachzucht in Gefangenschaft ist nicht viel bekannt.

Foto: I. A. Basile / MTi-Press

Graptemys p. pseudogeographica (Gray 1831)
Falsche Landkartenschildkröte

Graptemys pulchra BAUR 1893
Alabama-Landkartenschildkröte

Geographische Verbreitung
Südöstliche USA, in den Flüssen von Ost-Louisiana ostwärts bis West-Florida. *Graptemys pulchra* besiedelt praktisch alle Gewässer und Flüsse im Verbreitungsgebiet.

Biotop
Die Alabama-Landkartenschildkröte bevorzugt tiefere, langsam fließende Gewässer mit sandigem Ufer zum Sonnenbaden bzw. zur Eiablage.

Größe
Weibliche Exemplare werden auch hier deutlich größer als die Männchen. Es werden max. 25-28 cm erreicht, während die Männchen meist nur ca. 10-12 cm groß werden. Männchen sind, wie so oft bei Sumpfschildkröten, an ihrem längeren Schwanz bzw. am Kloakenabstand zum Carapaxrand zu erkennen. Sie erreichen die Geschlechtsreife meist schon nach drei oder vier Jahren, während die Weibchen dazu über zehn Jahre benötigen. Geschlechtsreife Weibchen sind deutlich höher gewölbt als Jungtiere oder Männchen.

Beschreibung
Die Alabama-Landkartenschildkröte ähnelt äußerlich sehr der Barbour's Landkartenschildkröte. Bei genauerem Hinsehen fällt dem Betrachter allerdings auf, daß sie wesentlich farbenprächtiger ist (siehe Foto). Der Rückenpanzer ist olivgrün bis hellbraun gefärbt mit unregelmäßigen gelben Linien auf den Rückenschildern und gelben bis orangen Kringeln auf den Seitenschildern. Der gattungstypische Mittelkiel ist auch bei dieser Art sehr deutlich ausgeprägt und bildet auf dem zweiten und dritten Vertebralschild einen deutlichen, schwarz gefärbten Höcker. Die hinteren Randschilder sind arttypisch gezackt. Auch der Kopf ist wesentlich deutlicher und farbenprächtiger gefärbt. Hals und Beine sind hell gestreift. Der etwas länglichere Carapax wirkt um einige Töne heller. Dadurch tritt die netzartige Zeichnung besser hervor. Der Bauchpanzer ist gelb, oft auch rotbraun mit dunklen Linien an der Brücke und den Unterseiten der Randschilder. Junge Tiere haben dunkle Plastron-Schildnähte.
Graptemys pulchra zeigt in den verschiedenen Regionen des Verbreitungsgebietes auch unterschiedliche Färbungen. So kommt es oft zu unterschiedlichen Beschreibungen. Während PRITCHARD z. B. ein völlig oliv-grünes Tier beschreibt und im Foto zeigt, sieht man nebenstehend ein Tier, bei dem die rotbraunen Töne überwiegen. Es soll sogar Tiere geben, die in besonders bewegten Flüssen leben und ungewöhnlich flache Panzer haben. Zu allem kommt noch der Unterschied zwischen den Geschlechtern. Alles zusammen hat früher schon dazu geführt, daß es viele Unterarten-Beschreibungen von *Graptemys pulchra* gegeben hat.

Allgemeines
Trotz der Ähnlichkeit mit *G. barbouri* ist *G. pulchra* dennoch ganz und gar als eigenständige Art anzusehen. Zwar unterscheiden manche amerikanische Herpetologen verschiedene Farbvarianten, die aber dennoch alle der gleichen Art zuzurechnen sind. Bei der Alabama-Landkartenschildkröte hat man ferner beobachtet, daß die Tiere in der Natur noch im Herbst kopulieren. Die Weibchen sind, wie viele Schildkröten, in der Lage, das aufgenommene Sperma bis zum kommenden Frühjahr zu speichern (= Amphigonia retardata).

Haltung und Pflege
Die Alabama-Landkartenschildkröte ist in Menschenhand relativ selten anzutreffen. Dennoch ist diese etwas wärmebedürftige Art problemlos im herkömmlichen Aqua-Terrarium zu pflegen. Wassertemperaturen um 26-28 °C, höhere Lufttemperaturen, sowie ein Wärmestrahler für die sonnenhungrigen Tiere sind notwendig. Eine Überwinterung ist nicht notwendig. In der Natur gibt es nur eine Art Winterruhe, wenn die Temperaturen niedrig sind. Auch eine Nachzucht ist möglich. Das Weibchen legt im Ursprungsbiotop mehrmals im Jahr bis zu 30 Eier (je nach Größe des Tieres). Aus den recht großen (38 x 26 mm) Eiern schlüpfen nach 2 bis 2,5 Monaten ca. 30 mm große Jungtiere. Mit normaler Insekten- und Wurmkost sind sie leicht aufzuziehen.

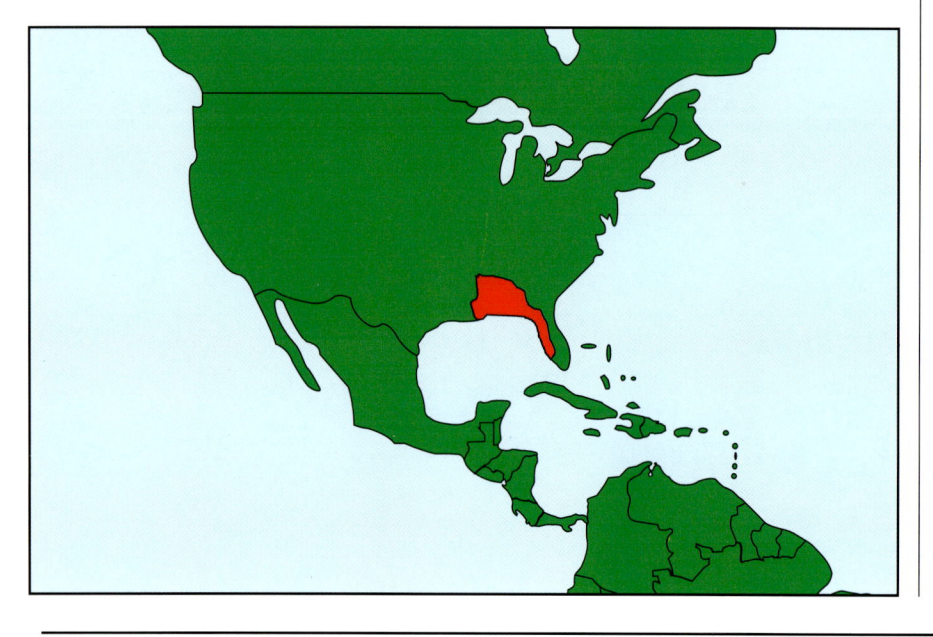

Foto: I. A. Basile / MTi-Press

Graptemys pulchra BAUR 1893
Alabama-Landkartenschildkröte

Hardella thurji thurji (Gray 1831)
Diademschildkröte

Geographische Verbreitung
Hardella thurji lebt in Süd-Pakistan, Nord-Indien und Bangladesh. Sie ist in den Flußsystemen von Indus, Brahmaputra und Ganges beheimatet.

Biotop
Die Diademschildkröte ist hauptsächlich in tiefen, langsam fließenden Flüssen oder in großen Seen zu finden. Selten lebt sie auch in kleinen Tümpeln und temporären Gewässern.

Größe
Die Weibchen dieser Art werden viel größer als die Männchen. Während die Weibchen durchschnittlich 50 cm groß werden, erreichen die männlichen Tiere maximal eine Carapaxlänge von 25 cm.

Beschreibung
Der Rückenpanzer (Carapax) ist dunkelbraun bis schwarz gefärbt und gelb eingerahmt. Außerdem ist im Bereich der Naht zwischen den Costal- und Marginalschildern ein kräftig-gelber Streifen zu sehen, der bei jüngeren Tieren breiter ist als bei älteren Tieren. Jungtiere besitzen außerdem einen Vertebralkiel.
Der Plastron und die Unterseite der Marginalschilder besitzen eine blaß-gelbe Grundfarbe. Während sich im Bereich der Nähte der Carapaxrandschilder jeweils ein großer schwarzer Punkt befindet, ist der Bauchpanzer mit unregelmäßigen großen schwarzen Flecken versehen, die bei manchen Tieren den Plastron so bedecken, daß dieser teilweise gräulichschwarz erscheint.
Der relativ große Kopf besitzt eine sehr auffällige Färbung. Die Grundfarbe ist schwarz, es sind drei gelbe Streifen vorhanden. Ein Streifen verläuft von der langen Schnauze zum Auge und von dort weiter zum Hals, auf dem er weiter verläuft. Der zweite Streifen beginnt am Kieferrand und verläuft ebenfalls bis zum Hals, der dritte Streifen verbindet die beiden anderen. Die Kieferränder sind ebenfalls gelb gefärbt. Weiterhin können auf der Kopfoberseite einige unregelmäßige gelbe Flecken vorhanden sein.
Der Hals und die Gliedmaßen sind dunkelgrau bis schwarz. Der Hals besitzt eine gelbe Streifenzeichnung, die vom Kopf ausgeht. Die Extremitäten besitzen dagegen keine Zeichnung, sie haben stark ausgeprägte Schwimmhäute.

Allgemeines
Die Gattung der Diademschildkröten (*Hardella*) bildet zusammen mit den Gattungen *Batagur*, *Callagur*, *Kachuga* und *Orlitia* die Gruppe der Tauchschildkröten. Eine Besonderheit dieser Gattungen sind die knöchernen Lungenkammern (Knochenwände des Carapax), die die Lunge beim Tauchen vor dem hohen Druck schützen, der in großen Wassertiefen herrscht.
Ein weiteres auffälliges Merkmal der Diademschildkröte sind die Höckerreihen, die auf der Oberseite der Mundhöhle sitzen und die das Zerkleinern von pflanzlicher Nahrung erleichtern. Diese Höcker sind auch bei Tieren der Gattungen *Batagur*, *Callagur*, *Kachuga* und bei den Seychellen-Riesenschildkröten vorhanden, die alle zum größten Teil Pflanzenfresser sind.
Wegen ihrer Erwachsenengröße ist die Diademschildkröte für die Einheimischen ihres Lebensraums ein lohnendes Nahrungsmittel, zumal sie, zumindest im Erwachsenenalter, durch die Größe leicht entdeckt wird. Daher ist sie in ihrem Bestand gefährdet.
Die Art besteht aus zwei Unterarten. Neben der abgebildeten Nominatform wurde noch *Hardella thurji indi* Gray 1870 beschrieben, die in Pakistan im Indus lebt.

Haltung und Pflege
Hardella thurji ist durch ihre Größe im Erwachsenenstadium (hauptsächlich bei Weibchen) nur bedingt für die Gefangenschaftshaltung geeignet, auch weil sie durch ihre relativ hohen Temperaturansprüche von über 25 °C in unseren Breiten höchstens im Sommer im Freiland gehalten werden kann.
Wenn die Diademschildkröte dennoch in Gefangenschaft gehalten werden soll, sollte für einen großen Wasserteil mit hohem Wasserstand gesorgt werden, da diese friedfertigen Tiere gute und ausdauernde Schwimmer sind (Tauchschildkröten).
Die Ernährung dagegen ist relativ problemlos, da die Tiere fast immer fressen, wenn sie etwas bekommen können. Während erwachsene Tiere hauptsächlich Pflanzen aber auch tierisches Futter zu sich nehmen, sind Jungtiere reine Pflanzenfresser.
Da die Tiere sehr groß werden und Pflanzenfresser sind, ist eine gute Filteranlage nötig, auch wegen des erforderlichen großen Behälters.
Hardella thurji ist nur sehr selten im Handel erhältlich, über eine Gefangenschaftsnachzucht ist daher nichts bekannt geworden.

Foto: I. A. Basile / MTi-Press

Hardella thurji thurji (Gray 1831)
Diademschildkröte

Heosemys grandis (GRAY 1860)
Riesen-Erdschildkröte

Geographische Verbreitung
Heosemys grandis lebt im südlichen Hinterindien, Burma, Thailand, Kambodscha.

Biotop
Die Riesen-Erdschildkröte ist in Sumpfgebieten, aber auch in Flüssen und Bächen zu finden.

Größe
Die maximale Größe liegt bei ca. 45 cm.

Beschreibung
Der Rückenpanzer ist nur mäßig gewölbt und sehr breit, bei Jungtieren ist er rundlich, im Alter länglich. Er ist mittelbraun, oft auch rötlich-braun gefärbt. Ein heller Mittelkiel ist vorhanden. Auf jedem Schild befinden sich deutliche konzentrische Furchen. Der Hinterrand ist gezackt. Der Bauchpanzer ist gelb bis hellbraun mit dunkelbrauner Strahlenzeichnung auf jedem Schild. Kopf, Hals und Vorderbeine sind sehr kräftig und braun gefärbt. Der Kopf ist häufig grau-braun mit kleinen gelben, roten oder lila Punkten. Der Oberkiefer ist in der Mitte eingekerbt und zeigt somit zwei Spitzen. Zwischen den Zehen sind Schwimmhäute vorhanden. Es gibt ähnlich wie bei anderen Arten große Unterschiede zwischen Jungtieren und erwachsenen Tieren. Wie auf den Fotos zu sehen ist, ist bei alten Tieren die Zeichnung meist verschwunden, die Füße sind plump fast wie bei landlebenden Schildkröten. Kopf, Hals und Vorderbeine sind sehr mächtig.

Allgemeines
Zu der Gattung *Heosemys* gehören 5 Arten: die Riesen-Erdschildkröte *H. grandis*, die Stachel-Erdschildkröte *H. spinosa*, die Flache Erdschildkröte *H. depressa*, die Gelbkopf-Erdschildkröte *H. silvatica* und die Philippinen-Erdschildkröte *H. leytensis*. Allen Arten gemeinsam ist der zweispitzige Schnabel des Oberkiefers, allen fehlt der Seitenkiel, alle haben einen Mittelkiel. Alle Arten haben auf den Schildern des Bauchpanzers eine deutliche Strahlenzeichnung. Jungtiere sind im allgemeinen kreisrund und schlüpfen bereits als sehr große Schlüpflinge.

Zu den Auffälligkeiten zählt in erster Linie die Größe im Erwachsenenstadium sowie der am Rand gezackte Rückenpanzer. Auch die oft lilafarbene Punkt- und Strichzeichnung des Kopfes ist sehr auffällig. Die Riesen-Erdschildkröte ist gleichzeitig an Land und im Wasser zu Hause. Beide Extremformen sind bekannt. Normal dürfte aber die aquatile Lebensweise sein. Sie frißt alles Eßbare, sowohl fleischlich als auch pflanzlich, und wächst unter guten Bedingungen sehr schnell. Das neben abgebildete Tier ist ca. 40 cm groß und lebt bei REIMANN fast ausschließlich terrestrisch.

Haltung und Pflege
Ein Aqua-Terrarium mit großem Wasserteil ist ideal. Auch ein Landteil muß unbedingt eingerichtet werden, da die Tiere sich periodisch auch an Land aufhalten. Genaueres ist hierüber aber nicht bekannt. Es ist zu vermuten, daß sie sich in trockenen Zeiten an Land eingraben. Aufgrund der Erwachsenen-Größe muß natürlich ein entsprechender Platz geboten werden. Bei Temperaturen um 25 °C und guter Fütterung (hauptsächlich pflanzliche Kost) gedeihen die Tiere gut, wachsen aber schnell heran, so daß eine Haltung sehr schwierig werden kann. In Gefangenschaft sind die Riesen-Erdschildkröten hauptsächlich in der Dämmerung aktiv. Da sie sehr niedrige Temperaturen vertragen, können sie im Sommer gut im Freiland gehalten werden. Gegenüber anderen Schildkröten soll sie teilweise sehr bissig sein. Die Nachzucht in Gefangenschaft ist bei J. LANGMANN schon gelungen. In der Regel werden 4-6 ovale Eier gelegt. Die Inkubationszeit beträgt ca. 6 Monate. Die Schlüpflinge sind fast kreisrund und am Hinterrand stark gezackt. Im Laufe des Wachstums werden die Panzer immer länglicher, und die Zacken verlieren sich.

rechts: ca. 40 cm großes, altes Tier

links: Jungtier mit typischer Zeichnung
Foto: I. A. Basile / MTi-Press

Foto: I. A. Basile / MTi-Press

Heosemys grandis (GRAY 1860)
Riesen-Erdschildkröte

Heosemys spinosa (Gray 1831)
Stachel-Erdschildkröte

Geographische Verbreitung
Die Stachel-Erdschildkröte lebt in Süd-Thailand, Malaysia sowie auf den Inseln Sumatra und Borneo.

Biotop
Heosemys spinosa bevorzugt kühle und schattige Gebiete mit feuchtem erdigem Boden. Sie kommt zum Teil bis in eine Höhe von 3.000 Metern vor (feuchte Gebirgswälder). Sie ist zwar stark an das Wasser gebunden, geht aber nie in tiefere Gewässer. Sie kann nicht schwimmen, sitzt aber gerne in kleinen Wasserlachen. Es wird berichtet, daß Jungtiere fast ausschließlich terrestrisch leben, während ältere Tiere doch häufiger Feuchtgebiete aufsuchen.

Größe
Beide Geschlechter erreichen eine maximale Größe von ca. 22 cm.

Beschreibung
Die Stachel-Erdschildkröte hat im Jugendstadium eine kreisrunde Panzerform. Dieser ist sehr flach, und die Randschilder sind sehr stark nach oben aufgebogen. Jedes Randschild mündet in einen spitzen Stachel. Die hinteren Randschilder weisen teilweise zwei Stacheln auf. Selbst die Nackenschilder haben kurze Dornen. Auf den Costalschildern sind bei Jungtieren kurze, nach hinten gerichtete Stacheln ausgebildet. Im Laufe des Wachstums verschwinden diese spitzen Stacheln fast völlig. Es verbleiben lediglich einige Stacheln am Hinterrand. Der Rückenpanzer wird bei älteren Tieren stark länglich und wesentlich höher gewölbt als bei Jungtieren.
Die Farbe ist hellbraun. Über die Mitte des Rückenpanzers verläuft ein hell gefärbter, leicht höckriger Längskiel.
Der Bauchpanzer ist hornfarben bis gelb mit einer schönen schwarzen Strahlenzeichnung auf jedem Schild sowie auf der Unterseite der Randschilder. Die Zeichnung verblaßt im Alter.
Der Kopf ist im Verhältnis zum Panzer relativ klein, auch die Beine sind zierlich und mit kleinen Schuppen versehen. Die Farbe des Kopfes und der Beine ist braun mit vielen attraktiven rosa bis leuchtend roten Punkten, Streifen und Flecken. Die Iris ist leuchtend rot. Die Füße besitzen keine Schwimmhäute.

Allgemeines
Die Gattung *Heosemys* (Erdschildkröten) besteht aus folgenden fünf Arten: *H. grandis* (Gray 1860), *H. spinosa* (Gray 1831), *H. silvatica* (Henderson 1912), *H. depressa* (Anderson 1875), *H. leytensis* (Taylor 1920).
Die meisten Arten leben terrestrisch, wie z. B. die Gelbkopf-Erdschildkröte *Heosemys silvatica* oder semiterrestrisch, wie z. B. die Riesen-Erschildkröte *Heosemys grandis* und *Heosemys spinosa*. *Heosemys spinosa* ist in der Farbe und im Verhalten der Riesen-Erdschildkröte *Heosemys grandis* sehr ähnlich. Beiden gemeinsam ist die Strahlenzeichnung auf dem Bauchpanzer. Besonders erwähnenswert ist der deutliche Unterschied im Aussehen zwischen Jungtieren und Alttieren bei *Heosemys spinosa*.

Haltung und Pflege
Bei einer Haltung in Gefangenschaft ist ein trockenes Terrarium mit feuchtem erdigem Boden angebracht. Für das Wasserbedürfnis genügt eine flache Schale mit einem Wasserstand um 2-3 cm. Da *Heosemys spinosa* gerne in schattigen Gebieten lebt, ist ein Strahler nicht notwendig. Gemäß ihrem Ursprungsbiotop genügen Temperaturen zwischen 22 und 25 °C am Tage mit einer starken Nachtabsenkung.
Die Stachel-Erdschildkröte ist dämmerungsaktiv. NUTAPHAND berichtet, daß er sie öfter in den Morgenstunden beim Abgrasen von Pflanzen oder herabgefallenen Früchten gesehen habe. In der Natur ernährt sie sich mehr vegetarisch. In Gefangenschaft wird aber Futter aller Art angenommen, wobei Obst bevorzugt wird. *Heosemys spinosa* ist in der Haltung etwas schwierig. Sie sitzt oft tagelang unbeweglich in einem Versteck und verweigert jegliches Futter.
Obwohl sie hin und wieder im Handel erhältlich ist, ist über eine Nachzucht in Gefangenschaft bisher nichts bekannt geworden. Erhältlich sind meistens auch nur Jungtiere, die offenbar im Terrarium nicht lange überleben.

Plastron
Foto: I. A. Basile / MTi-Press

Foto: I. A. Basile / MTi-Press

Heosemys spinosa (GRAY 1831)
Stachel-Erdschildkröte

Kachuga dhongoka (GRAY 1834)
Dhongoka-Dachschildkröte

Geographische Verbreitung
Kachuga dhongoka ist im nordöstlichen Vorderindien (Nepal und Bangladesh), im Flußsystem des Ganges und Brahmaputra ostwärts bis Assam zu finden.
Das Hauptvorkommen dieser Art beschränkt sich auf das Flußsystem von Ganges und Brahmaputra. Dort werden tiefere Stellen bevorzugt. Eine dichte Randvegetation und sonnige Sandbänke runden das Bild ab.

Biotop
Auch diese Art ist eine typische Flußschildkröte (ähnlich *Callagur*) und damit eine gute Schwimmerin, die sich gerne im tieferen Flußbereich aufhält. Sie wird allerdings auch beim Sonnenbaden in größerer Zahl auf Sandbänken angetroffen.

Größe
Wie bei allen *Kachuga*-Arten werden auch bei *Kachuga dhongoka* die Weibchen wesentlich größer als die Männchen und erreichen ca. 40 cm, während die männlichen Tiere max. 25 cm groß werden (Panzerlänge / Stockmaß).

Beschreibung
Diese großwerdende *Kachuga*-Art trägt ihren Namen „Dachschildkröte" eigentlich zu unrecht. Der olivfarbene bis bräunliche Carapax trägt zwar einen artspezifischen Mittelkiel, aber er ist keinesfalls hochgewölbt sondern eher flach. Häufig sind bei größeren Schildkröten drei dunkle Streifen in Längsrichtung auf dem Rücken zu erkennen. Die Farbe des Kopfes und der Weichteile ist ebenfalls bräunlich. Ferner ist nur ein heller, weißlicher oder gelblicher Schläfenstreifen auf jeder Seite des Kopfes vorhanden. Der Bauchpanzer ist hell, in der Jugend befindet sich zusätzlich auf jedem Plastronschild ein großer dunkler Fleck.

Allgemeines
Die Gattung *Kachuga* (sprich „Katschuga") bringt mit ihren sechs Arten (*Kachuga dhongoka* (GRAY 1834), *K. kachuga* (GRAY 1831), *K. smithi smithi* (GRAY 1863), *K. s. pallidipes* MOLL 1987, *K. sylhetensis* (JERDON 1870), *K. tecta tecta* (GRAY 1831), *K. t. tentoria* (GRAY 1834), *K. t. circumdata* MERTENS 1969 und *K. trivittata* (DUMÉRIL & BIBRON 1835)) einige der größten Sumpfschildkröten Asiens hervor. Ferner zeichnet sich die Gattung durch ihren ausgeprägten größenbezogenen Sexualdimorphismus aus. Weibliche Tiere werden in der Regel mehr als doppelt so groß wie die Männchen. Alle Arten ernähren sich vegetarisch, auch wenn sie tierische Kost nicht verschmähen. Aufgrund ihrer überwiegend vegetarischen Ernährung, sind ihre Kieferränder oft stark gezackt. Dadurch ist es den Tieren leichter möglich, Pflanzenteile (Blätter) abzubeißen.
Da Kachugen überwiegend im Wasser leben, sind sie auch morphologisch stark an dieses Medium angepaßt. Ihre Gliedmaßen weisen gut entwickelte Schwimmhäute auf. Der Rückenpanzer ist stromlinienförmig ausgebildet und bietet somit weniger Widerstand beim Schwimmen. Kachugen verlassen nur selten das Wasser, wie z. B. zur Eiablage. Über ihre genauere Lebensweise, speziell der großwerdenden Arten, ist kaum etwas bekannt. Leider gelangen sie nur selten in den Besitz von Herpetologen, die etwas zur Aufklärung der Wissenslücken beitragen könnten. Kleinere, an anderer Stelle besprochene Arten, werden schon seit einiger Zeit in Gefangenschaft nachgezüchtet.

Haltung und Pflege
Obwohl die Dhongoka-Dachschildkröte in ihrer Heimat recht häufig ist, werden, bzw. wurden kaum Tiere nach Europa gebracht. Dies liegt an den umständlichen Ausfuhrverfahren Indiens, wenn es um lebende Tiere geht. Dennoch sind die Tiere in ihrem Land nicht geschützt. Auch halten diese Schildkröten unter Gefangenschaftsbedingungen gut aus. Man muß natürlich ihrer wasserangepaßten Lebensweise Rechnung tragen, d. h. das Aqua-Terrarium muß einen großen und tiefen Wasserteil besitzen, wo die Tiere gut schwimmen können. Wegen der Erwachsenengröße muß das Aqua-Terrarium natürlich möglichst groß sein, wenn man erwachsene Tiere halten möchte. Ein Landteil ist zwar erforderlich, hat jedoch nicht die Bedeutung wie bei vielen anderen Sumpfschildkröten. Gemäß der Herkunft der Tiere ist eine Wassertemperatur um 27 °Celsius und eine etwas höhere Lufttemperatur erforderlich. Auch ein Wärmestrahler für ein gelegentliches Sonnenbad ist erforderlich.
Da es sich bei der Dhongoka-Dachschildkröte um einen Allesfresser mit vegetarischem Schwerpunkt handelt, ist natürlich eine starke Filteranlage Grundvoraussetzung, um den anfallenden Stoffwechselprodukten Herr zu werden.
Kachuga dhongoka ist leider sehr selten im Handel, so daß über Haltung und Nachzucht nicht viel bekannt ist. Sie spielt in der Gefangenschaftshaltung so gut wie keine Rolle, auch in den zoologischen Gärten ist sie so gut wie nie zu sehen.

Foto: R. Whitaker / MTi-Press

Kachuga dhongoka (GRAY 1834)
Dhongoka-Dachschildkröte

Kachuga kachuga (Gray 1831)
Bengalische Dachschildkröte

Geographische Verbreitung
Nördliches Vorderindien (von Zentralnepal südwärts bis Bangladesh) und westliches Hinterindien (Burma). Diese Art kommt überwiegend im gesamten Flußsystem des Ganges vor.

Biotop
Wie oben erwähnt, kommt die Bengalische Dachschildkröte hauptsächlich im Ganges und seinen Nebenarmen vor. Sie bevorzugt in der Regel große und tiefe, langsam aber stetig fließende Gewässer mit verkrauteter Randvegetation und sandigen Uferbereichen.
Kachuga kachuga ist eine typische Flußschildkröte, die sich hauptsächlich im tiefen Wasser aufhält und hervorragend schwimmt. Sie geht so gut wie nie an Land und wird auch sonst kaum gesehen (etwa beim Sonnen).

Größe
Bei *Kachuga kachuga* werden in der Natur Weibchen mit ca. 40-50 cm Carapax-Länge gefunden. Die Männchen bleiben erheblich kleiner und erreichen meist eine Panzerlänge von max. 20-25 cm. Diesen deutlichen Größenunterschied zwischen den verschiedenen Geschlechtern findet man bei allen *Kachuga*-Arten und bei vielen anderen Sumpfschildkröten.

Beschreibung
Auf dem länglichen Carapax ist ein Mittelkiel zu finden, der seine stärkste Wölbung auf der Höhe des zweiten und dritten Vertebral-Schildes aufweist. Bei Jungtieren sind an diesen beiden Stellen kleine Höcker ausgebildet. Trotz des leichten Mittelkiels ist der Gesamteindruck des Panzers eher flach als gewölbt. Dies ist typisch für eine derartig ans Wasser angepaßte Schildkröte. Der Rückenpanzer ist eher stromlinienförmig, die Vorderbeine sind ähnlich denen der Meeresschildkröten als „Paddel" ausgebildet. Die Hinterbeine haben große Schwimmhäute zwischen den Zehen. Die Farbe des Rückenpanzers ist einfarbig olivgrün bis dunkelbraun, der Bauchpanzer ist hell (weiß bis gelb).
Die Hautfarbe des Kopfes und der Extremitäten ist ebenfalls hell-olivgrün.
Während weibliche erwachsene Tiere eher schlicht und einfarbig sind, unterscheiden sich die Männchen durch eine äußerst auffällige Streifenzeichnung an Kopf und Hals. Auf der Oberseite des Halses befinden sich breite rote und weiße Streifen. Die Oberseite des Kopfes ist leuchtend rot. An den Kopfseiten gibt es gelbe und schwarze Streifen. Diese Färbung tritt besonders stark während der Paarungszeit hervor. Die hier dargestellten Fotos belegen dies eindrucksvoll. Es handelt sich um erwachsene Tiere, die direkt aus dem Ganges gefischt und an Ort und Stelle fotografiert wurden.

Allgemeines
Vieles über diese mächtige Schildkrötenart ist noch nicht bekannt. Dies liegt unter anderem an ihrem herpetologisch wenig erforschten Verbreitungsgebiet, bzw. an ihrer sehr versteckten Lebensweise. An Land kommt sie nur äußerst selten. Eingeborene Fischer bekommen sie auch nur sehr selten zu Gesicht, da man ihrer nur durch den Fang mit einem Fischernetz oder mittels einer Angel habhaft werden kann.

Haltung und Pflege
Da *Kachuga kachuga* so gut wie nie in den Handel kommt, ist über eine Gefangenschaftshaltung nichts bekannt. Für eine derart gute und großwerdende Schwimmerin müßte man ein großes Schwimmbecken einrichten, wogegen ein Landteil nicht so wichtig ist. Wie schon erwähnt, halten sich die Tiere in der Natur fast ausschließlich im tiefen Gewässer auf. Sie werden nicht einmal zum Sonnen gesehen.
Wie alle Kachugen ernährt sich *Kachuga kachuga* in der Natur hauptsächlich pflanzlich. Von den wenigen Gefangenschaftsberichten ist zu erfahren, daß sie jedoch auch Würmer, Schnecken und anderes tierisches Futter annimmt.
In den zoologischen Gärten von Indien und Amerika wird sie erfolgreich gehalten. Über Nachzuchten ist allerdings bisher nichts bekannt geworden.
Wenn man dem großen Platzbedarf der Tiere Rechnung trägt, dürfte eine Haltung problemlos möglich sein.

rechts: Männliches Tier

links: Weibliches Tier
Foto: R. Whitaker / MTi-Press

Foto: R. Whitaker / MTi-Press

Kachuga kachuga (GRAY 1831)
Bengalische Dachschildkröte

Kachuga smithi smithi (GRAY 1863)
Smith-Dachschildkröte

Geographische Verbreitung
Kachuga smithi lebt in West-Pakistan und im nördlichen Vorder-Indien (Flußsysteme des Indus und des Ganges).

Biotop
Die Smith-Dachschildkröte bevölkert überwiegend tiefere, vegetationsreiche Flüsse mit sandigen Ufern zum Sonnenbaden und für die Eiablage. Sie ist aber auch in künstlich angelegten Kanälen, wie z. B. Bewässerungsgräben anzutreffen.

Größe
Kachuga smithi zählt zu den kleineren *Kachuga*-Arten. Auch bei dieser Art ist der Sexualdimorphismus hinsichtlich der Größe klar sichtbar. Während die Weibchen bis zu 23 cm Carapax-Länge erreichen, erreichen die männlichen Tiere höchstens 12-14 cm. Ferner sind die Männchen ganz einfach an ihren langen Schwänzen zu erkennen.

Beschreibung
Der längliche, oliv-braune Carapax ist, wie der deutsche Name schon aussagt, dachartig gewölbt. Ein dunkler Vertebralkiel ist vorhanden. Die einzelnen Vertebralschilder sind zusätzlich mit Höckern versehen. Die hinteren Marginalschilder sind leicht gezähnt.
Der Bauchpanzer ist hellgelb und weist auf jedem Schild große dunkle Flecken auf.
Die Weichteile sind von grauer Farbe, die an manchen Stellen verwaschen rosa schimmern. Der Kopf weist an beiden Schläfen einen größeren rötlichen bis rostfarbenen Fleck auf. Am Hals fallen ferner eine Anzahl längsgerichteter gelblicher Streifen auf. Die Extremitäten verfügen über sehr gut ausgeprägte Schwimmhäute. Die Smith-Dachschildkröte ist eine sehr gute und ausdauernde Schwimmerin.

Allgemeines
Kachuga smithi hat zwei Unterarten, *K. s. smithi* und *K. s. pallidipes* MOLL 1987. Aufgrund ihrer geringen Größe im Erwachsenenstadium ist sie gut für eine Haltung im Terrarium geeignet. Doch leider kommen nur selten gesunde Tiere in den Handel bzw. in Liebhaberhände. Bisher befanden sich Tiere, die im Handel zu erhalten waren, meist in einem schlechten Gesundheitszustand (Nieren- und Knochenschäden), so daß sie nicht lange am Leben blieben. Aus diesem Grund ist es wahrscheinlich besser, keine importierten Exemplare zu erwerben, auch wenn sie einen noch so gesunden Eindruck machen. Hinzu kommt, daß Dachschildkröten eine empfindliche Haut haben und sehr leicht von Pilzinfektionen befallen werden.

Haltung und Pflege
Gelingt es, einmal gesunde *K. smithi* zu erwerben, dann wird der Pfleger bestimmt nicht enttäuscht. In einem ausreichend großen Aquarium mit tiefem Schwimmraum, einem trockenen Sonnenplatz und Temperaturen von 24-27 °C hält sie viele Jahrzehnte aus. Kachugen können sehr alt werden. Manche Pfleger halten sie schon über 30 Jahre mit Erfolg. Leider ist eine Nachzucht in Gefangenschaft sehr selten. Dies ist nicht verwunderlich, da selten eine intakte Zuchtgruppe gepflegt wird; oft sind es nur Einzeltiere oder ein einzelnes Pärchen, was bekanntlich noch keine erfolgreiche Nachzucht garantiert. In der Natur werden erst im Herbst längliche, ca. 48 x 22 mm große Eier abgelegt. Es können fünf bis acht an der Zahl sein. Erst nach gut vier bis fünf Monaten schlüpfen die Jungtiere. Alle *Kachuga*-Arten ernähren sich überwiegend vegetarisch. Ein Indiz hierfür sind die gezahnten Hornschneiden der Kiefer. In Gefangenschaft wird oft auch tierisches Futter angenommen.
Aufgrund der geringen Erwachsenengröße wäre *Kachuga smithi* ideal für die Terrarienhaltung. Es ist daher besonders schade, daß es kaum gesunde Tiere im Handel gibt.

Weibliches Tier
Foto: R. Whitaker / MTi-Press

Foto: I. A. Basile / MTi-Press

Kachuga smithi smithi (Gray 1863)
Smith-Dachschildkröte

Kachuga tecta ssp.
Indische Dachschildkröte

Schutz-Status
Kachuga tecta tecta steht im WA-Abkommen im Anhang I.

Geographische Verbreitung
Alle drei Unterarten leben in West-Pakistan sowie im nördlichen Hinter- und Vorderindien (Flußsysteme des Indus, Ganges und Brahmaputra). *Kachuga t. circumdata* kommt hauptsächlich in der Gegend von Kalkutta vor.

Biotop
Alle Unterarten bevölkern ruhige Flußabschnitte und künstliche Bewässerungsgräben mit feinsandigen Böden und starker Vegetation.

Größe
Weibliche Tiere aller drei Unterarten erreichen Größen bis 25 cm. Die Männchen dagegen bleiben mit 12-14 cm wesentlich kleiner. Der Schwanz der Männchen ist auffällig lang.

Beschreibung
Kachuga t. tecta und *Kachuga t. circumdata* sehen wie folgt aus: Auf dem hochgewölbten, gekielten Carapax fallen für *Kachuga*-Verhältnisse stark hervorspringende Höcker auf. Ein wenig wird man beim Anblick an diverse *Graptemys*-Arten erinnert. Die Farbe des Carapax beim Weibchen ist braun, die des Männchens oliv. Der Kiel ist jeweils dunkel abgesetzt. Der Plastron ist in der Jugend gelb. Er wird im Alter immer blasser. Die dunklen Flecken in unregelmäßiger Form bleiben dagegen erhalten. Die Jungtiere fallen in erster Linie durch einen leuchtend grünen Carapax mit rot und schwarz gemusterten Höckern des Mittelkiels auf. Die Weichteile sind von brauner Farbe. Auf den Extremitäten, speziell auf den Vorderbeinen, befinden sich in unregelmäßiger Anordnung rot gefärbte Schuppen. Der ebenfalls bräunliche Hals weist einige dünne gelbe Längsstreifen auf. Auf der Kopfoberseite befindet sich ferner ein breites, rotes Band. Es reicht bis zu den Augen, welche es ähnlich wie bei der Mississippi-Höckerschildkröte umrandet. Am Oberkiefer befindet sich ein weiterer roter Streifen. Er reicht von der Nasenspitze bis zum Kieferrand. Die Kieferränder sind als Indiz für die stark vegetarische Ernährung gezahnt.

Kachuga tecta tentoria dagegen sieht wesentlich unscheinbarer als die vorher beschriebenen Unterarten aus. Es fehlen die auffällige Halszeichnung, die Rotfärbung der Gliedmaßen und die Streifen an den Augen, dafür ist ähnlich wie bei Kachuga smithi ein rötlicher Punkt vorhanden.

Allgemeines
Die Art *Kachuga tecta* besteht aus drei Unterarten: *Kachuga t. tecta* (GRAY 1831), *Kachuga t. circumdata* MERTENS 1969 und *Kachuga tecta tentoria* (GRAY 1834). Während PRITCHARD *Kachuga t. tentoria* als eigene Art beschreibt, wird von anderen Autoren auch diese Art als Unterart von *Kachuga tecta* angesehen. Es muß allerdings festgehalten werden, daß sich *Kachuga t. tentoria* doch sehr von *Kachuga t. tecta* und *Kachuga t. circumdata* unterscheidet.
Ein besonderes Unterscheidungsmerkmal von *Kachuga tecta circumdata* zu dem anderen beiden Unterarten ist ein deutlich vorhandener rosa Streifen zwischen den Rand- und den Mittelschildern (siehe auch nebenstehendes Foto).

Haltung und Pflege
Da die Indische Dachschildkröte streng geschützt ist, kommen kaum Tiere in private Anlagen. Eine regelmäßige Nachzucht könnte zwar zumindest einen Teil der Nachfrage befriedigen, aber leider gestaltet sie sich recht kompliziert. Ein geeignetes Pärchen vorausgesetzt, erbringt zwar in den meisten Fällen wenige, große (40 mm) Eier, doch sterben in der Regel die Embryonen kurz vor dem Schlupf ab. Die Haltung aller *Kachuga*-Arten ist nicht allzu schwierig. Wasser- und Lufttemperaturen sollten herkunftsgemäß ca. 25-28 °C betragen. Die Ernährung ist bei dieser sehr stark vegetarisch lebenden Art problemlos. Da die Tiere große Mengen Grünzeug fressen und verdauen, ist im Terrarium eine gute Filteranlage nötig.

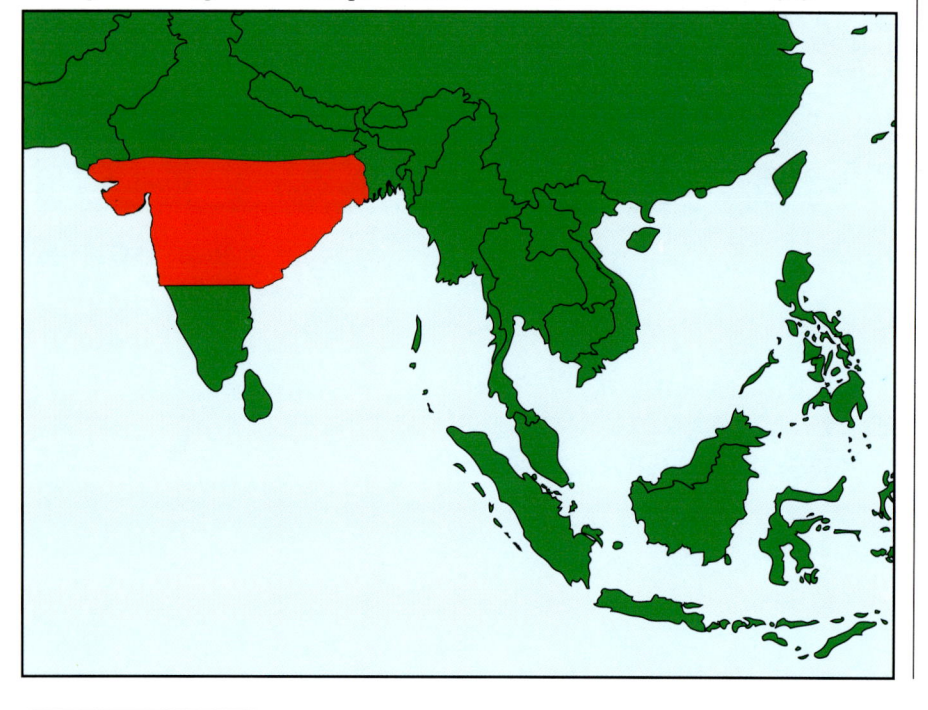

Foto: R. Whitaker / MTi-Press

Kachuga tecta circumdata MERTENS 1969
Indische Dachschildkröte

Malaclemys terrapin ssp.
Diamantschildkröte

Geographische Verbreitung
Malaclemys terrapin lebt in den atlantischen Küstengewässern von Nord-Amerika.

Biotop
Als eine der wenigen Ausnahmen ist die Diamantschildkröte im Brackwasserbereich anzutreffen. Man findet sie in Küstennähe, in Flußmündungen, künstlichen Wassergräben bzw. in temporären (= zeitlich begrenzten) Fluttümpeln. Aufgrund des vorhandenen Salzgehaltes ist die Vegetation sehr spärlich.

Größe
Weibchen werden bis 23 cm lang. Männchen erreichen davon ca. drei Fünftel, also ca. 15 cm.

Beschreibung
Die Diamantschildkröte mit ihren sieben Unterarten ist farblich sehr variabel. Ihre Färbung läßt sich zumindest teilweise auch zur Bestimmung der einzelnen Unterarten heranziehen. Neben sehr trist und einfach gefärbten Unterarten, bei denen Grau- und Schwarztöne überwiegen, gibt es auch solche, die zumindest partiell leuchtend orange gefärbt sind. Allen Unterarten gemeinsam ist aber ein ovaler, oft dunkel gefärbter, gekielter und mehr oder weniger mit Höckern versehener Carapax. Ferner fällt die Spezies durch ihre betont kräftig erscheinenden Extremitäten auf. Auch der mächtige und breite Schädel ist allen gemeinsam. Farbe und Musterung sind sehr vielfältig. Helle und dunkle Grau- und Schwarztöne mit fein oder grob gemusterten Weichteilen sind genauso möglich, wie fast schwarze Tiere mit orangenen Flecken auf Carapax und Plastron und fast silbrig erscheinendem Kopf. Eine ausführliche Beschreibung der einzelnen Unterarten ist zu umfassend und würde den Rahmen des vorliegenden Buches sprengen. Aus diesem Grund bleiben die schriftlichen Aussagen relativ allgemein und der Autor beschränkt sich darauf, lieber einige Unterarten und Farbformen im Bild zu zeigen. Dies dürfte auch im Sinne des Lesers sein, denn schließlich sagt ein Bild mehr als tausend Worte. Die sieben Unterarten der Diamantschildkröte sind: *Malaclemys t. terrapin*, *Malaclemys t. centrata*, *Malaclemys t. littoralis*, *Malaclemys t. macrospilota*, *Malaclemys t. pileata*, *Malaclemys t. tequesta* und *Malaclemys t. rhizophorarum*.

Allgemeines
Wie schon erwähnt ist die Diamantschildkröte nur im brackigen Wasser anzutreffen. Unter entsprechenden Bedingungen ist sie sehr ausdauernd, was man sich schon vor langem zu Nutze machte und sie als Fleischlieferant züchtete. Ursprünglich wurde sie zur Zeit der Sklaverei als billige Eiweißquelle der Sklaven gezüchtet. In späteren Jahren entdeckte man allerdings, daß ihr Fleisch durchaus schmackhaft ist. Aufgrund des Marktgesetzes bezüglich Angebot und Nachfrage stiegen die Preise für das nun in Mode gekommene Schildkrötenfleisch um ein Vielfaches. Auch heute wird diese „Delikatesse" in den USA auf speziellen Farmen zu Nahrungszwecken gezüchtet.

Haltung und Pflege
Bei der Diamantschildkröte haben wir es mit einer besonderen Spezialistin zu tun. Wie schon erwähnt, ist diese Art auf brackiges Wasser angewiesen. Zwar können Diamantschildkröten auch einige Zeit in reinem Süßwasser existieren, doch neigen sie dort zu Hautdefekten bzw. Pilzinfektionen. Da auch die Temperaturen des Atlantiks nicht unbedingt sehr hoch sind, ist eine Wassertemperatur im Aquarium von 23-26 °C völlig ausreichend. Die Ernährung gestaltet sich ebenfalls etwas schwierig. Trockenfutter wird nur bei gut eingewöhnten Tieren angenommen. Lebendfutter dagegen wird sofort gefres-

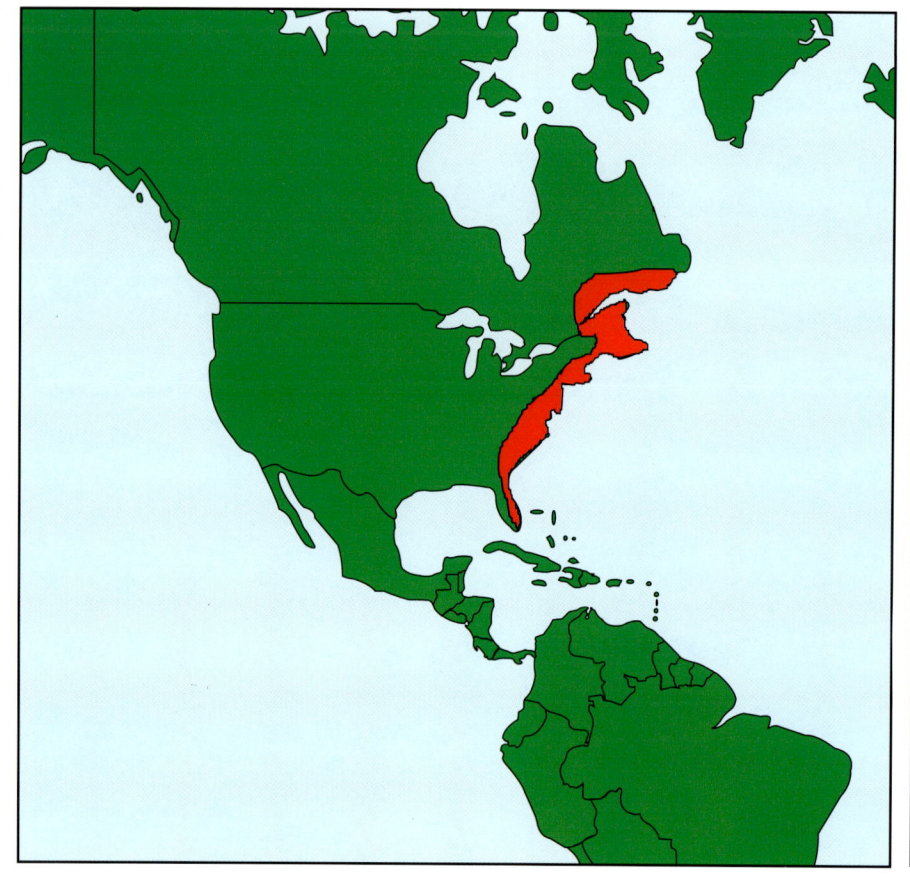

Foto: I. A. Basile / MTi-Press

Malaclemys terrapin macrospilota HAY 1904
Diamantschildkröte

Malaclemys terrapin ssp.
Diamantschildkröte

sen. Auch Fisch- oder Fleischstreifen und Muschelfleisch finden in den Augen der Diamantschildkröten Gefallen. Aber auch wenn sich Unterbringung und Ernährung bewerkstelligen lassen, so ist es doch um einiges schwieriger, überhaupt gesunde Tiere zu erhalten. Importierte Exemplare sind in der Regel ausgemerkelt und ihre lebenswichtigen Organe stark angegriffen, so daß sie keine große Überlebenschance mehr haben. Gelingt es hingegen doch einmal, gesunde Tiere zu erhalten und vor dem Kochtopf zu bewahren, halten sie sehr lange in Gefangenschaft aus. Es wurden schon mehr als 50 Jahre alte Tiere registriert. Auch eine Nachzucht im relativ kleinen Aqua-Terrarium ist möglich. Die Weibchen legen (zumindest in der Natur) zumeist Gelege von vier bis 18 Eiern. Die länglichen bis runden Eier haben eine Größe von 26-32 x 16-22 mm. Nach ca. 90 Tagen schlüpfen unter geeigneten Verhältnissen die 27-29 mm großen Jungschildkröten. Da die Weibchen in der Lage sind, das Sperma des Männchens über viele Jahre zu speichern, muß nicht jedesmal ein Männchen anwesend sein. Die Gelegegröße und auch die Schlupfrate nehmen allerdings von Jahr zu Jahr ab. Leider ist die Diamantschildkröte ein seltener Gast in unseren Anlagen, und sie wird es wohl auch bleiben. Die wenigen im Land nachgezüchteten Tiere reichen bei weitem nicht aus, um jedem ernsthaften Interessenten die Gelegenheit zu geben, die Tiere zu pflegen.

oben: *Malaclemys t. tequesta*
unten: *Malaclemys t. terrapin*
Fotos: I. A. Basile / MTi-Press

Foto: I. A. Basile / MTi-Press

Malaclemys terrapin ssp.
Diamantschildkröte

Malayemys subtrijuga (SCHLEGEL & MÜLLER 1844)
Malayen-Sumpfschildkröte

Geographische Verbreitung
Malayemys subtrijuga lebt im südlichen Hinterindien (Süd-Vietnam, Thailand und Nord-Malaysia) sowie auf der Insel Java.

Biotop
Malayemys subtrijuga lebt hauptsächlich in flachen Gewässern. Man findet sie in langsam fließenden Bächen und kleinen Flüssen, in Kanälen und in Sumpflandschaften, sowie in Reisfeldern (in Thailand wird sie „ricefield terrapin" genannt). Sie ist keine gute Schwimmerin.

Größe
Malayemys subtrijuga ist eine relativ kleinbleibende Art, wobei die Männchen noch etwas kleiner bleiben als die Weibchen. Die durchschnittliche Größe liegt bei ca. 20 cm. Es wurde jedoch auch schon von wesentlich größeren Tieren berichtet.

Beschreibung
Der Rückenpanzer dieser Art ist relativ hoch gewölbt und zum Rand hin etwas abgeflacht. Der Hinterrand ist nicht gezackt. Es sind drei schwarze Längskiele vorhanden, wobei der Mittelkiel in der Regel länger ist als die beiden Seitenkiele. Die Farbe ist ein Braun in allen Tönen, wobei vereinzelt kleine schwarze Flekken vorhanden sind. Die Marginalschilder sind am Rand gelblich bis weiß gezackt. Die Unterseite ist hell.
Der Bauchpanzer hat eine gelblich-weiße Grundfarbe. Auf jedem Plastron-Schild ist ein großer schwarzer Fleck vorhanden, der fast das gesamte Schild bedecken kann, wodurch dann der ganze Bauchpanzer dunkel erscheint und nur noch helle Streifen entlang der Schildnähte aufweist.
Der Kopf, der im Vergleich zur Panzergröße relativ groß und massig erscheint, ist dunkelbraun bis schwarz gefärbt. Arttypisch sind die kräftigen, gelblich-weißen Streifen, die von der Schnauze über die Augen bis zum Hals verlaufen. Die Pupillen sind rund, die Iris ist hell.
Die Extremitäten sind gräulich-braun bis schwarz, in der Regel ist nur ein heller Streifen an den Seiten der Gliedmaßen vorhanden. Die Füße sind mit Schwimmhäuten versehen.

Allgemeines
Die Malayen-Sumpfschildkröte ist die einzige Art der Gattung *Malayemys* und besitzt auch keine Unterarten.
Auffällig ist, daß sich diese Art in Bezug auf ihre Nahrungsaufnahme sehr spezialisiert hat. Sie nimmt fast ausschließlich Schnecken zu sich, deren Gehäuse sie mit ihren starken Kiefern knackt. Durch diese Spezialisierung ist *Malayemys subtrijuga* jedoch nur sehr schwer in Gefangenschaft zu halten. Die Tiere erreichen selten das Erwachsenenstadium, so daß es hier über die Größe sehr unterschiedliche Angaben. gibt. Selbst Wirot Nutaphand berichtet, daß die Tiere in seiner Heimat Thailand maximal 17 cm erreichen. Tatsächlich sollen sie bis zu 32 cm groß werden.
Es wurde auch berichtet, daß die Tiere sich tot stellen können, sobald sie hochgehoben werden, und diesen Zustand auch noch einige Zeit beibehalten, nachdem sie wieder hingesetzt werden. Dieses Verhalten paßt zu dieser sehr scheuen Art, die unter diesen Umständen z. B. sehr schwer zu fotografieren ist. Einmal auf das Land gesetzt, ist große Geduld erforderlich, bis das Tier den Kopf aus dem Panzer herausstreckt oder gar herumläuft. Die meisten Aufnahmen in der Literatur zeigen daher die Schildkröte oft mit eingezogenem Kopf und eingezogenen Beinen.

Haltung und Pflege
Wie erwähnt ist *Malayemys subtrijuga* nur schwer in Gefangenschaft zu halten, hauptsächlich durch die problematische Futterspezialisierung bedingt. Diese Art frißt in ihrem Heimatgebiet fast ausschließlich Turmdeckelschnecken. Daher heißt sie auf Englisch „snail-eating turtle" In Gefangenschaft kann sie kaum an anderes Futter gewöhnt werden. Teilweise nimmt sie auch andere tierische, aber nie pflanzliche Nahrung zu sich. Auch in Bezug auf die Lebensweise ist die Haltung nicht gerade einfach. Diese ruhigen Tiere sind sehr scheu und sollten daher nur mit anderen ruhigen Arten vergesellschaftet werden, da sie sich ansonsten permanent verkriechen oder gegenüber anderen Schildkröten sehr aggressiv werden. Prinzipiell benötigen die Tiere immer eine Versteckmöglichkeit, sowohl im Wasser- als auch auf dem Landteil, da sie bei Tage doch sehr versteckt leben. *Malayemys subtrijuga* ist hauptsächlich in der Dämmerung und nachts aktiv.
Eine Möglichkeit zum leichten Ausstieg aus dem Wasserteil sollte vorhanden sein, da die Tiere keine guten Schwimmer sind. Die Temperaturansprüche liegen bei ca. 24 °C Wasser- und 28 °C Lufttemperatur.
Es wird berichtet, daß sich diese Art im Ursprungsbiotop stark vermehrt und dort auch sehr häufig vorkommt. In Gefangenschaft ist über eine erfolgreiche Nachzucht jedoch nichts bekannt geworden. Der Autor hat auch in Gefangenschaft meist nur Tiere um 10 bis 12 cm gesehen, die unter Umständen noch nicht geschlechtsreif waren und dies aufgrund ihrer meist kurzen Lebensdauer auch nicht wurden. Es scheint also nicht verwunderlich zu sein, daß erfolgreiche Nachzuchten in Gefangenschaft bisher nicht bekannt sind.

Foto: I. A. Basile / MTi-Press

Malayemys subtrijuga (SCHLEGEL & MÜLLER 1844)
Malayen-Sumpfschildkröte

Mauremys caspica caspica (GMELIN 1774)
Kaspische Bachschildkröte

Geographische Verbreitung
Mauremys caspica caspica lebt im Kaukasus, in Vorderasien (Ost-Türkei, Iran und Irak).

Biotop
Sowohl stehende Gewässer wie Teiche und Tümpel als auch fließende Gewässer, wie Flüsse und Bäche, werden von der Kaspischen Bachschildkröte bevölkert. Im aserbaidschanischen und ostTürkischen Verbreitungsgebiet kommt *M. c. caspica* bis zu einer Höhe von 1.800 Meter vor.

Größe
Die durchschnittliche Größe beträgt ca. 22 cm. Je nach Herkunft gibt es auch Tiere bis zu 30 cm.

Beschreibung
Der Carapax ist nur mäßig gewölbt und länglich. Die Männchen sind nicht nur kleiner, sondern auch flacher als die Weibchen. Die Färbung ist hellbraun bis grau. Dagegen wird *M. c. rivulata* fast schwarz und wirkt dunkler.
Der Bauchpanzer ist gelblich mit schwarzen Flecken. Die Brücke ist gelb mit dunklen Markierungen an den Rändern. Bei *M. c. rivulata* sind der Bauchpanzer und die Brücke schwarz. Dies ist der Hauptunterschied zwischen den beiden Unterarten.
Die Farbe des Kopfes und der Extremitäten ist gräulich bis bräunlich. Auffällig sind die weißen bis gelben Linien an den Kopfseiten und am Hals. Die Augen sind schwarz und sehr auffällig.
Die Beine sind grau bis olivgrün mit gelben Streifen. Die Füße haben kräftige Krallen mit Schwimmhäuten zwischen den Zehen.

Allgemeines
Zur Gattung *Mauremys* (Altweltliche Sumpfschildkröten) gehört *Mauremys caspica* mit den Unterarten *Mauremys c. caspica* und *Mauremys c. rivulata*. Weiterhin Mauremys leprosa (SCHWEIGGER 1812), *Mauremys japonica* (TEMMINCK & SCHLEGEL 1833) und *Mauremys nigricans* (GRAY 1834). Durch die Artenschutz-Bestimmungen findet man die drei europäischen Arten nicht im Handel. Auch *Mauremys japonica* ist sehr selten zu erhalten. Eher schon die aus China und Vietnam stammende Dreikiel-Wasserschildkröte *Mauremys nigricans*. Aber gerade die europäischen Arten sind bestens geeignet für eine Freilandhaltung in unseren Breiten. Hier ist vor allem *Mauremys caspica rivulata* mit der nördlichsten Verbreitung interessant.
In der Literatur wird eine eigene Population von *M. caspica* auf der Insel Kreta erwähnt. Genaueres ist leider nicht bekannt. Die Tiere sollen heller gefärbt sein und hellere Augen haben. Ob es für einen Unterartenstatus *Mauremys caspica cretica* ausreicht, müßte weiteren Untersuchungen vorbehalten bleiben.
Dagegen hört man in jüngster Zeit von einer neuen *Mauremys*-Art aus dem asiatischen Raum, von der der Autor leider nur Jungtiere erhalten hat (siehe Foto). Eine genaue Beschreibung wird sicher bald folgen. Dieses Tier zeigt die typische *Mauremys*-Färbung mit grauer Haut und gelben Halsstreifen. Die Augen sind wie bei *Mauremys leprosa* gelb mit einem schwarzen Balken quer durch die Iris. Der Rückenpanzer ist dunkelbraun mit unregelmäßigen hellbraunen Flecken: *Mauremys iversoni* PRITCHARD & MCCORD 1991.

Haltung und Pflege
Da die Tiere in unseren Breiten im Freiland gehalten werden können (je nach Herkunft), sollte die Freilandhaltung bevorzugt werden. Eine genaue Beschreibung der Haltung und Überwinterung findet der Leser in diesem Buch als Sonderbericht zur Haltung europäischer Sumpfschildkröten.
M. c. caspica ernährt sich je nach Jahreszeit pflanzlich und tierisch (wenn z. B. im Frühjahr Froschlaich vorhanden ist). In Gefangenschaft werden gerne Fischfleisch, Würmer und Fertigfutter (Pellets) genommen.
Die Nachzucht ist äußerst selten gelungen. Ein Winterschlaf ist erforderlich.

Mauremys iversoni PRITCHARD & MCCORD 1991
Foto: I. A. Basile / MTi-Press

Foto: I. A. Basile / MTi-Press

Mauremys caspica caspica (GMELIN 1774)
Kaspische Bachschildkröte

Mauremys caspica rivulata (VALENCIENNES 1833)
Kaspische Wasserschildkröte

Geographische Verbreitung
Die Kaspische Wasserschildkröte lebt in Süd-Europa (Kroatien, Jugoslawien, Albanien, Süd-Bulgarien, auch auf den Inseln des Ägäischen Meeres) und in Vorderasien (Türkei, Israel und Syrien).

Biotop
Mauremys caspica rivulata ist in allen langsam fließenden und stehenden Gewässern anzutreffen. Es werden jedoch Gebiete mit reicher Ufervegetation bevorzugt, da sich diese Art auch oft auf dem Land aufhält.

Größe
Männchen und Weibchen werden etwa gleich groß und erreichen Größen von ca. 20 cm.

Beschreibung
Der Rückenpanzer von *Mauremys caspica rivulata* ist bei Jungtieren olivgrün bis braun, teilweise auch schwarz gefärbt. Adulte Tiere verlieren ihre Farbe zu einem großen Teil und erscheinen fast grau. Der Plastron ist bei allen Tieren dunkelbraun bis schwarz, auf den Lateralschildern sind gelbe Flecken zu finden.

Der Kopf ist bei Jungtieren wie bei der Nominatform olivgrün gefärbt und besitzt gelbe Streifen, die zum größten Teil von der Nase ausgehen. Bei älteren Tieren ist der Kopf dunkelbraun mit hellen, oft weiß gefärbten, von den Augen ausgehenden Streifen. Hinter den Augen befinden sich manchmal zwei braunrote Punkte, die teilweise dunkel umrandet sind. Der Hals und die Weichteile sind grau bis braun gefärbt, wobei der Hals gelbe Längsstreifen aufweist.

Die Panzerform ist leicht oval, die Männchen dieser Art weisen einen stark konkaven Bauchpanzer auf. Bei Jungtieren sind auf dem Carapax drei Längsstreifen zu erkennen, die mit zunehmendem Alter immer mehr verschwinden, bis schließlich nur noch ein kurzer Streifen auf dem hintersten Centralschild übrigbleibt. Die Kopfform ist dreieckig, der Rand des Oberkiefers ist teilweise leicht gezähnt. *Mauremys caspica rivulata* besitzt schwach ausgebildete Schwimmhäute und weist an den Vorderbeinen fünf und an den Hinterbeinen vier Krallen auf.

Allgemeines
Mauremys caspica rivulata ist eine Unterart von *Mauremys caspica*. Sie unterscheidet sich sich von der Nominatform hauptsächlich durch die Kopf- und Plastronfärbung. Die Jungtiere dieser beiden Arten sind nur schwer voneinander zu unterscheiden.

Mauremys caspica rivulata ist nur äußerst selten im Handel erhältlich. Da sie auch eine sehr nördliche Verbreitung hat und somit keine zu hohen Ansprüche an die Temperatur stellt, ist sie ein ideales Anfängertier, auch weil sie in Gefangenschaft als Allesfresser zu bezeichnen ist.

Haltung und Pflege
Da diese Art keine allzu hohen Temperaturansprüche stellt, ist *Mauremys caspica rivulata* ideal für einen ganzjährigen Freilandaufenthalt geeignet. Hierbei sollte jedoch darauf geachtet werden, daß das Gewässer umfriedet ist und im Winter nicht bis zum Boden gefriert. Wenn die Tiere jedoch im Aqua-Terrarium gepflegt werden, sollte im Winter eine Winterruhe bei Temperaturen von ca. 4 °C ermöglicht werden. Nachzuchten in Gefangenschaft sind äußerst selten, sind aber durchaus schon gelungen. Die Eiablage erfolgt meist im Juni und Juli. Das Gelege besteht aus bis zu 10 Eiern, die ungefähr 42 x 42 mm groß sind. Bei einer Temperatur von 28 °C schlüpften bei KAU nach ca. 90 Tagen die ungefähr 38 mm großen Jungtiere. Die Aufzucht der jungen Schildkröten bereitet keine Probleme, es wird alles an pflanzlichem und tierischem Futter angenommen.

Auch diese Art ist in unserem Klima gut im Freiland zu halten. Lesen Sie hierzu einen ausführlichen Bericht in diesem Buch.

Jungtier
Foto: H. P. Kau / MTi-Press

Foto: H. P. Kau / MTi-Press

Mauremys caspica rivulata (VALENCIENNES 1833)
Kaspische Wasserschildkröte

Mauremys leprosa (SCHWEIGGER 1812)
Maurische Sumpfschildkröte

Geographische Verbreitung
Die Maurische Sumpfschildkröte kommt in Süd-Europa (Spanien, Portugal) und Nordwest-Afrika (Marokko, Tunesien, Mali, Gambia) vor.

Biotop
Obwohl *Mauremys leprosa* auch in klaren fließenden Gewässern zu finden ist, lebt sie hauptsächlich in schlammigen Wasserlöchern oder stark verkrauteten Tümpeln und Seen.

Größe
Wie auch bei den beiden Unterarten von *Mauremys caspica* werden auch bei *Mauremys leprosa* Männchen und Weibchen ungefähr gleich groß. Sie erreichen Größen bis zu 25 cm und werden damit etwas größer als *Mauremys caspica ssp.*

Beschreibung
Der Rückenpanzer von *Mauremys leprosa* ist bei Jungtieren bräunlich bis braun gefärbt, wobei auf jedem Schild asymmetrische orange gefärbte Figuren zu sehen sind. Außerdem sind auf dem Carapax drei flache Kiele vorhanden. Adulte Tiere verlieren mit zunehmendem Alter immer mehr ihre Farbe, auch die Kiele werden flacher und verschwinden schließlich ganz.
Der Plastron ist bei Tieren aller Altersstufen blaß gelb, es sind jedoch große dunkelbraune bis schwarze Flecke vorhanden. Die Brücken besitzen ebenfalls eine gelbliche Grundfarbe. Auf jedem Brückenschild befinden sich zwei dunkle Flecken, die im Alter verschmelzen können.
Der Kopf kann in allen Farbvarianten von olivgrün über grau bis zu dunkelbraun gefärbt sein. Die Kopfoberseite ist meist ohne Muster, hinter den Augen befindet sich jedoch eine unregelmäßige Zeichnung, die sowohl aus gelben bis orangefarbenen Streifen, aber auch aus Punkten in derselben Farbe bestehen kann. Die Pupillen von *Mauremys leprosa* besitzen im Gegensatz zu *Mauremys caspica ssp.* einen schwarzen Querschnitt, auch ist bei *M. leprosa* der Oberkiefer in der Mitte gekerbt. Die Weichteile sind gräulich bis braun und besitzen blaßgelbe Streifen. Der Hals ist manchmal rötlich gestreift.

Allgemeines
Mauremys leprosa wird in ihrem Verbreitungsgebiet meist in verkrauteten Tümpeln gefunden. Dadurch ist ihr Panzer meist völlig mit Algen verkrustet, so daß ihre Färbung in der Natur fast ganz verdeckt wird. Auch bilden sich an der Haut der Tiere durch das schlammige Wasser Auswüchse, woher diese Art auch zu ihrem Namen kam (lat.: lepra = Aussatz). Als Unterscheidungsmerkmale zu *Mauremys caspica ssp.* dienen die Brückenfärbung und der Querstrich durch die Pupillen.
Auffällig ist, daß Tiere dieser Art, die frisch aus der Natur entnommen worden sind, einen nach Fisch riechenden Geruch abgeben, wenn sie erschreckt werden.

Haltung und Pflege
Entsprechend ihrem Verbreitungsgebiet stellt die Art keine zu hohen Ansprüche an die Temperatur. Eine Temperatur von 22-28 °C reicht völlig aus, so daß diese Tiere zumindest im Sommer im Freiland gehalten werden können. Auch bei dieser Art sollte eine Winterruhe ermöglicht werden. Eine Nachzucht von *Mauremys leprosa* ist in Gefangenschaft schon gelungen. Lesen Sie hierzu einen ausführlichen Haltungsbericht in diesem Buch.
Bei einer Temperatur von ca. 28 °C schlüpfen nach etwa 70 Tagen die Jungtiere, die ca. 40 mm groß sind. Die Aufzucht der Jungtiere bereitet keine Probleme, da die Tiere als wahre Allesfresser zu bezeichnen sind. Wenn man eine Gruppe mit mehreren Tieren pflegt, sollte ein ausreichend großes Gebiet zur Verfügung gestellt werden, da die Männchen dieser Art dazu neigen, andere Tiere zu beißen. Dies bezieht sich meist auf Weibchen der eigenen Art, teilweise jedoch auch auf andere Arten.

Foto: H. P. Kau / MTi-Press

Foto: I. A. Basile / MTi-Press

Mauremys leprosa (SCHWEIGGER 1812)
Maurische Sumpfschildkröte

Mauremys nigricans (Gray 1834)
Dreikiel-Wasserschildkröte

Geographische Verbreitung
Mauremys nigricans lebt in den südchinesischen Provinzen Kwangtung und Kwangsi bis nach Anhwei. Außerdem ist sie in Nord-Vietnam und auf den Inseln Hainan und Taiwan zu finden.

Biotop
Die Dreikiel-Wasserschildkröte bevölkert flache Gewässer aller Art in verschiedenen Höhenlagen. Sie ist auch oft, da sie keine gute Schwimmerin ist, in Sumpfgebieten oder in Uferregionen zu finden.

Größe
Die Weibchen dieser Art werden etwas größer als die Männchen und erreichen eine Carapaxlänge von maximal 20 cm. Die Männchen werden höchstens 15 cm groß.

Beschreibung
Die Dreikiel-Wasserschildkröte besitzt einen relativ flachen Rückenpanzer, der einen starken Mittelkiel und zwei weniger stark ausgeprägte Lateralkiele hat. Er ist in allen Brauntönen gefärbt, es sind schwarze Einsätze vorhanden. Teilweise wirkt der Carapax sogar komplett schwarz. Die Grundfarbe des Plastrons ist kräftiggelb bis orange. Auf jedem Schild, auch auf den Brückenschildern und auf den Unterseiten der Marginalschilder, sind große, schwarze Flecken vorhanden, die manchmal fast das ganze Schild einnehmen, so daß der gesamte Plastron schwarz erscheint.

Der Kopf ist sehr auffallend gefärbt: Die Oberseite ist hell- bis dunkelbraun, die Kopfmitte und die Schnauze sind blaßrot bis rosa, und die Kopfunterseite ist blaß-gelb gefärbt. Ein gelber Streifen, der jeweils hinter dem Auge beginnt, erstreckt sich bis zum Trommelfell. Dieser Streifen kann schwarz eingerahmt sein. Der Hals und die Extremitäten sind einfarbig braun bis dunkelgrau gefärbt. Die kräftigen Gliedmaßen besitzen scharfe Krallen und fast keine Schwimmhäute.

Allgemeines
Die Gattung *Mauremys* (Altweltliche Sumpfschildkröten) besitzt neben der Dreikiel-Wasserschildkröte noch drei weitere Arten, die sich deutlich von *Mauremys nigricans* unterscheiden: *Mauremys caspica* (keine Kiele, höher gewölbter Carapax), *Mauremys japonica* (keine Kiele, hinterer Carapaxrand gezackt) und *Mauremys leprosa* (keine Kiele, geschlitzte Pupillen).

Früher wurde dieser Gattung noch ein weiteres Tier zugeordnet: *Mauremys mutica*, die der hier besprochenen Art sehr ähnlich war. Deshalb wurden beide Arten dann *Mauremys mutica* zugeordnet, heute heißen beide *Mauremys nigricans*.

Haltung und Pflege
Mauremys nigricans wäre prinzipiell gut in Gefangenschaft zu halten, sie wird jedoch selten im Handel angeboten, obwohl sie in ihrem Verbreitungsgebiet sehr häufig ist.

Da diese Art relativ hohe Ansprüche an die Temperatur stellt (mindestens 25 °C sind erforderlich), dürfte eine Freilandhaltung bei unserem Klima nur im Sommer möglich sein.

Beim Futter dagegen ist die Dreikiel-Wasserschildkröte recht anspruchslos, sie nimmt sowohl pflanzliche als auch tierische Nahrung an.

Das Weibchen legt bis zu 10 Eier, die Jungtiere schlüpfen nach ungefähr 90 Tagen. Die Gefangenschaftsnachzucht ist schon mehrfach gelungen.

Leider ist über die Dreikiel-Wasserschildkröte recht wenig bekannt, dabei wäre sie aufgrund ihrer maximalen Größe ein idealer Pflegling für das Terrarium. Laut PRITCHARD ist sie sehr hart und gut für die Gefangenschaftshaltung geeignet.

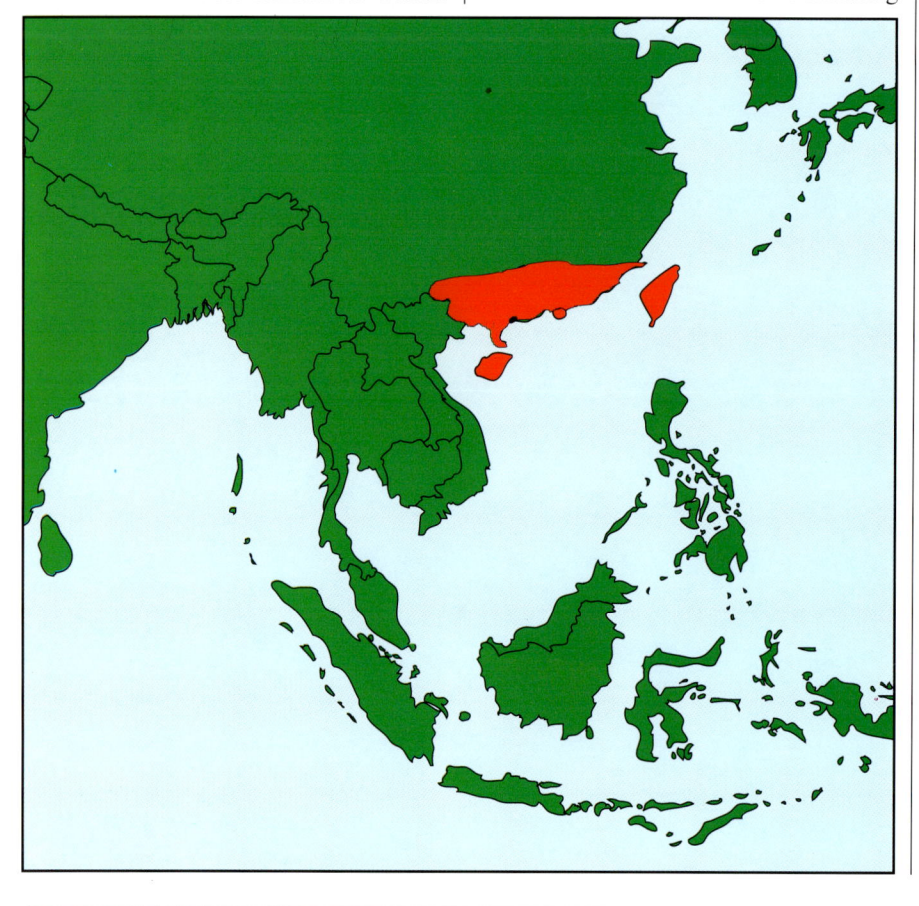

Foto: I. A. Basile / MTi-Press

Mauremys nigricans (GRAY 1834)
Dreikiel-Wasserschildkröte

Melanochelys trijuga thermalis (LESSON 1830)
Schwarzbauch-Erdschildkröte

Geographische Verbreitung
Melanochelys trijuga thermalis lebt hauptsächlich auf der Insel Sri Lanka. Sie lebt wie alle Unterarten von *Melanochelys trijuga* in einem begrenzten Gebiet, welches sich nicht mit dem Gebiet der anderen Unterarten überschneidet. Sie wurde auch vereinzelt auf dem indischen Festland nachgewiesen.

Biotop
Die Schwarzbauch-Erdschildkröte lebt in ihrem Verbreitungsgebiet in fast allen vorkommenden Gewässern wie Tümpeln, Seen und Flüssen, besonders in der Gebirgsregion (kühle Gebirgsbäche). Lediglich in den Flußmündungen wurde sie bisher nicht nachgewiesen, evtl. kommt sie nicht im Brackwasser vor.
Es ist bekannt, daß *M. t. thermalis* zum Teil auch sehr stark landlebend ist, es gibt offensichtlich nicht nur aquatil lebende Tiere, sondern auch Tiere, die sich an das Landleben angepaßt haben. Dies dürfte aber die Ausnahme sein. Dagegen wird berichtet, daß die aquatile Schwarzbauch-Erdschildkröte die Nächte an Land verbringt, was sich in Gefangenschaft nicht bestätigt hat.

Größe
M. t. thermalis wird ca. 22-25 cm groß.

Beschreibung
Der Rückenpanzer ist länglich und nicht sehr hoch gewölbt. Er besitzt drei deutliche Kiele (Mittel- und je einen Seitenkiel). Die Farbe ist schwarz ohne Zeichnung. Der Hinterrand ist glatt.
Der Bauchpanzer ist bei Jungtieren nur in der Mitte schwarz, er wird von einem ca. 10 mm breiten gelben Streifen eingefaßt. Im Laufe des Wachstums nimmt die Schwarzfärbung zu, und es verbleibt maximal ein feiner gelber Streifen. Meist ist der Bauchpanzer bei alten Tieren komplett schwarz.
Auch die Kopf- und Hautfärbung ändert sich im Laufe des Wachstums. Jungtiere haben einen schwarzen Kopf mit gelben und orangen Flecken. Im Alter werden sie heller (gräulich), und die Flecken verblassen. Vor allem männliche Tiere sind im Alter völlig schwarzgrau.
Der Oberkiefer ist deutlich eingekerbt. Die Kopfoberseite und die Beine sind immer schwarz. Zwischen den Zehen befinden sich nur schwach ausgebildete Schwimmhäute.

Allgemeines
Melanochelys trijuga thermalis ist die bekannteste der sechs Unterarten von M. trijuga und auch häufig im Handel. Alle Unterarten haben den namengebenden einfarbig schwarzen Bauchpanzer. Die Existenz von zwei der Unterarten ist nicht gesichert. Sie wurden nach ihrer Beschreibung nicht wieder gesehen, es existieren nur die beschriebenen Exemplare in dem entsprechenden Museum. Es handelt sich hier um *M. t. indopeninsularis* und *M. t. parkeri*.

Haltung und Pflege
Melanochelys trijuga thermalis ist ein sehr scheues und versteckt lebendes Tier, das zudem nachtaktiv ist. Aufgrund der versteckten Lebensweise müssen im Aqua-Terrarium Versteckmöglichkeiten geboten werden. Ein Landteil ist dringend erforderlich, da die Tiere sich oft eingraben.
Die Wassertemperatur sollte bei 24-28 °C, die Lufttemperatur etwas höher liegen. Da die Tiere nicht sehr temperaturempfindlich sind, ist in unseren Breiten im Sommer eine Freilandhaltung möglich.
In der Natur ernähren sich die Schwarzbauch-Erdschildkröten hauptsächlich von pflanzlicher Kost. Wie viele andere Arten auch sind sie in Gefangenschaft jedoch Allesfresser, nehmen also auch tierische Nahrung zu sich.
Es wird berichtet, daß die Weibchen dieser Art in ihrer Heimat im Jahr mehrere, meist kleine Gelege (3-8 Eier) ablegen. RUDLOFF berichtet aus der Gefangenschaftshaltung von kleinen Gelegen im Frühjahr. Die länglichen, hartschaligen Eier wurden bei 25 °C und fast 100 % Luftfeuchtigkeit inkubiert. Der Schlupf erfolgte nach 70 Tagen. Der Einfluß der Bruttemperatur auf die künftigen Geschlechter der Schlüpflinge wurde bisher nicht nachgewiesen. Die Jungtiere wurden problemlos mit Lebendfutter wie Wasserflöhen, Mückenlarven etc. aufgezogen.

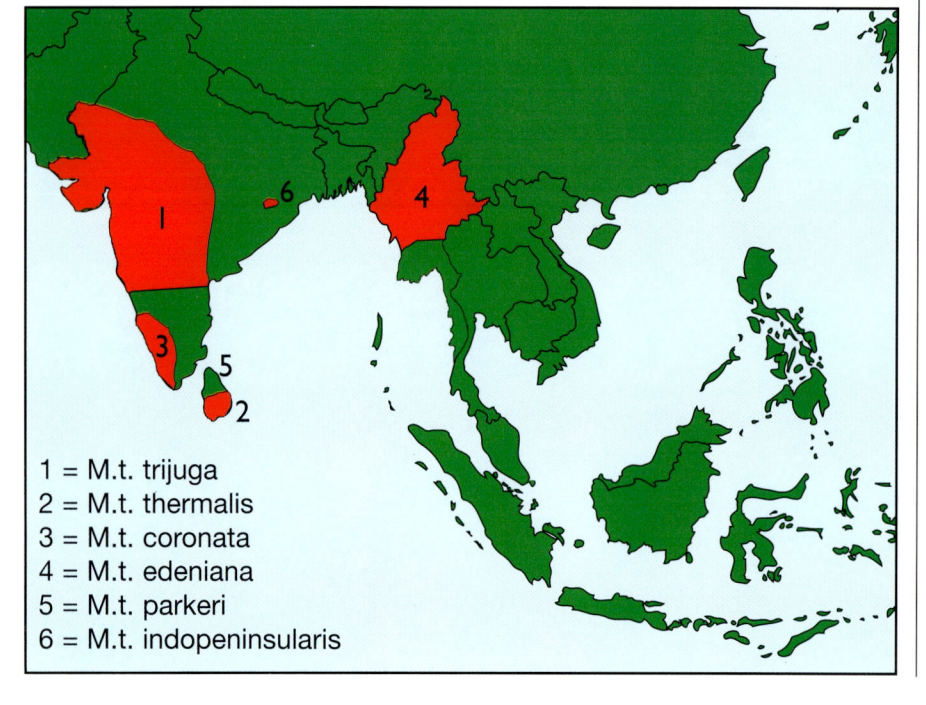

1 = M.t. trijuga
2 = M.t. thermalis
3 = M.t. coronata
4 = M.t. edeniana
5 = M.t. parkeri
6 = M.t. indopeninsularis

Foto: I. A. Basile / MTi-Press

Melanochelys trijuga thermalis (LESSON 1830)
Schwarzbauch-Erdschildkröte

Melanochelys trijuga trijuga (SCHWEIGGER 1812)
Schwarzbauch-Erdschildkröte

Geographische Verbreitung
Melanochelys trijuga lebt im mittleren bis südlichen Indien, von Küste zu Küste. Die einzelnen Unterarten bewohnen alle ein separates Gebiet, wobei es kaum zu Überschneidungen kommt. Neben der Nominatform mit der größten Verbreitung lebt *M. t. thermalis* in Süd-Cylon, die Unterart *M. t. parkeri* ist lediglich in einem kleinen Gebiet in Nord-Cylon beschrieben worden, und ihr Status ist recht unsicher.
M. t. coronata lebt im südlichsten Zipfel von Indien. Die Subspezies *M. t. edeniana* dagegen findet man in einem großen Verbreitungsgebiet sogar in Thailand. Sicherlich nicht zuletzt aufgrund dieser Entfernung zur Nominatform wurde sie gelegentlich auch schon verwechselt und als andere Art beschrieben.

Biotop
M. t. trijuga lebt hauptsächlich in Reisfeldern und stehenden Wasseransammlungen. Auch die meisten anderen Unterarten leben aquatisch, lediglich von *M. t. thermalis* wird berichtet, daß sie sich auch an das Landleben angepaßt haben soll und oft auch auf dem Land zu finden ist.

Größe
Die hier beschriebene Nominatform wird bis ca. 22 cm groß. Die Unterarten werden meist zwischen 25 und 28 cm groß. Lediglich die Unterart *M. t. parkeri* wird mit 40 cm Größe in der Literatur angegeben, wobei der Unterartenstatus nicht gesichert ist. Die kleinste Unterart ist *M. t. coronata*, sie wird nur bis ca. 18 cm groß.
Bei allen Unterarten werden die Männchen größer als die Weibchen.

Beschreibung
M. t. trijuga hat einen langgestreckten Rückenpanzer in hellbrauner bis dunkelbrauner Farbe. Er weist drei Längskiele auf. Bei Jungtieren ist der Mittelkiel heller gefärbt als der Carapax. Die Wölbung des Rückenpanzers ist nur mäßig. Die Marginalschilder sind leicht aufgebogen. Der Bauchpanzer ist schwarz mit einem kleinen hellen Rand an den Randschildern, der im Alter immer mehr verschwindet. Dieser schwarze Bauchpanzer (Plastron) ist arttypisch und gab der Art offensichtlich auch ihren Namen.
Der Kopf von *M. t. trijuga* ist hellbraun gefärbt mit einigen unklaren bräunlichen und orangenen Sprenkeln. Im Gegensatz hierzu hat z. B. *M. t. thermalis* einen schwarzen Kopf mit gelben Sprenkeln. Der Kopf ist im Verhältnis zur Gesamtgröße relativ klein.
Die Extremitäten sind von gräulicher Färbung ohne Zeichnung und mit Schwimmhäuten versehen.
M. t. coronata hat als einzige Unterart eine besondere Kopfzeichnung, die sie von allen anderen Unterarten abhebt. An beiden Seiten hinter dem Auge beginnend ist ein gelber Keil, der nach hinten breiter wird und wie ein Dreieck aussieht. Auf der Kopfoberseite verbleibt dafür ein breiter schwarzer Streifen.

Allgemeines
Es werden zur Zeit 2 Arten von *Melanochelys* unterschieden. Die Dreikiel-Erdschildkröte *M. tricarinata* (BLYTH 1856), ein nach der Beschreibung nicht wiederentdecktes Tier, das im Anhang I des WA steht und die Art *Melanochelys trijuga* mit insgesamt 6 Unterarten: *M. t. trijuga* (SCHWEIGGER 1812), *M. t. thermalis* (LESSON 1830), *M. t. parkeri* (DERANIYAGALA 1939), *M. t. coronata* (ANDERSON 1878), *M. t. edeniana* (THEOBALD 1876) und *M. t. indopeninsularis* (ANNANDALE 1913).
Am häufigsten im Handel ist *M. t. thermalis*. *M. t. indopeninsularis* wurde ebenfalls nach der Beschreibung nicht wieder entdeckt und ist evtl. keine eigenständige Unterart. Auch die als *M. t. parkeri* beschriebene Unterart von Nord-Cylon ist umstritten. Deren Beschreibung paßt auf die Nominatforn, lediglich die maximale Größe, die nach wenigen Exemplaren beschrieben wurde, unterscheidet sie. Es wäre sicherlich angebracht, wenn der Status der Art neuerlich untersucht werden würde.

Haltung und Pflege
Die Nominatform kommt leider sehr selten in den Handel. Wesentlich öfter findet man dort die Unterart *M. t. thermalis*, über deren Lebensweise natürlich mehr bekannt ist. Im Prinzip dürfte sich die Nominatform hiervon aber kaum unterscheiden.
Danach ist die Haltung relativ problemlos. Man hält die Tiere bei ca. 25-28 °C, wobei sich im Sommer in unseren Breiten ein Freilandaufenthalt anbietet. Neben einem großen Wasserteil benötigen die Tiere auch einen Landteil, den sie allerdings nicht so häufig zum Sonnen aufsuchen, wie wir es z. B. von Schmuckschildkröten gewohnt sind.
Im Ursprungsbiotop der Schwarzbauch-Erdschildkröte gibt es von April bis Juni heiße Sommermonate, in denen die Tiere Berichten zufolge nicht zu sehen sind, da sie sich offenbar im Boden vergraben. Die Eiablage erfolgt vor dieser heißen Zeit im April. Der Schlupf der Jungtiere wird dann durch den einsetzenden Sommermonsun ausgelöst.
In ihrem Lebensraum (Reisfeldern und Tümpeln) fressen die Tiere die in großen Mengen vorkommenden Froschlurche sowie Süßwasserkrabben. In Gefangenschaft füttert man fleischliche Kost, sowie das übliche Wasserschildkrötenfutter. Die Nachzucht ist in Gefangenschaft nur bei *M. t. thermalis* bekannt geworden. Hier legten die Tiere ganzjährig ohne einen bestimmten Sommer-Winter-Rhythmus.

Foto: R. Whitaker / MTi-Press

Melanochelys trijuga trijuga (SCHWEIGGER 1812)
Schwarzbauch-Erdschildkröte

Morenia petersi (ANDERSON 1879)
Indische Pfauenaugenschildkröte

Schutz-Status
Die Indische Pfauenaugenschildkröte ist im Washingtoner Artenschutzgesetz nicht erwähnt. Die verwandte Hinterindische Pfauenaugenschildkröte dagegen ist ein noch selteneres Tier und steht dementsprechend im Anhang I des WA.

Geographische Verbreitung
Morenia petersi lebt in Ost-Indien (Bengalen) und in Süd-Bangladesh (Mündungsbereich des Ganges und Brahmaputra). Die Hinterindische Pfauenaugenschildkröte *Morenia ocellata* lebt hauptsächlich in Birma. Da die Verbreitung beider Arten noch nicht genau untersucht worden ist, kann sie geringfügig vom bekannten Verbreitungsgebiet abweichen. So kommt *Morenia ocellata* mit Sicherheit auch in Südwest-Thailand vor.

Biotop
Die Pfauenaugenschildkröten bevölkern zum größten Teil temporäre Gewässer, die durch die jährlichen Überschwemmungen von Ganges und Brahmaputra entstehen. Wenn diese Gewässer austrocknen, begeben sich die Schildkröten auf die Suche nach neuen Tümpeln, so daß diese Art, die hauptsächlich wasserlebend ist, auch oft an Land zu finden ist.

Größe
Die Weibchen der Indischen Pfauenaugenschildkröte werden ca. 20 cm groß, die männlichen Tiere bleiben etwas kleiner. Weiterhin fällt auf, daß der Carapax der Weibchen höher gewölbt ist als der der Männchen.
Morenia ocellata wird im allgemeinen größer als *Morenia petersi* (bis zu 25 cm).

Beschreibung
Der Rückenpanzer der Hinterindischen Pfauenaugenschildkröte (*Morenia ocellata*) besitzt eine oliv-braune Grundfarbe. Auf jedem Schild (außer auf den Randschildern) befindet sich ein großer schwarzer Fleck, der eine gelbe Umrandung besitzt. *Morenia petersi* dagegen hat einen dunkler gefärbten Carapax, der häufig sogar schwarz ist. Dadurch sind natürlich die schwarzen Flecken nicht mehr zu erkennen, so daß nur noch ein gelber Kreis auf jedem Schild zu sehen ist. Weiterhin sind die Schilder gelb umrandet, der gesamte Carapax besitzt ebenfalls eine dicke gelbe Umrandung (siehe Foto). Ein weiterer gelber Streifen ist in der Mitte jedes Vertebralschilds vorhanden. Bei beiden Arten hat der Bauchpanzer eine kräftig-gelbe bis orange Grundfarbe. Er ist bei *Morenia ocellata* einfarbig, während *Morenia petersi* auf den Brückenschildern und auf der Unterseite der Marginalschilder jeweils einen großen schwarzen Fleck besitzt.
Kopf, Hals und Gliedmaßen besitzen bei beiden Arten jeweils die gleiche Farbe wie der Rückenpanzer. Hierbei besitzen Kopf und Hals gelbe Streifen, wobei jeweils einer von der Nasenspitze zum Auge und weiterhin zum Hals verläuft. Ein weiterer läuft von der Nase zur Kopfunterseite, und ein dritter Streifen ist in der hinteren Kopfmitte zu sehen (siehe Foto). Der Hals dagegen ist nur schwach gestreift. Die Augen besitzen eine schwarze Iris und eine runde Pupille. Die Kieferränder sind gezähnelt (Pflanzenfresser), der Oberkiefer ist eingekerbt.

Allgemeines
Die Gattung *Morenia* (Pfauenaugen-Sumpfschildkröten) besteht aus zwei Arten: *Morenia petersi* und *Morenia ocellata* (DUMÉRIL & BIBRON 1835). Die wesentlichen Unterschiede zwischen beiden Arten sind der dunklere Carapax und die gefleckten Brücken- und Randschilder (Unterseite) von *Morenia petersi*.
Da die Pfauenaugenschildkröten hauptsächlich in temporären Gewässern leben, die langsam austrocknen, werden die Tiere eines Gewässers immer enger zusammengedrängt, bis schließlich kein Wasser mehr vorhanden ist. Die Tiere begeben sich dann auf Gewässersuche, wobei sie natürlich sehr zahlreich sind und oft von den Einheimischen als Nahrungsmittel eingesammelt werden.

Haltung und Pflege
Morenia petersi lebt hauptsächlich aquatil, obwohl sie jedoch oft auch notgedrungen eine lange Zeit an Land verbringen kann (z. B. bei der Suche nach einem neuen Tümpel).
Aufgrund der geringen Erwachsenengröße ist diese Art ein idealer Pflegling. Sie benötigt jedoch wegen des südlichen Verbreitungsgebiets relativ hohe Temperaturen. Wasser- und Lufttemperaturen zwischen 25 und 28 °C sind notwendig, ebenso wie ein großer Wasserteil, wobei bei diesem Pflanzenfresser eine gute Filteranlage nötig ist. Auch die Ernährung ist problemlos, es ist jedoch zu beachten, daß die Tiere ausschließlich, wie erwähnt, vegetarisches Futter fressen.
Wegen des kleinen Verbreitungsgebietes und der Artenschutzbestimmungen spielen weder *Morenia petersi* noch *Morenia ocellata* in der Gefangenschaftshaltung eine Rolle, so daß natürlich auch über eine Nachzucht in Gefangenschaft nichts bekannt ist. Leider kommen aus Indien sehr wenig Tiere in den Handel. Dies ist im Falle von *Morenia petersi* besonders schade, da sie aufgrund der erwähnten Lebensweise ein idealer und interessanter Pflegling für die Terrarienhaltung wäre.

Foto: R. Whitaker / MTi-Press

Morenia petersi (ANDERSON 1879)
Indische Pfauenaugenschildkröte

Ocadia sinensis (GRAY 1834)
Chinesische Streifenschildkröte

Geographische Verbreitung
Ocadia sinensis lebt in Süd-China (Provinzen Kiangsu, Anhwei, Tschekiang, Kiangsi, Fukien, Kwangtung und Kwangsi) und in Nord-Vietnam. Weiterhin kommt sie auf den Inseln Hainan und Taiwan (Formosa) vor.

Biotop
Die Chinesische Streifenschildkröte lebt hauptsächlich in stillen Gewässern wie zum Beispiel in Kanälen, Tümpeln und kleinen ruhigen Bächen.

Größe
Die maximale Größe dieser Art liegt bei ca. 20 bis 25 cm.

Beschreibung
Der Rückenpanzer ist relativ hoch gewölbt und länglich, der Carapaxrand ist leicht aufgebogen. Auffällig ist, daß Jungtiere drei Längskiele besitzen, von denen die beiden Seitenkiele mit dem Alter immer mehr zurückgehen, während der Mittelkiel in der Regel vollständig erhalten bleibt. Von den beiden Seitenkielen bleiben normalerweise nur Ansätze vorhanden. Der Carapax ist in allen Brauntönen gefärbt, bei Jungtieren sind kleine gelbe bis orangene Flecken vorhanden.
Die Grundfarbe des Bauchpanzers ist gelb. Auf jedem Schild befindet sich ein großer brauner Fleck, auf den Pectoral- und Abdominalschildern ist ein zweiter Fleck im Bereich der Brücken vorhanden.
Kopf, Hals und Gliedmaßen haben eine gräuliche bis schwarze Farbe. Typisch für diese Art sind die zahlreichen dünnen gelblich-grünen Längsstreifen, die sich über den gesamten Körper erstrecken und an den Kopfseiten besonders dicht sind. Die Kopfunterseite ist fast ganz gelb und mit grauen Streifen versehen. Der Kieferbereich ist besonders hell gefärbt. Die Iris ist hell, durch die Pupille läuft ein schwarzer Querbalken.
Zwischen den Krallen befinden sich gut ausgeprägte Schwimmhäute.

Allgemeines
Die Gattung *Ocadia* besteht aus zwei Arten. Neben der hier beschriebenen Art kennt man seit 1992 noch *Ocadia philippeni* McCord & Iverson 1992.
Ocadia sinensis hat keine Unterarten. Auffällig ist hierbei jedoch, daß die Tiere der Insel Taiwan keine oder nur eine sehr blasse Bauchpanzerzeichnung besitzen.
Die Chinesische Streifenschildkröte ist eine Art, die bei uns sehr selten im Handel ist und daher auch selten in Gefangenschaft gehalten wird.
Tiere dieser Art dienen den Eingeborenen der Insel Hainan als Nahrungsmittel.

Haltung und Pflege
Die Gefangenschaftshaltung der Chinesischen Streifenschildkröte ist eigentlich problemlos möglich und gleicht im Grunde der der Chinesischen Dreikielschildkröte *Chinemys reevesi*, mit der sie auch die drei Längskiele des Carapax gemeinsam hat.
Die Temperaturansprüche dieser Art sind nicht besonders hoch und liegen zwischen 20 und 25 °C. Dadurch ist im Sommer in unseren Breiten ein Freilandaufenthalt ohne weiteres möglich. Eine Winterruhe bei herabgesetzten Temperaturen ist angebracht.
Es wird berichtet, daß *Ocadia sinensis* im Ursprungsbiotop ca. drei Eier legt. Die Tiere sind in Gefangenschaft Pflanzenfresser. Über eine erfolgreiche Gefangenschaftsnachzucht ist nichts bekannt.

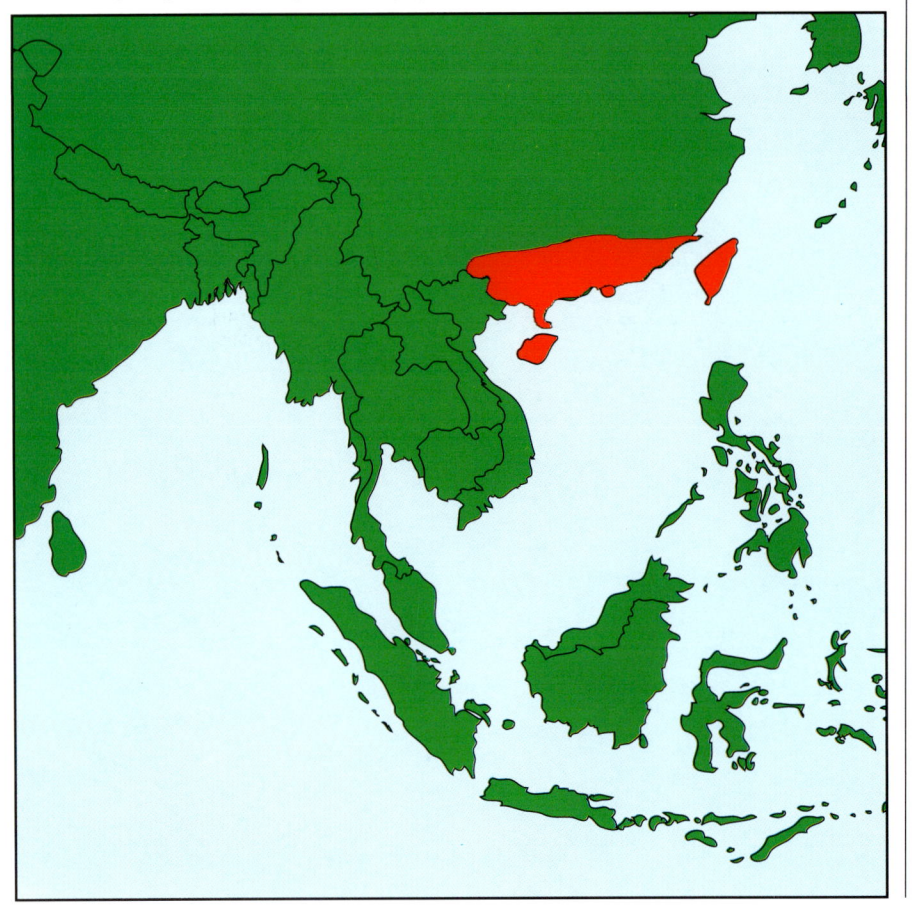

Foto: I. A. Basile / MTi-Press

Ocadia sinensis (GRAY 1834)
Chinesische Streifenschildkröte

Orlitia borneensis Gray 1873
Borneo-Flußschildkröte

Geographische Verbreitung
Orlitia borneensis lebt auf der Halbinsel Malakka und auf den Großen und Kleinen Sundainseln (Sumatra, Java, Borneo, Celebes u. a.).

Biotop
Die Borneo-Flußschildkröte bevölkert, wie der Name schon sagt, große, tiefe Flüsse, in denen sie bis in den Brackwasserbereich vorstößt. Sie lebt auch in großen Seen und verläßt das Wasser eigentlich nur zur Eiablage.

Größe
Wie bei allen Tauchschildkröten werden auch hier die Weibchen um einiges größer als die Männchen und erreichen eine Größe bis max. 70 cm.

Beschreibung
Der Rückenpanzer ist länglich und stromlinienförmig geformt, aber im Vergleich zu den Tieren der Gattungen *Batagur* und *Callagur* relativ hoch gewölbt. Bei Jungtieren kann der Hinterrand leicht gezackt sein. Der Rückenpanzer ist einfarbig dunkelbraun bis schwarz gefärbt.
Der Bauchpanzer ist hell und ebenfalls ohne weitere Zeichnung. Die Unterseiten der Carapax-Randschilder besitzen in der Regel einen dunklen Rand.
Der Kopf ist verhältnismäßig groß, die Kopfoberseite ist mit kleinen Schuppen versehen (Unterscheidungsmerkmal zur Callagur-Schildkröte *Callagur borneoensis*). Der Oberkiefer hat meist einen „Hakenschnabel". Die Kopffarbe entspricht der Farbe des Rückenpanzers (dunkelbraun bis schwarz), ist aber oft auch hellgrau bis weiß (siehe Foto). Bei Jungtieren können einige hellere Flecken vorhanden sein. Ansonsten ist auch der Kopf einfarbig.
Die Gliedmaßen, die in der Farbe dem Kopf entsprechen, sind gut an die Lebensweise der Borneo-Flußschildkröte angepaßt. Sie sind mit stark ausgeprägten Schwimmhäuten versehen, die Vorderbeine sind abgeflacht und gleichen damit den Flippern der Meeresschildkröten. Sie eignen sich dadurch sehr gut zum Schwimmen und Tauchen, aber kaum zum Laufen. An den Vorderseiten der Vorderbeine sind kleine Schuppen zu erkennen.

Allgemeines
Die Borneo-Flußschildkröte bildet zusammen mit den Gattungen *Batagur*, *Callagur*, *Hardella* und *Kachuga* die Gruppe der Tauchschildkröten. Besonders die beiden erstgenannten Gattungen sind der hier besprochenen Art sehr ähnlich, auch leben sie in demselben Verbreitungsgebiet und im gleichen Biotop. *Orlitia borneensis* unterscheidet sich von den beiden anderen Arten (*Batagur baska* und *Callagur borneoensis*) hauptsächlich durch die geschuppte Kopfoberseite, durch die höhere Wölbung des Rückenpanzers sowie durch die verkürzte Schnauze.
Wie alle Tauchschildkröten ist auch diese Art hervorragend an das Medium Wasser angepaßt. Zu den auffälligsten Anpassungen zählen zweifellos die knöchernen Lungenkammern, die nur bei den Tauchschildkröten vorkommen und die die Lunge vor zu großem Druck in hohen Wassertiefen schützen. Weitere Besonderheiten sind der stromlinienförmige Rückenpanzer und die abgeflachten Vordergliedmaßen. Weiterhin sind die Krallen mit stark ausgeprägten Schwimmhäuten versehen.

Haltung und Pflege
Da *Orlitia borneensis* eine sehr großwerdende Schildkrötenart ist, können in Gefangenschaft eigentlich nur Jungtiere gehalten werden. Dabei ist ein großer Wasserteil mit hoher Wassertiefe notwendig, da die Tiere sehr ausdauernde Schwimmer sind (Tauchschildkröten). Ein Landteil hat keine besondere Bedeutung. Die Tiere verlassen in ihrem Ursprungsbiotop das Wasser eigentlich nur zur Eiablage. Im Aqua-Terrarium genügt ein kleiner Landteil, ein Baumstamm oder ähnliches zum gelegentlichen Ausstieg aus dem Wasser. Die Wassertemperatur sollte um ca. 25 °C betragen.
Olitia borneensis kann als Pflanzenfresser bezeichnet werden. In Gefangenschaft wird aber meist auch tierische Nahrung angenommen. Die Tiere wachsen sehr schnell heran.
Über eine Nachzucht in Gefangenschaft und deren Bedingungen ist nichts bekannt geworden, sie dürfte wegen der Größe von erwachsenen Tieren im Aqua-Terrarium ohnehin fast unmöglich sein. Aufgrund der Erwachsenengröße sollte von einer Haltung allgemein abgesehen werden.

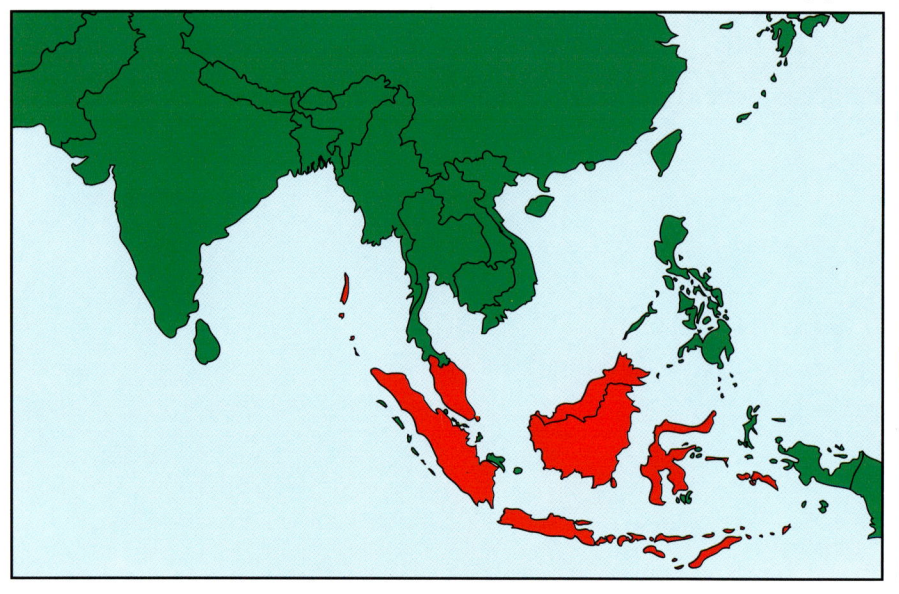

Foto: I. A. Basile / MTi-Press

Orlitia borneensis GRAY 1873
Borneo-Flußschildkröte

Pseudemys concinna concinna (LE CONTE 1830)
Hieroglyphen-Schmuckschildkröte

Geographische Verbreitung
Pseudemys concinna concinna lebt entlang der amerikanischen Atlantikküste von Virginia über North und South Carolina bis nach Georgia. Ins Landesinnere kommt sie bis nach Tennessee und Ost-Alabama vor.

Biotop
Die Hieroglyphen-Schmuckschildkröte bevölkert Gewässer aller Art, die eine reichhaltige Land- und Wasservegetation aufweisen. Dies findet sie hauptsächlich in den Flüssen des Verbreitungsgebietes, aber auch in Seen. Teilweise dringt sie in den Flüssen bis in den Brackwasserbereich vor. Die Tiere halten sich sehr häufig an Land auf, wo sie sich oft stundenlang sonnen.

Größe
Die maximale Größe (Panzerlänge / Stockmaß) beträgt 30 bis 32 cm. Auch bei dieser *Pseudemys*-Art werden die Weibchen wieder größer als die Männchen.

Beschreibung
Der Rückenpanzer ist flach (flacher als bei den anderen Unterarten von *Pseuemys concina*) und zum Rand hin noch etwas weiter abgeflacht. Der Carapax-Hinterrand ist leicht gezackt, bei Jungtieren ist ein leichter Mittelkiel-Ansatz vorhanden. Die Grundfarbe ist grünlich-braun, wobei Jungtiere im allgemeinen heller gefärbt sind als erwachsene Tiere. Auch haben sie eine komplexe Musterung, die aus gelben bis orangen Linien besteht. Diese Linien bilden halbkreisförmige Muster und Oceolen. Auf dem zweiten Costalschild ist ein helles „C" zu sehen. Bei erwachsenen Tieren verblaßt die Färbung etwas.
Der Bauchpanzer ist gelblich bis blaßorange. Entlang der Mittelnaht befindet sich eine symmetrische schwarze Figur, die aus dünnen Linien gebildet wird. Auch diese Zeichnung löst sich mit zunehmendem Alter immer mehr auf. Die Unterseiten der Marginalschilder und die Brücken sind mit einer dunklen Oceolenzeichnung versehen.
Kopf, Hals und Extremitäten sind gräulich-braun bis schwarz und haben gelbe Längsstreifen. Auf dem Kopf verläuft jeweils ein breiter Streifen vom Auge bis zum Hals. Zwischen diesen beiden Streifen befinden sich fünf bis sieben dünnere Streifen, die von der Nase bis zum Hals verlaufen. An den Kopfseiten befinden sich weitere breite Streifen. Sehr auffällig sind die Augen dieser Tiere, die eine helle Iris haben. Die Gliedmaßen sind mit stark ausgeprägten Schwimmhäuten versehen.

Allgemeines
Die Art *Pseuemys concinna* besteht aus den sechs Unterarten *Pseudemys concinna concinna, P. c. gorzugi, P. c. hieroglyphica, P. c. metteri, P. c. mobilensis* und *P. c. suwannensis*. Die hier beschriebene Unterart teilt sich ihr Verbreitungsgebiet teilweise mit der Florida-Schmuckschildkröte *Pseudemys floridana floridana* und *Pseudemys concinna hieroglyphica*. Sie läßt sich von allen *Pseudemys floridana*-Unterarten jedoch leicht unterscheiden, da diese immer einen ungezeichneten Bauchpanzer haben. Von *Pseudemys concinna hieroglyphica* läßt sie sich am besten durch die „C"-förmige Zeichnung auf den Costalschildern und durch die stärker ausgeprägte Bauchpanzerfigur unterscheiden. Die „C"-förmige Figur auf den Seitenschildern ist zwar auch bei der Unterart *Pseudemys concinna mobilensis* vorhanden, diese besitzt jedoch einen wesentlich höher gewölbten Rückenpanzer als die hier beschriebene Art. Früher ordnete man noch *Pseudemys texana* der Art *P. concinna* zu. Heute ist *P. texana* eine eigene Art, die durch ihren eingekerbten Oberkiefer leicht zu unterscheiden ist.

Haltung und Pflege
Die Hieroglyphen-Schmuckschildkröte ist im Grunde genommen ein idealer Pflegling für die Haltung in Gefangenschaft. Die Ernährung bereitet keinerlei Probleme, da die Tiere Allesfresser sind und teilweise einen Schwerpunkt auf vegetarischer Nahrung haben.
Zur Haltung ist ein Aqua-Terrarium mit großem Wasserteil und einem warmen Landteil mit Strahler zum Sonnenbad notwendig, da die Schmuckschildkröten oft sehr lange auf dem Landteil sitzen und sich sonnen. Hierzu bietet sich auch die Freilandhaltung im Sommer an, die bei den nicht zu hohen Temperaturansprüchen von 25 °C möglich ist. Im Winter dagegen ist eine mehrwöchige Winterruhe bei herabgesetzten Temperaturen empfehlenswert.
Die Nachzucht in Gefangenschaft ist ebenfalls problemlos möglich und erfolgt unter ähnlichen Bedingungen wie bei den übrigen nordamerikanischen Schmuckschildkröten.

Foto: I. A. Basile / MTi-Press

Pseudemys concinna concinna (LE CONTE 1830)
Hieroglyphen-Schmuckschildkröte

Pseudemys concinna hieroglyphica (HOLBROOK 1836)
Hieroglyphen-Schmuckschildkröte

Geographische Verbreitung
Pseudemys concinna hieroglyphica lebt in den mittleren USA von Illinois über Missouri, Kansas, Alabama und Oklahoma bis nach Texas.

Biotop
Diese Schildkrötenart bevorzugt eindeutig fließende Gewässer mit reicher Ufer- und Wasservegetation. Trotz dieser Vorliebe findet sie sich aber auch in größeren Seen. Selbst brackiges Wasser wird nicht gemieden. Sogar im Golf von Mexiko wurde sie schon angetroffen.

Größe
Wie bei fast allen Sumpfschildkrötenarten werden auch bei der hier besprochenen Art die Weibchen beträchtlich größer als die Männchen, sie erreichen bis zu 40 cm. Die männlichen Tiere werden meist nicht größer als 20 cm (Rückenpanzer / Stockmaß).

Beschreibung
Der Rückenpanzer ist relativ flach und in der Regel ohne Kiele. Lediglich bei Jungtieren kann ein leichter Vertebralkiel vorhanden sein, auch ist bei ihnen der Carapaxrand häufig leicht gezackt. Die Grundfarbe des Rückenpanzers ist dunkelbraun bis schwarz. Es ist eine leuchtend gelbe bis orange Zeichnung vorhanden, die komplexe kreisförmige Muster ausbildet, die Hieroglyphen ähneln. Bei der hier beschriebenen Unterart sind diese Zeichnungen deutlich feiner gezeichnet und bestehen aus dünneren Linien als bei den anderen Unterarten.
Auch die arttypische Bauchpanzerfigur besteht hier aus dünneren Linien, wodurch der Bauchpanzer feiner gezeichnet erscheint. Die Grundfarbe ist gelb.
Die Extremitäten, der Kopf und der Hals haben eine gräulich-braune bis schwarze Farbe, es ist die für die *Pseudemys*-Arten typische, gelbe Streifenzeichnung vorhanden. Die hier beschriebene Unterart zeichnet sich durch die große Dichte der gelben Streifen, besonders auf dem Kopf, aus.

Allgemeines
Pseudemys concinna ist eine der sechs *Pseudemys*-Arten. Sie zeichnet sich hauptsächlich durch die komplexe Carapaxzeichnung aus, die aus hieroglyphen-ähnlichen Oceolen besteht (deutscher Name). Bei *Pseudemys concinna hieroglyphica* ist diese Zeichnung besonders stark ausgeprägt, weshalb diese Unterart den lateinischen Namen „hieroglyphica" trägt.
Pseudemys concinna hieroglyphica läßt sich von den anderen Unterarten von *Pseudemys concinna* hauptsächlich durch den flachen Carapax und durch die feinere Zeichnung von Bauch- und Rückenpanzer unterscheiden. Weiterhin besitzen die Unterarten *Pseudemys concinna mobilensis* und *Pseudemys concinna suwannensis* einen höher gewölbten Rückenpanzer als die hier beschriebene Unterart und als die Nominatform *Pseudemys concinna concinna*.
Häufig finden sich Jungtiere als Beifänge zwischen den in großen Stückzahlen importierten Rotwangen-Schmuckschildkröten. Bei genauerem Hinsehen lassen sie sich aber leicht an ihrem helleren Grün erkennen. In der Natur findet man die Hieroglyphen-Schmuckschildkröte oft in tiefen Gewässern. Sie ist eine sehr gute Schwimmerin. Nicht umsonst nennen die Amerikaner sie „river cooter".

Haltung und Pflege
Wenn man sich im Klaren ist, daß es sich hier um eine sehr groß werdende Sumpfschildkrötenart handelt, die einen entsprechend großen Behälter mit ausreichendem Wasserstand braucht, dann steht ihrer Pflege eigentlich nichts mehr im Wege. Temperaturen von 24-28 °C und ein trockener Platz zum Sonnenbad sind für das Wohlbefinden nötig. Im Sommer ist ein Freilandaufenthalt empfehlenswert. Als Nahrung wird sowohl pflanzliche als auch tierische Kost angenommen. Im Alter überwiegt allerdings immer mehr der Pflanzenanteil.
Auch eine Nachzucht ist unter Gefangenschaftsbedingungen möglich. Große Weibchen legen teilweise bis zu 20 (ca. 40 x 22 mm große) weichschalige, längliche Eier.

Jungtier
Foto: I. A. Basile / MTi-Press

Foto: I. A. Basile / MTi-Press

Pseudemys concinna hieroglyphica (HOLBROOK 1836)
Hieroglyphen-Schmuckschildkröte

Pseudemys concinna mobilensis (HOLBROOK 1838)
Hieroglyphen-Schmuckschildkröte

Geographische Verbreitung
Pseudemys concinna mobilensis ist in den südlichen USA von West-Florida über Süd-Alabama, Mississippi und Louisiana bis nach Texas verbreitet und bevölkert damit die amerikanische Küste des Golfes von Mexiko.

Biotop
Im Vergleich zu den anderen *Pseudemys*-Arten ist die Hieroglyphen-Schmuckschildkröte häufiger in großen Flüssen und seltener in Bächen und kleinen Seen anzutreffen. Auch der Brackwasserbereich wird nicht gemieden. Sie bevorzugt jedoch Gewässer mit reichhaltiger Vegetation und hält sich sehr oft an Land zum Sonnenbad auf.

Größe
Auch hier werden die weiblichen Tiere wieder bedeutend größer als die Männchen. Sie erreichen eine maximale Carapaxlänge von ca. 35 cm.

Beschreibung
Der Rückenpanzer ist höher gewölbt als bei *Pseudemys c. concinna* und *Pseudemys c. hieroglyphica*. Der Carapax-Hinterrand ist gezackt, bei Jungtieren ist ein Mittelkiel vorhanden. Der Carapax ist grünlich bis braun gefärbt und mit einem komplexen Muster aus gelblichen und hellbraunen Linien, Kreisen und Ringen versehen, die teilweise Oceolen bilden. Erwachsene Tiere sind meist etwas dunkler gefärbt als Jungtiere, wodurch die oben beschriebene Zeichnung nicht mehr so ins Auge fällt. Sie verschwindet jedoch nie ganz.
Die Grundfarbe des Bauchpanzers ist gelb bis orange. Entlang der Mittelnaht befindet sich eine mehr oder weniger symmetrische schwarze Zeichnung, auf den Brücken sind große schwarze Flecken vorhanden. Ansonsten ist der Carapax einfarbig. Die Unterseiten der Marginalschilder sind dagegen mit oceolenartigen Verzierungen versehen.
Kopf, Hals und Gliedmaßen haben eine gräulich-braune bis schwarze Farbe und sind gelb gestreift. Hierbei beginnen die Streifen am Kinn, an der Nase oder an den Augen und verlaufen über Kopf und Hals bis zu den Extremitäten, wobei die Streifen kaum unterbrochen sind. Die Iris ist gelb, und durch die Pupillen verläuft ein schwarzer Querbalken.
Die Gliedmaßen haben scharfe Krallen und stark ausgebildete Schwimmhäute.

Allgemeines
Die Art *Pseudemys concinna* besteht neben der hier besprochenen Unterart aus fünf weiteren Unterarten: *P. c. concinna*, *P. c. gorzugi*, *P. c. hieroglyphica*, *P. c. metteri* und *P. c. suwannensis*. Diese unterscheiden sich von *Pseudemys concinna mobilensis* durch den flachern Carapax (*P. c. concinna* und *P. c. hieroglyphica*), durch die dunklere grünliche Carapaxfärbung (*P. c. suwannensis*) bzw. durch eine kräftigere Färbung und teilweise unterbrochene Kopfstreifen (*P. texana*).
P. c. suwannensis ist wesentlich seltener im Handel als die anderen Unterarten, so daß über diese Art am wenigsten bekannt ist. In „Turtles and Tortoises", John Lehrer 1990 findet man ein neueres Foto. Danach hat *P. c. suwannensis* die gleiche Panzerzeichnung wie *P. c. mobilensis*, es fehlen jedoch die orangenen Farbtöne; das Tier erscheint durchweg grünlich. Auch die Iris ist leuchtend grün mit einem schwarzen Balken. *P.c. suwannensis* hat eine geringere Zahl von hellen Streifen an Kopf, Hals und Beinen. Sie wird am größten von allen *P. concinna*-Unterarten und erreicht bis zu 40 cm.
Das Verbreitungsgebiet kann bei dieser Art nicht immer zur Klärung der Unterarten beitragen, da *Pseudemys concinna mobilensis* teilweise mit *P. c. suwannensis* und *P. c. hieroglyphica* zusammen vorkommt.
Auch die Unterarten von *Pseudemys floridana* sind der hier beschriebenen Art recht ähnlich und leben teilweise im gleichen Verbreitungsgebiet. Sie lassen sich jedoch durch den ungezeichneten Bauchpanzer relativ leicht von allen Unterarten von *Pseudemys concinna* unterscheiden.

Haltung und Pflege
Wie bei allen anderen verwandten Arten wird auch hier ein großes Aqua-Terrarium mit genügend Schwimmraum und einem Landteil benötigt. Wie alle Tiere der *Pseudemys*-Gruppe sonnen sich die Tiere gerne auf dem Land. Es sollte im Aqua-Terrarium ein Wärmestrahler vorhanden sein, der die Lufttemperatur etwas über der Wassertemperatur hält. Temperaturen um 25 °C im Wasser und bis 30 °C an der Luft sind ideal. Ein Freilandaufenthalt bei uns ist im Sommer möglich. Im Ursprungsbiotop gibt es heiße Sommer und milde Winter. Es ist daher auch in Gefangenschaft angebracht, den Tieren eine kürzere Winterruhe bei abgesenkten Temperaturen zu ermöglichen. Gerade für einen Nachzuchterfolg ist die Einhaltung dieses Sommer-Winter-Gefälles günstig. In der Natur erfolgt die Eiablage von Mai bis Juni, wobei bis zu 20 Eier gelegt werden.
Die Nachzucht in Gefangenschaft ist schon gelungen. Jungtiere, die manchmal in den Handel gelangen, sind leicht aufzuziehen, da sie gierige Fresser sind und schnell heranwachsen. Sie sind im allgemeinen Allesfresser, wobei der Nahrungsschwerpunkt bei Jungtieren auf tierischer und bei erwachsenen Tieren auf animalischer Kost liegt.

Foto: I. A. Basile / MTi-Press

Pseudemys concinna mobilensis (HOLBROOK 1838)
Hieroglyphen-Schmuckschildkröte

Pseudemys floridana hoyi (AGASSIZ 1857)
Florida-Schmuckschildkröte

Geographische Verbreitung
Pseudemys floridana hoyi ist von Süd-Illinois, Missouri und Ost-Kansas südwärts über Kentucky, Tennessee, Alabama, Mississippi, Louisiana und Arkansas bis nach Ost-Oklahoma und Ost-Texas beheimatet.
Die Nominatform *Pseudemys floridana floridana* lebt von Virginia südwärts über Nord- und Südkarolina, Georgia und Alabama bis nach Nord-Florida, während *Pseudemys floridana peninsularis* nur auf der Halbinsel Floridas lebt (engl.: peninsula = Halbinsel).

Biotop
Die Florida-Schmuckschildkröte bevölkert Gewässer aller Art, von kleinen Teichen bis zu den großen Flüssen des Verbreitungsgebietes, wobei jedoch in jedem Fall eine reiche Vegetation vorhanden ist. Die Tiere halten sich oft stundenlang zum Sonnenbad an Land auf.

Größe
Die Weibchen dieser Unterart erreichen eine maximale Carapaxlänge von ca. 30 cm, die Männchen bleiben etwas kleiner. Damit ist *Pseudemys floridana hoyi* die kleinste der drei Florida-Schmuckschildkröten. Die beiden anderen Unterarten werden bis zu 40 cm groß und zählen damit zu den größten Schmuckschildkröten.

Beschreibung
Der Rückenpanzer ist relativ flach, Jungtiere haben einen Mittelkiel, der mit dem Alter verschwindet. Der Hinterrand ist glatt. Die Carapax-Grundfarbe ist grünlich bis braun, es ist eine komplexe gelbe Zeichnung vorhanden, die an die Hieroglyphen-Schmuckschildkröten *Pseudemys concinna* erinnert. Diese Zeichnung verblaßt zwar bei älteren Tieren, verschwindet jedoch niemals ganz.
Der Bauchpanzer ist einfarbig gelb, nur die Unterseiten der Marginalschilder zeigen bräunliche bis schwarze Punkte oder auch Kreise.
Kopf, Hals und Gliedmaßen sind wie bei allen *Pseudemys*-Arten gräulich-braun bis schwarz in der Grundfarbe und haben gelbe Streifen, die hinter den Augen teilweise durch Querstreifen verbunden sind. Auch hier ähnelt *Pseudemys floridana* sehr der verwandten *Pseudemys concinna*. Die Füße sind mit stark ausgeprägten Schwimmhäuten versehen.

Allgemeines
Pseudemys floridana besitzt drei Unterarten: die Nominatform *Pseudemys floridana floridana* (LE CONTE 1830), *P. f. hoyi* und *Pseudemys floridana peninsularis* (CARR 1938).
Besonders die beiden erstgenannten Unterarten sind sich sehr ähnlich und lassen sich nur dadurch unterscheiden, daß die Nominatform auf den Brücken schwarze Flecken hat, während die Brücken von *Pseudemys floridana hoyi* einfarbig gelb sind. Die dritte Unterart (*P. f. peninsularis*) dagegen hat einen grünlichen Bauchpanzer, und auch Kopf und Carapax haben einen leicht grünlichen Farbton. Weiterhin ist der Rückenpanzer bei dieser Unterart etwas höher gewölbt als bei den anderen Unterarten und zum Rand hin etwas abgeflacht, so daß *Pseudemys floridana peninsularis* leicht von den anderen Unterarten unterschieden werden kann.
Insgesamt ähneln alle Unterarten von *Pseudemys floridana* denen von *Pseudemys concinna*, die als Unterscheidungsmerkmal jedoch eine schwarze Bauchpanzerfigur besitzen.

Haltung und Pflege
Zur Haltung von *Pseudemys floridana hoyi* benötigt man ein Aqua-Terrarium mit einem großen Schwimmteil und einem warmen Landteil mit Wärmestrahler zum Sonnenbad. Gemäß dem Herkunftsgebiet sind Wasser- und Lufttemperaturen um 25 °C notwendig, wodurch in unseren Breiten im Sommer eine Freilandhaltung möglich ist. Für den Winter ist eine kurze Winterruhe (ca. 4 bis 5 Wochen) bei herabgesetzten Temperaturen vorzusehen. Die Ernährung von Florida-Schmuckschildkröten bereitet keine Schwierigkeiten. Die Tiere sind eigentlich Allesfresser, wobei der Nahrungsschwerpunkt bei Jungtieren jedoch auf tierischer und bei erwachsenen Tieren auf pflanzlicher Nahrung liegt.
Die Weibchen dieser Art sind in der Lage, mehrmals im Jahr Eier abzulegen, wobei ein Gelege bis zu 20 längliche und weichschalige Eier umfassen kann. In den USA werden Florida-Schmuckschildkröten in Zuchtfarmen nachgezüchtet.

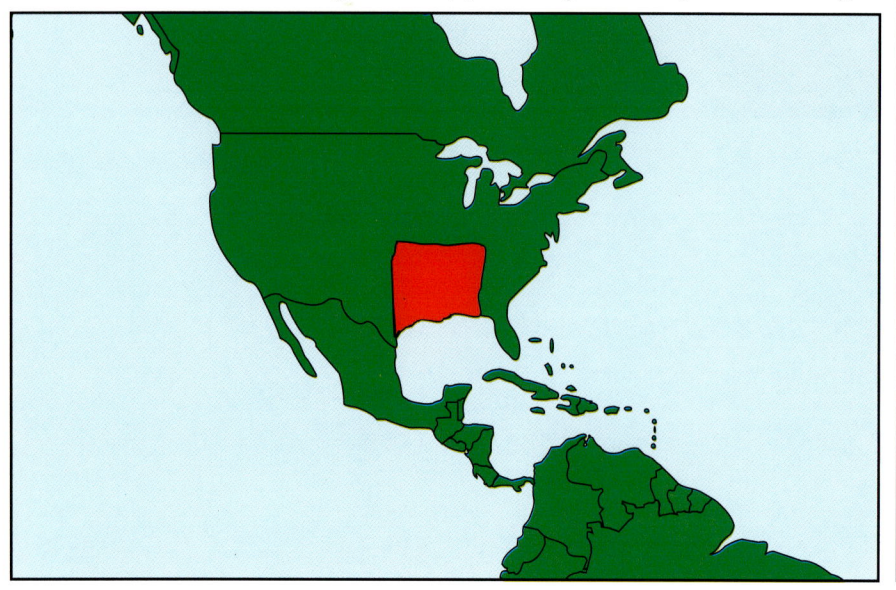

Foto: I. A. Basile / MTi-Press

Pseudemys floridana hoyi (AGASSIZ 1857)
Florida-Schmuckschildkröte

Pseudemys nelsoni CARR 1938
Florida-Rotbauch-Schmuckschildkröte

Geographische Verbreitung
Pseudemys nelsoni ist ausschließlich auf der südamerikanischen Halbinsel Florida zu finden und lebt damit in demselben Gebiet wie die Florida-Schmuckschildkröte *Pseudemys floridana peninsularis*.

Biotop
Bevorzugt werden kleinere verkrautete Tümpel und Seen, u. U. auch ruhige, langsam fließende Flüsse. Dichte Ufer- und Wasservegetation ist schon aufgrund der Ernährungsweise notwendig.

Größe
Die recht hochrückigen Weibchen werden über 30 cm groß, die flacheren Männchen bleiben um einiges kleiner.

Beschreibung
Der Rückenpanzer ist im allgemeinen relativ flach, besitzt jedoch in der Mitte einen recht hohen Punkt. Er hat glatte Ränder, ein schwach ausgeprägter Mittelkiel ist nur bei Schlüpflingen vorhanden. Jungtiere haben eine runde Panzerform, während erwachsene Tiere länglich sind.
Die Carapaxfarbe ist dunkelbraun bis schwarz, wobei sich auf den ersten drei Costalschildern rote Streifen befinden können. Ansonsten ist der Rückenpanzer ohne Zeichnung.
Jungtiere dieser Art haben einen leuchtend roten Bauchpanzer, der der Art ihren Namen gegeben hat. Es sind nur einige kleine schwarze Flecken vorhanden, die jedoch mit zunehmendem Alter immer mehr verschwinden. Erwachsene Tiere besitzen einen einfarbigen Plastron, der jedoch immer noch die arttypische Rotfärbung aufweist. Die Brücken sind in der Regel ungezeichnet, wodurch sich die hier beschriebene Art von der verwandten Rotbauch-Schmuckschildkröte *Pseudemys rubriventris* unterscheidet. Kopf, Hals und Gliedmaßen haben eine schwarze Grundfarbe und sind mit schmalen gelben Streifen versehen, wie es für die *Pseudemys*-Arten typisch ist. Der Kopf ist allerdings nur schwach gestreift, nur ein breiter Streifen in der Mitte der Kopfoberseite fällt besonders ins Auge.

Allgemeines
Pseudemys nelsoni bildet zusammen mit *Pseudemys alabamensis* und *Pseudemys rubriventris* eine eigene Gruppe in der großen *Pseudemys*-Gattung. Sie zeichnen sich durch eine rote Bauchpanzerfärbung aus. *Pseudemys nelsoni* unterscheidet sich von *Pseudemys rubriventris* durch die ungezeichneten Brücken und durch die schwächere Streifenzeichnung auf dem Kopf. Diese ist bei *Pseudemys alabamensis* ähnlich ausgeprägt wie bei *Pseudemys rubriventris*. Auch ihr fehlt jedoch die Brückenfärbung von *Pseudemys rubriventris*, so daß sich alle drei Arten leicht voneinander unterscheiden lassen.
Eine weitere verwandte Art ist *Pseudemys floridana peninsularis*, die, wie erwähnt, mit der hier beschriebenen Art zusammen vorkommt.

Haltung und Pflege
Aufzucht und Haltung sind ohne weiteres unter Gefangenschaftsbedingungen möglich. Man sollte aber das rasche Wachstum und damit die erreichbare Größe bei der Unterbringung berücksichtigen.
Durch die überwiegend vegetarische Ernährung ist die Fütterung problemlos, man sollte jedoch eine starke Filteranlage vorsehen, hauptsächlich bei erwachsenen Tieren. Bei ihnen ist auch ein großes Aqua-Terrarium notwendig, da die Tiere zum einen sehr ausdauernde Schwimmer sind, zum anderen jedoch auch sehr lange an Land sitzen und sich sonnen. Daher ist ein Landteil mit einem Wärmestrahler unbedingt notwendig.
Entsprechend dem südlichen Verbreitungsgebiet haben die Tiere recht hohe Ansprüche an die Temperaturen (ca. 28 °C), ein Freilandaufenthalt im Sommer ist in unseren Breiten empfehlenswert, wenn die Temperaturen dies zulassen. Aufgrund des ganzjährigen tropischen Klimas in Florida halten die Tiere keinen Winterschlaf, er ist daher auch in Gefangenschaft nicht notwendig.
Auch eine erfolgreiche Nachzucht dieser Art ist unter Gefangenschaftsbedingungen möglich, über entsprechende Erfolge ist noch nichts bekannt geworden, da die Tiere bisher nicht so häufig in den Handel gekommen sind.

Jungtiere
Foto: I. A. Basile / MTi-Press

Foto: I. A. Basile / MTi-Press

Pseudemys nelsoni CARR 1938
Florida-Rotbauch-Schmuckschildkröte

Rhinoclemmys diademata (MERTENS 1954)
Venezuela-Erdschildkröte

Geographische Verbreitung
Rhinoclemmys diademata lebt in Nordwest-Venezuela und in Nordost-Kolumbien, womit sie ein verhältnismäßig kleines Verbreitungsgebiet hat. Im Norden wird es durch das Karibische Meer (Golf von Venezuela) begrenzt, im Osten durch den Maracaibo See, im Süden durch den Sierra di Merida und im Westen durch den Sierra di Perija.

Biotop
Die Venezuela-Erdschildkröte bevölkert klare Gewässer aller Art, von Teichen und Seen bis zu den Flüssen des Verbreitungsgebietes. Sie hält sich häufig an Land auf.

Größe
Die maximale Panzerlänge liegt bei 20-25 cm.

Beschreibung
Der Rückenpanzer ist relativ hoch gewölbt. Es ist ein leichter Mittelkiel vorhanden, der Hinterrand des Rückenpanzers ist leicht gesägt. Die Grundfarbe ist dunkelbraun bis schwarz. Auf den einzelnen Schildern können unregelmäßige helle Flecken vorhanden sein, bei Jungtieren befindet sich auf den Pleuralschildern manchmal eine leichte Strahlenzeichnung. Die Schildnähte sind heller als der übrige Panzer.

Die Grundfarbe des Bauchpanzers ist ebenfalls braun bis schwarz, häufig auch rotbraun. Der gesamte Plastron ist gelb umrandet, auch die Schildnähte und die Unterseiten der Marginalschilder sind gelb.

Der Kopf der Venezuela-Erdschildkröte ist sehr auffällig gefärbt. Die Kopfoberseite hat eine schwarze Grundfarbe. Es ist eine hufeisenförmige gelbe Zeichnung vorhanden, die einen unregelmäßigen gelben Fleck einschließt. Der obere Teil der Kopfseiten ist ebenfalls schwarz und besitzt gelbe Streifen, während der untere Teil gelb ist und schwarze Streifen hat, von denen jeweils zwei parallel verlaufen und eine hellere gelbe Fläche einschließen. Die Kopfunterseite schließlich ist einfarbig gelb. Der Kopf insgesamt ist relativ klein und länglich und läuft zur Schnauze hin spitz zu.

Die obere Hälfte des Halses ist einfarbig grau, an den Seiten befinden sich jeweils dünne gelbe Streifen. Die untere Halshälfte dagegen hat eine gelbe Grundfarbe mit grauen gepunkteten Linien.

Die Vorderseite der Beine ist ebenfalls gelb und grau gepunktet, während die Hinterseite dunkelbraun bis schwarz ist und nur vereinzelte gelbe Punkte hat. Es sind nur schwach ausgeprägte Schwimmhäute vorhanden.

Die Weichteile sind hellgelb, wobei vereinzelt dünne graue Punkte vorhanden sind.

Allgemeines
Rhinoclemmys diademata wurde oft auch als Unterart von *R. punctularia* betrachtet. Dafür sprechen die ähnliche Panzerfärbung und die Tatsache, daß auch *Rhinoclemmys punctularia* auf der Kopfoberseite zwei gelbe Streifen besitzt, die ähnlich verlaufen wie bei *Rhinoclemmys diademata*, aber keine Verbindung zueinander haben. Allerdings lebt *Rhinoclemmys diademata* in einem Gebiet, das mehrere hundert Kilometer von der nächsten Population von *Rhinoclemmys punctularia* entfernt ist. Dies reicht auch nach Meinung des Autors aus, um ihr den Status einer eigenständigen Art zu geben.

Haltung und Pflege
Da die Venezuela-Erdschildkröte ein tropisches Verbreitungsgebiet hat, stellt sie relativ hohe Ansprüche an die Temperaturen, die mindestens bei 28 °C liegen sollten. Für eine Freilandhaltung ist sie bei unserem Klima höchstens im Sommer geeignet. Bei der Terrarienhaltung sollte darauf geachtet werden, daß sich *Rhinoclemmys diademata* sehr häufig zum Sonnen an Land aufhält, wodurch ein großer Landteil notwendig wird.

Die Fütterung dieser Art sollte keine Probleme bereiten, da die Tiere im Prinzip Allesfresser sind und auch keine bestimmte Nahrungsform bevorzugen.

Über eine erfolgreiche Nachzucht der Venezuela-Erdschildkröte in Gefangenschaft ist bisher noch nichts bekannt geworden. Wie alle *Rhinoclemmys*-Arten legen die Weibchen dieser Art mehrmals im Jahr 1-2 relativ große Eier ab, die sie allerdings nicht vergraben, sondern eher im Dickicht verstecken.

Kopfzeichnung
Foto: I. A. Basile / MTi-Press

Foto: I. A. Basile / MTi-Press

Rhinoclemmys diademata (MERTENS 1954)
Venezuela-Erdschildkröte

Rhinoclemmys pulcherrima pulcherrima (GRAY 1855)
Pracht-Erdschildkröte

Geographische Verbreitung
Rhinoclemmys pulcherrima pulcherrima hat ein sehr kleines Verbreitungsgebiet. Sie ist nur in Südwest-Mexiko beheimatet.

Biotop
Die Pracht-Erdschildkröte ist zu gleichen Teilen land- und wasserlebend. Sie bevölkert feuchte Wiesen sowie Flüsse und Seen bzw. deren Ufergebiete.

Größe
Männchen und Weibchen dieser Art werden etwa gleich groß und erreichen eine Carapaxlänge von ca. 20 cm. Die anderen Unterarten erreichen ungefähr dieselbe Größe wie die Nominatform.

Beschreibung
Der Rückenpanzer der Pracht-Erdschildkröte ist nicht sehr hoch gewölbt und besitzt einen Mittelkiel. Der Rückenpanzer ist zu den Rändern hin flach auslaufend. Er ist oliv bis braun gefärbt und mit unregelmäßigen schwarzen und gelben bis rötlichen Flecken versehen.
Der Bauchpanzer ist gelblich bis hellbraun gefärbt, in der Mitte ist ein großer, schwarzer Streifen zu sehen, dessen Grenzen sehr verschwommen erscheinen. Die Unterseiten der Carapax-Randschilder sind kräftig rot und besitzen eine schwarze Streifenzeichnung. Diese Randschilder rahmen den Plastron ein.
Auffällig ist, daß der Bauchpanzer relativ weich ist, und daß die Bindung von Plastron und Carapax auch nicht sehr fest ist. Dies erleichtert bei weiblichen Tieren die Eiablage der wenigen aber meist sehr großen Eier.
Der Kopf und der Hals sind auf der Oberseite bis in Augenhöhe gräulich gefärbt (die Schnauze ist komplett grau) und an den Seiten und unten blaß-gelb. Der graue Teil besitzt zwei dünne, rote Streifen, wobei einer oberhalb vom Auge verläuft und der andere parallel über dem ersten liegt. Die gelben Kopfteile besitzen auf beiden Seiten einen hellbraunen Streifen; auf dem gelben Halsteil verlaufen dunkelgraue bis schwarze Streifen, die häufig unterbrochen sein können, so daß sie nur noch gepunktet erscheinen. Die Halsunterseite ist immer nur dünn gepunktet. Die Extremitäten sind rot und schwarz gefärbt, es sind schwach ausgeprägte Schwimmhäute vorhanden.

Allgemeines
Die Art *Rhinoclemmys pulcherrima* (lat.: pulcherrima = sehr schön, die Schönste) besteht aus vier Unterarten: *R. p. pulcherrima*, *R. p. incisa* (BOCOURT 1868), *R. p. manni* (DUNN 1930) und *R. p. rogerbarbouri* (ERNST 1978).
Die Unterarten unterscheiden sich von der Nominatform deutlich durch die Carapaxform und -farbe sowie durch die Kopffärbung. Auch die Verbreitung der Unterarten ist unterschiedlich. So lebt *R. p. incisa* in S-Mexiko, S-Guatemala und El Salvador, *R. p. manni* lebt in Costa Rica. Lediglich *R. p. rogerbarbouri* hat das gleiche Verbreitungsgebiet wie die Nominatform.

Haltung und Pflege
Gemäß dem Heimatbiotop benötigt die Pracht-Erdschildkröte in Gefangenschaft ein Aqua-Terrarium, in dem ein großer Landteil und ein großer Wasserteil vorhanden sein müssen. Es wird berichtet, daß *R. p. pulcherrima* in Gefangenschaft sowohl terrestrisch als auch aquatil lebt. Oft hört man, daß die Tiere hauptsächlich landlebend seien, sich aber auch stundenlang im Wasser aufhielten. PAULER berichtet, daß seine *R. p. manni* ihr Futter in einem 40 cm tiefen Wasserteil einnahmen, aber auch an Land fraßen. Wassertemperaturen um 25 °C sind ideal. Diese südlich verbreitete Art, die keinen Winterschlaf hält, sollte nicht zu kühl gehalten werden. Ihr Aufenthalt an Land oder Wasser wird offensichtlich auch durch die Temperatur bestimmt.
Die Weibchen dieser Art legen bis zu fünf Gelege pro Jahr ab, wobei ein Gelege meist nur aus einem, höchstens aus zwei oder drei Eiern besteht. Die Eier sind sehr groß, und die Ablage wird offensichtlich durch den weichen beweglichen Bauchpanzer begünstigt. Die in Nordamerika verbreiteten Tiere halten einen Winterschlaf und haben daher auch nur ein Gelege pro Jahr, dafür aber mit einer größeren Zahl von Eiern. Die Tiere sind nicht oft im Handel. Nachzuchten sind daher nur selten bekannt geworden, aber schon gelungen.
Die Fütterung bereitet keinerlei Probleme, da *Rhinoclemmys p. pulcherrima* Futter aller Art annimmt. Trotzdem ist diese Art etwas heikel und daher nicht für Anfänger geeignet.

Foto: I. A. Basile / MTi-Press

Rhinoclemmys pulcherrima pulcherrima (GRAY 1855)
Pracht-Erdschildkröte

Rhinoclemmys punctularia punctularia (DAUDIN 1802)
Guayana-Erdschildkröte

Geographische Verbreitung
Die Guayana-Erdschildkröte ist von Süd-Kolumbien über Nord-Brasilien, Süd-Venezuela, Guayana und Surinam bis nach Französisch-Guayana verbreitet. Teilweise lebt sie auch im nordöstlichen Teil des Flußsystems des Amazonas.

Biotop
Feuchte Gras- und Sumpflandschaften, oft auch in großen Flüssen und Seen sowie in deren Ufergebieten. Je nach Herkunft sind die Tiere mehr ans Wasser bzw. mehr ans Land gebunden.

Größe
Bis 20 cm, damit wird die Art etwas größer als die Dosenschildkröten der Gattung *Terrapene* und die Scharnierschildkröten der Gattung *Cuora*, die in ähnlichen Biotopen beiheimatet sind.

Beschreibung
Der Rückenpanzer ist nur mäßig gewölbt und besitzt einen Mittelkiel. Er ist dunkelbraun bis schwarz gefärbt. Eine spezielle Zeichnung ist nicht vorhanden. Die dunklen Schilder sind oft hell umrandet.

Der Bauchpanzer (Plastron) ist schwarz, die Schildränder sind gelb. Er ist wie der Rückenpanzer einfarbig und ohne Zeichnung.

Der kleine Kopf besitzt eine spitze Schnauze. Er hat eine auffällige Zeichnung mit leuchtenden gelben und roten Streifen unter und hinter den Augen sowie auf der Kopfoberseite. Auf dem Hals und auf den Beinen befinden sich schwarze und gelbe Flecken. Die Füße sind nicht elefantenmäßig, sondern ähnlich den Dosenschildkröten (*Terrapene*) mit leichten Schwimmhäuten versehen.

Allgemeines
Zur Gattung der amerikanischen Erdschildkröten gehören nicht weniger als neun Arten und acht Unterarten: *R. annulata*, *R. areolata*, *R. funera*, *R. melanosterna*, *R. nasuta*, *R. pulcherrima* mit den Unterarten *R. p. pulcherrima*, *R. p. incisa*, *R. p. manni* und *R. p. rogerbarbouri*, *R. punctularia* mit den Unterarten *R. p. punctularia* und *R. p. flammingera* und *R. rubida* mit den Unterarten *R. r. rubida* und *R. r. perixanthea*. Sie leben alle terrestrisch oder halb-terrestrisch, auch sind sie alle größer als die Dosenschildkröten und haben kein Bauchpanzer-Scharnier.
Eine Unterart von *Rhinoclemmys punctularia* wurde erst vor kurzem beschrieben, *Rhinoclemmys punctularia flammigera* PAOLILLO 1985.

Haltung und Pflege
R. p. punctularia ist im Verbreitungsgebiet sehr häufig und bewohnt dort die unterschiedlichsten Biotope. Dementsprechend gibt es je nach Herkunft Tiere, die ausschließlich terrestrisch leben, und Tiere mit starker Bindung an das Wasser. Ein Aqua-Terrarium mit einem großen Landteil und einem feuchten Biotop ist auf jeden Fall richtig für die Haltung in Gefangenschaft.
Die Temperaturen sollten gemäß dem Herkunftsgebiet ca. 25 °C betragen. Die Guayana-Erdschildkröte kann im Sommer auch im Freiland gehalten werden. Entsprechend ihrer südlichen Herkunft ist keine Überwinterung angebracht. Die Gelege sind mit 1-2 Eiern, die jedoch wesentlich größer sind als die der nördlicher lebenden *Rhinoclemmys*-Arten, sehr klein. Die Eier messen ca. 40 mm, während die Weibchen nur ca. 20 cm groß sind. Zu mehr als zwei Eiern dürfte daher kein Platz im Bauch sein. Aufgrund des tropischen Klimas können die Tiere aber mehrere Gelege im Jahr produzieren und erreichen so die gleichen Gelege-Zahlen wie die Tiere nördlicher Verbreitung, die mehrere Monate überwintern und daher nur einmal in der Saison Eier legen, dafür aber mehrere und kleinere. Auffällig ist, daß die Eier nicht vergraben werden, sondern einfach in eine Mulde gelegt und nur leicht zugescharrt und mit Laub bedeckt werden. Die Weibchen sollen in Gefangenschaft dazu neigen, die Eier nicht abzulegen (Legenot), woraufhin sie meist nach kurzer Zeit in Gefangenschaft sterben. Die Futterversorgung ist relativ einfach, da die Tiere sowohl fleischliche als auch pflanzliche Nahrung zu sich nehmen.

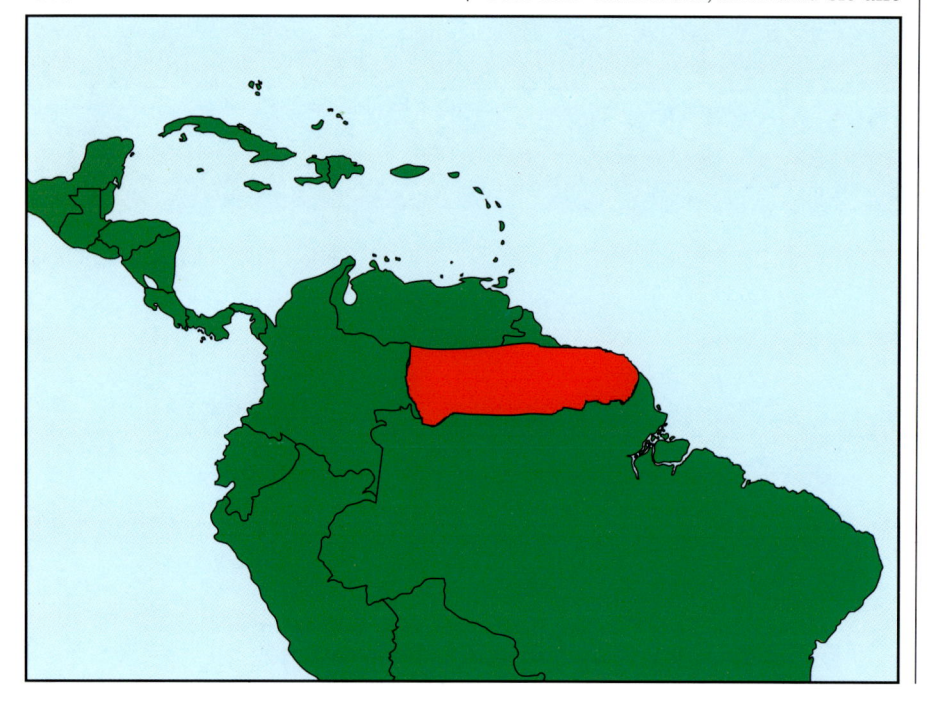

Foto: I. A. Basile / MTi-Press

Rhinoclemmys punctularia punctularia (DAUDIN 1802)
Guayana-Erdschildkröte

Sacalia quadriocellata (SIEBENROCK 1903)
Chinesische Pfauenaugenschildkröte

Geographische Verbreitung
Sacalia quadriocellata hat ein relativ kleines Verbreitungsgebiet. Sie lebt im südlichen China (auch auf der Insel Hainan) und in Nord-Vietnam.

Biotop
Die Chinesische Pfauenaugenschildkröte bevölkert zum größten Teil kleinere Gewässer wie Tümpel, Teiche und Gebirgsbäche. Sie lebt auch in Sumpfgebieten und Reisfeldern. Sie verläßt das Wasser oft zu Wanderungen, wobei sie sich jedoch immer in feuchten Gebieten aufhält.

Größe
Diese Art wird durchschnittlich zwischen 12 und 15 cm groß, wobei die Weibchen etwas größer werden als die Männchen.

Beschreibung
Der Carapax von *Sacalia quadriocellata* ist relativ flach und besitzt einen leichten Mittelkiel, der gelb gefärbt sein kann. Der Rückenpanzer ist hell- bis rotbraun, wobei er eine dunkle Flecken- oder Streifenzeichnung hat. Die Grundfarbe des Bauchpanzers ist gelb. Die Zeichnung ist sehr unterschiedlich. Es sind entweder unregelmäßige kleine braune bis schwarze Flecken oder ein großflächiges Muster vorhanden.

Der Kopf der Chinesischen Pfauenaugenschildkröte ist sehr auffällig gefärbt. Die Grundfarbe ist braun bis oliv. Auf der ganzen vorderen Kopfhälfte sind kleine rotbraune Punkte zu sehen. Besonders auffällig sind die zwei Ozeolenpaare an der Hinterseite des Kopfes. Bei Männchen und Jungtieren bestehen diese „Pfauenaugen" aus einem schwarzen Punkt, der eine olive Umrandung besitzt. Diese Ozeolen befinden sich in einer braunen Umgebung, die wiederum oliv eingerahmt ist (siehe Foto). Bei erwachsenen Weibchen besteht diese Ozeolenzeichnung nur aus einem schwarzen Punkt, der sich in einer blaß-gelben bis weißen Umgebung befindet. Die Nickhaut („Augenlid") ist bei Männchen meistens kräftig rot gefärbt, während sie bei Weibchen gelb ist. Der Hals und die Gliedmaßen besitzen eine braune bis rotbraune Farbe. Auf der Halsoberseite sind drei und auf der Unterseite zahlreiche gelbe bis rötliche Längsstreifen zu sehen.

Die Vorderbeine können nach vorne hin gelb gefärbt sein. Die Füße besitzen scharfe Krallen, die mit Schwimmhäuten verbunden sind. Die Weichteile sind in der Regel heller gefärbt als die Extremitäten.

Allgemeines
Die Gattung *Sacalia* besteht heute aus drei Arten: *Sacalia bealei* und *Sacalia quadriocellata*. Bis vor einiger Zeit wurde diese zweite *Sacalia*-Art allerdings als Farbvariante von *Sacalia bealei* betrachtet. Seit 1992 wird noch die Art *Sacalia pseudocellata* IVERSON & MCCORD 1992 geführt.

Haltung und Pflege
Die Chinesische Pfauenaugenschildkröte ist grundsätzlich gut für die Gefangenschaftshaltung geeignet, da sie sehr ruhig und friedfertig ist und auch nicht besonders groß wird.

Es sollte dafür gesorgt werden, daß die Tiere die Möglichkeit bekommen, sich auch an Land aufzuhalten, wobei der Landteil trotzdem feucht gehalten werden sollte (siehe „Biotop"). Die Temperaturansprüche belaufen sich auf ca. 23 bis 25 °C, womit eine Freilandhaltung bei unserem Klima im Sommer möglich ist. Es ist jedoch zu beachten, daß sich den Tieren keine Ausbruchsmöglichkeit bietet, da sie - wie erwähnt - das Wasser häufig verlassen und wandern.

Sacalia quadriocellata nimmt animalisches Futter jeder Art zu sich, pflanzliche Nahrung wird nur in sehr seltenen Fällen angenommen. Diesem Umstand muß selbstverständlich bei der Terrarienhaltung besonders Rechnung getragen werden. Da die Versorgung mit Lebendfutter in der Regel sehr schwierig ist, kommen hier Fisch- oder Fleischstreifen in Frage. Eine Fütterung mit Trockenfutter ist nach längerer Eingewöhnungszeit ebenfalls möglich.

Eine Winterruhe bei abgesenkten Temperaturen um ca. 10-15 °C entspricht dem Jahresrhythmus im Ursprungsbiotop und sollte daher auch in Gefangenschaft gewährt werden. *Sacalia qaudriocellata* ist selten im Handel, es ist daher auch wenig über Nachzuchten bekannt.

rechts: Männliches Tier

links: Weibliches Tier
Foto. I. A. Basile / MTi-Press

Foto: I. A. Basile / MTi-Press

Sacalia quadriocellata (Siebenrock 1903)
Chinesische Pfauenaugenschildkröte

Siebenrockiella crassicollis (Gray 1831)
Schwarze Dickkopfschildkröte

Geographische Verbreitung
Siebenrockiella crassicollis lebt im südlichen Hinterindien (Süd-Vietnam, Thailand und Malaysia) sowie auf den Großen Sunda-Inseln (Sumatra, Java und Borneo). Berichten zufolge soll sie auch auf den Philippinen vorkommen.

Biotop
Die Schwarze Dickkopfschildkröte lebt sehr versteckt in den ruhigen Gewässern des Verbreitungsgebietes, wie in den Buchten ruhiger Flüsse, in Tümpeln, Teichen (z. B. Tempelteiche) und Kanälen. Sie sitzt meist auf dem Boden des Gewässers, wo sie sich in den Bodengrund eingräbt und dort für lange Zeit verweilt. Sie hält sich nur sehr selten an Land auf.

Größe
Die maximale Größe (Rückenpanzer / Stockmaß) beträgt 20 cm.

Beschreibung
Der Rückenpanzer ist verhältnismäßig flach und ist zum Rand hin teilweise noch etwas abgeflacht. Der Carapaxrand ist, hauptsächlich hinten, leicht aufgebogen; ein Mittelkiel ist vorhanden. Sowohl der aufgebogene Carapaxrand als auch der Mittelkiel werden mit zunehmendem Alter immer schwächer, sind jedoch auch bei erwachsenen Tieren meist noch vorhanden. Bei sehr jungen Tieren dieser Art können auch schwach ausgeprägte Lateralkiele vorhanden sein. Die Farbe des Rückenpanzers ist dunkelbraun bis schwarz. Außer einigen helleren Bereichen ist keine Zeichnung vorhanden.

Der Bauchpanzer hat bei Jungtieren eine gelbe Grundfarbe und ist mit vielen großen schwarzen Flecken versehen, die einen sehr großen Teil der Bauchpanzerfläche einnehmen. Diese Flecken werden mit dem Alter immer dichter, bis sie schließlich den gesamten Bauchpanzer einnehmen. Teilweise ist noch eine helle Färbung entlang der Mittelnaht vorhanden. Auffällig ist das Halsschild, das am Vorderrand etwas nach unten gebogen ist und mit zwei Spitzen an den Seiten endet.

Der auffällig große und dicke Kopf hat eine schwarze Farbe und ist mit einer auffälligen weißen Fleckenzeichnung versehen. Diese Flecken befinden sich über den Augen, im Bereich des Trommelfells und im Kieferbereich. Sie haben ein weißes Zentrum und sind dann grau umrandet. Die Nasenregion ist ähnlich den *Kachuga*-Arten etwas verlängert und leicht nach oben gebogen. Dies weist auf die stark ans Wasser gebundene Lebensweise hin.

Der Hals und die Gliedmaßen sind gräulich bis schwarz und ohne Zeichnung. Die Haut ist hell (hellgrau bis weiß). Die Extremitäten besitzen ausgesprochen stark ausgeprägte Schwimmhäute.

Allgemeines
Die Schwarze Dickkopfschildkröte *Siebenrockiella crassicollis* (lat.: crassus = dick; lat.: collum = Hals) ist die einzige Art ihrer Gattung und besitzt keine Unterarten. Sie ist in ihrer Heimat häufig zusammen mit der Tempelschildkröte *Hieremys annandalei* in Tempelteichen zu finden.

Es wird berichtet, daß Tiere dieser Art, die noch nicht in Gefangenschaft eingewöhnt sind, einen Moschusgeruch abgeben. Aus diesem Grund wird *Siebenrockiella crassicollis* in Thailand auch „Bad-smelling Turtle" genannt.

Haltung und Pflege
Die Schwarze Dickkopfschildkröte ist ein sehr ruhiges Tier, das sehr versteckt lebt und dämmerungsaktiv ist. Man sollte sie daher nur zusammen mit Tieren vergesellschaften, die eine ähnliche Lebensweise haben. Da sich diese Art fast nur im Wasser aufhält (sie sitzt meist auf dem Boden oder läuft auf ihm herum) und auch ein ausdauernder Schwimmer ist, ist kein besonders großer Landteil nötig. Auch ein Freilandaufenthalt im Sommer ist nicht nötig, da die Möglichkeit zum Sonnenbad von diesen Tieren ohnehin nur selten genutzt wird. Die Temperaturen sollten gemäß der subtropischen Heimat von *Siebenrockiella crassicollis* bei etwa 28 °C liegen.

Die Fütterung dieser Art bereitet keinerlei Probleme. Die Schwarze Dickkopfschildkröte ist eigentlich ein Allesfresser mit Schwerpunkt auf tierischer Nahrung, in Gefangenschaft nimmt sie jedoch auch handelsübliches pelletiertes Trockenfutter an.

Die Nachzucht in Gefangenschaft ist schon mehrfach gelungen. Die Weibchen legen mehrmals im Jahr höchstens drei Eier (meist jedoch nur ein oder zwei Eier) ab, aus denen die Jungtiere nach ca. 60 bis 80 Tagen schlüpfen.

Es ist zu beachten, daß diese Tierart sehr anfällig für Panzernekrosen ist. Einen ausführlichen Bericht über die Behandlung von Krankheiten findet der Leser in diesem Buch.

Foto: I. A. Basile / MTi-Press

Siebenrockiella crassicollis (Gray 1831)
Schwarze Dickkopfschildkröte

Terrapene coahuila SCHMIDT & OWENS 1944
Wasser-Dosenschildkröte

Schutz-Status
Terrapene coahuila besitzt ein sehr kleines Verbreitungsgebiet und ist daher sehr selten. Deshalb steht sie im Washingtoner Artenschutzgesetz im Anhang I.

Geographische Verbreitung
Die Wasser-Dosenschildkröte lebt im Bereich der Grenze zwischen den Süd-USA (Texas) und Mexiko.

Biotop
Die Wasser-Dosenschildkröte ist in seichten Wasserstellen mit sumpfigem Boden und in kleinen isolierten Sümpfen zu finden. Die Tiere leben weitgehend aquatil.

Größe
Diese Art wird bis zu 15 cm groß.

Beschreibung
Das Aussehen der „typischen" Wasser-Dosenschildkröte ist ziemlich unscheinbar. Der Rückenpanzer ist relativ hoch gewölbt und einfarbig ohne Muster. Die Farbe ist dunkelbraun bis schwarz. Es gibt jedoch auch Tiere, die etwas heller gefärbt sind. Diese besitzen dann schwarze Schildnähte.

Der Bauchpanzer besitzt meistens ebenfalls eine dunkle Grundfarbe und ist ungezeichnet. Bei den erwähnten, heller gefärbten Tieren sind der Bauchpanzer und die Unterseite der Marginalschilder gelb gefärbt. Das typische Bauchpanzerscharnier der *Terrapene*-Arten ist auch bei dieser Art vorhanden, so daß sich auch die Wasser-Dosenschildkröte komplett verschließen kann.

Der Kopf ist ziemlich schmal und auf der Oberseite dunkel gefärbt, gelegentlich besitzt er hellere Flecken (weiß über gelb bis grau). Die Kopfunterseite ist deutlich heller gefärbt mit vielen Punkten.

Der Hals besitzt dieselbe Färbung wie der Kopf, auch hier ist der Unterschied in der Färbung zwischen Oberseite und Unterseite vorhanden.

Die Gliedmaßen sind ebenfalls dunkel gefärbt. Zwischen den Krallen befinden sich nur wenig ausgebildete Schwimmhäute.

Allgemeines
Die Wasser-Dosenschildkröte lebt - wie der deutsche Name aussagt - mit einem sehr starken Bezug zum Wasser. Man könnte sie fast schon den Wasserschildkröten zuordnen, wenn sie nicht durch das Bauchpanzer-Gelenk eindeutig den *Terrapene*-Arten angehören würde. Die starke Bindung an das Wasser wurde ursprünglich dadurch bedingt, daß die Umgebung der von *Terrapene coahuila* bevölkerten Gewässer sehr trocken ist und daß die Tiere daher keine Möglichkeit hatten, sich außerhalb des Wassers aufzuhalten. Die Wasser-Dosenschildkröte ist an den alleinigen Aufenthalt im Wasser noch nicht so gut angepaßt wie die typischen Wasserschildkröten. Der Panzer ist noch etwas zu hoch gewölbt, und die Füße haben nur gering ausgebildete Schwimmhäute. Durch dieses Aussehen und auch durch die Lebensweise ist *Terrapene coahuila* den Klappschildkröten der Gattung *Kinosternon* sehr ähnlich.

Die Wasser-Dosenschildkröte kommt nur in kleinen isolierten Populationen vor (die einzelnen Gewässer sind durch die trokkene Umgebung für die Schildkröten ohne Verbindung). Die Populationsdichte ist in diesen Biotopen viel höher als bei den terrestrisch lebenden Dosenschildkröten, sie gleicht der der Wasserschildkröten.

Haltung und Pflege
Da *Terrapene coahuila* streng geschützt ist, findet ein Handel nicht statt, so daß sie in Gefangenschaft eigentlich kaum vorkommt. Über die Haltung ist daher sehr wenig bekannt.

Vom ursprünglichen Biotop her muß sie aber wie zum Beispiel die aquatile Form von *Cuora amboinensis* gehalten werden, das heißt, daß im Terrarium sowohl ein Land- als auch ein Wasserteil absolut erforderlich sind.

In ihrem Lebensraum ist die Wasser-Dosenschildkröte das ganze Jahr über aktiv. Nur bei größter Hitze oder in einem kalten Winter wird eine kurze Ruheperiode eingelegt.

Die Paarung erfolgt von September bis Juni, die Eiablage von Mai bis September. Die Gelege sind sehr klein (meist nur zwei bis drei Eier), dafür gibt es aber oft zwei oder sogar drei Gelege pro Saison.

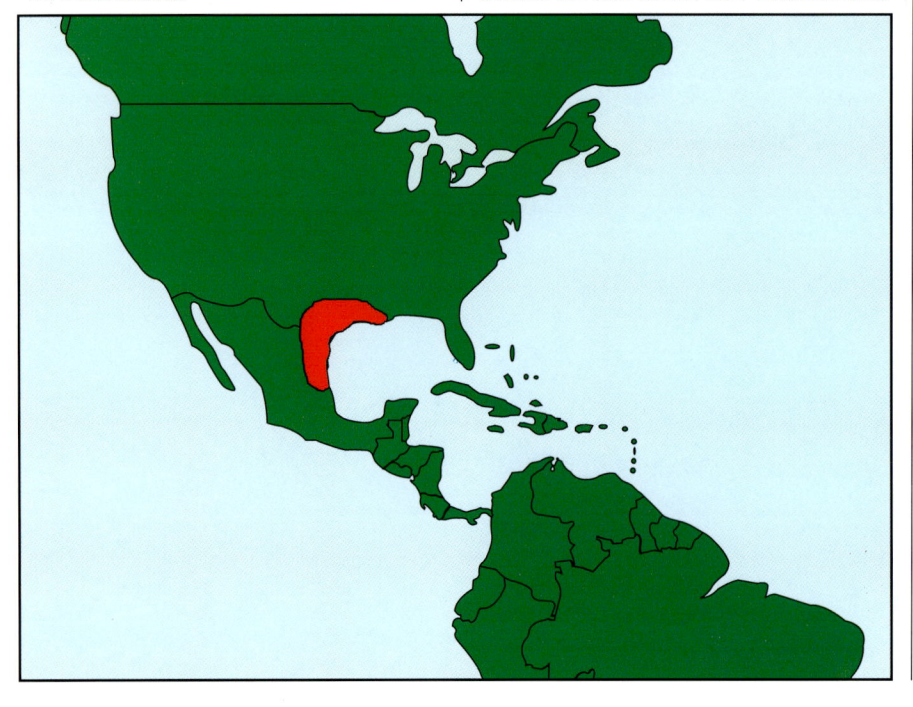

Foto: R. Podloucki / MTi-Press

Terrapene coahuila SCHMIDT & OWENS 1944
Wasser-Dosenschildkröte

Trachemys scripta callirostris (GRAY 1855)
Kinnflecken-Schmuckschildkröte

Geographische Verbreitung
Trachemys scripta callirostris ist eine der am südlichsten verbreiteten *Trachemys*-Arten. Sie lebt im nördlichen Südamerika in Nord-Kolumbien und Nord-Venezuela.

Biotop
Diese Art ist in den Flußsystemen ihres Verbreitungsgebietes anzutreffen, wo sie allerdings ruhigere Seitenarme mit Sandbänken zum Sonnenbad bevorzugt.

Größe
Weibchen werden bis zu 35 cm groß. Männliche Tiere, die wie bei fast allen Schmuckschildkröten um einiges kleiner bleiben, erreichen selten mehr als 20-25 cm Panzerlänge.

Beschreibung
Die Grundfarbe des Rückenpanzers ist oliv-grün bis hellbraun. Auf jedem Schild ist eine komplexe gelbe bis orange Zeichnung vorhanden, die auf den Seiten- und Randschildern Halbkreise oder Oceolen bildet. Die Carapaxform ist relativ flach, die Ränder sind etwas aufgebogen. Der gattungstypische Mittelkiel ist selbst bei Schlüpflingen nur schwach ausgeprägt. Der Bauchpanzer ist kräftig-gelb oder orange gefärbt. Es ist eine sehr auffällige Zeichnung vorhanden, die auch die Brücken bedeckt. Sie besteht aus grünlichen, braunen oder schwarzen Streifen, die unregelmäßige, rundliche Flächen bilden. Der Bauchpanzer wird durch diese Streifenzeichnung fast komplett bedeckt.

Die Weichteile haben eine grüne bis braune Grundfarbe. Es sind dünne gelbe Längsstreifen vorhanden, wie sie für die *Trachemys*-Arten typisch sind. Hinter den Augen befindet sich jeweils ein oranger bis blaß-roter länglicher Streifen. Namengebend für die hier beschriebene Unterart sind gelbe Flecken am Kinn und auf der Kopfunterseite. Die Gliedmaßen haben scharfe Krallen und stark ausgeprägte Schwimmhäute.

Allgemeines
Auch bei der hier beschriebenen Unterart war die Taxonomie lange unklar. Heute wird sie jedoch der Art *Trachemys scripta* zugeordnet. Manche Autoren ordnen sie jedoch der Pfauenaugen-Schmuckschildkröte *Trachemys scripta ornata* zu, während wieder andere Autoren sie als eigene Art beschreiben und ihr auch Unterarten zuordnen.

Die Kinnflecken-Schmuckschildkröte wird nur sehr selten aus ihrer Heimat exportiert, so daß sie kaum in Gefangenschaftshaltung anzutreffen ist.

Haltung und Pflege
Gelingt es einem Liebhaber schließlich doch einmal, einige Tiere zu erwerben, so wird er bestimmt nicht enttäuscht. Die Aufzucht gestaltet sich mit dem üblichen Futter als recht einfach, lediglich Schlüpflinge verweigern zu Anfang gerne die Aufnahme von Trockenfutter. Aber schon sehr bald ändert sich dies, und es wird alles an pflanzlichem wie tierischem Futter angenommen. Da die Kinnflecken-Schmuckschildkröte leider sehr groß werden kann, sollte man natürlich für entsprechende Behälter sorgen. Auch dem Wärmebedürfnis ist Rechnung zu tragen. Eine Wassertemperatur um 28 °C ist notwendig.

Da die Tiere wie alle Schmuckschildkröten wahre Sonnenanbeter sind, sollte man einen trockenen Platz vorsehen, der mit einem kräftigen Wärmestrahler erwärmt wird. Ideal wäre natürlich ein zeitweiser Aufenthalt im Freien, wo die Tiere ungefiltertes Sonnenlicht „tanken" können.

In der Natur erfolgt die Eiablage in der Regel von Dezember bis Februar. Es werden je nach Alter und Größe des Weibchens oft mehrmals in ca. vierwöchigen Abständen bis zu 20 und mehr Eier abgelegt, wie bei den meisten Tieren südlicher Verbreitung, die keinen Winterschlaf halten. Dabei sind die Eier zu Anfang 42 x 20 mm groß. Bei jedem weiteren Gelege der Saison nehmen Eigröße und auch die Stückzahl ab.

Gefangenschaftsnachzuchten sind leider nicht oft bekannt geworden, da, wie erwähnt, zu selten Tiere exportiert werden. Eine Haltung und Nachzucht ist jedoch problemlos möglich, da die Tiere wie die meisten Schmuckschildkröten sehr problemlos sind, wenn man die oben erwähnten Punkte beachtet.

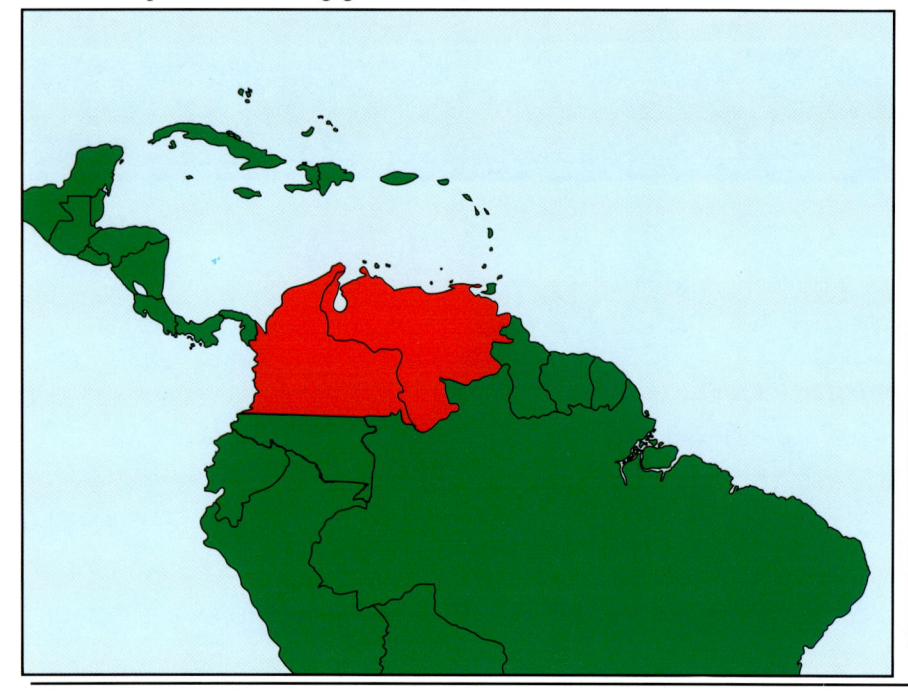

Foto: I. A. Basile / MTi-Press

Trachemys scripta callirostris (GRAY 1855)
Kinnflecken-Schmuckschildkröte

Trachemys scripta chichiriviche (Pritchard & Trebbau 1984)
Venezuela-Schmuckschildkröte

Geographische Verbreitung
Die Venezuela-Schmuckschildkröte lebt in Nordvenezuela, in Flußabschnitten des Rio Tocuyo und des Morons.

Biotop
Trachemys scripta chichiriviche lebt in den ruhigen Teilen der von ihnen bevölkerten Flüsse, wie in toten Flußarmen und sandigen Buchten der genannten Flüsse des Verbreitungsgebietes.

Größe
Wie bei allen *Trachemys*-Arten werden auch hier die Weibchen größer als die Männchen. Sie erreichen eine maximale Größe von 30 cm (Rückenpanzer / Stockmaß).

Beschreibung
Erwachsene Tiere fallen durch ihren braunen bis rostfarbenen Carapax auf. Auf der Oberseite sind zahlreiche Ocellen sichtbar. Wie bei fast allen Unterarten von *Trachemys scripta* hat auch diese neue Unterart einen beidseitig vorhandenen Schläfenstreifen, der sich vom dunklen Untergrund durch seine gelbliche Farbe gut abhebt.

Der Bauchpanzer hat eine helle Grundfarbe mit dunkelgrünen bis braunen Flecken. Auch bei dieser Art sind die Schlüpflinge intensiver gefärbt. Wie man auf dem nebenstehenden Foto sehen kann, dominiert bei Jungtieren eine ausgesprochene Grünfärbung. Auf dem Kinn befinden sich gelbe Flecken, ähnlich der Kinnflecken-Schmuckschildkröte *Trachemys scripta callirostris*. Die Extremitäten sind grünlich mit gelben Streifen. Die Füße haben Schwimmhäute.

Allgemeines
T. s. chichiriviche ist in einem recht kleinen und unzugänglichen Verbreitungsgebiet anzutreffen. Da die Färbung je nach Flußabschnitt sehr unterschiedlich ausfallen kann, wird sie von anderen Autoren teilweise nicht als eigenständige Unterart anerkannt. Es ist ohne weiteres möglich, daß in absehbarer Zeit die eine oder andere weitere Unterart aus diesem Komplex abgespalten wird. Sicher ist die geographische Entfernung der einzelnen Farbvarianten allein nicht ausreichend, um auf einen weiteren Unterartenstatus zu bestehen. Wahrscheinlich handelt es sich nur um Farbvariationen.

Haltung und Pflege
Diese erst vor kurzem beschriebene Unterart ist bis heute noch relativ selten in Liebhaberanlagen anzutreffen. Dies ist natürlich schade, da es sich doch um eine leicht zu pflegende Schildkröte handelt. Mit der üblichen Nahrung, teils vegetarisch und teils animalisch, bei den der Herkunft entsprechenden höheren Temperaturen (eine Wassertemperatur um 28 °C und ein höhere Lufttemperatur ist notwendig), läßt sie sich leicht im Aqua-Terrarium pflegen.

Wie alle *Trachemys*-Arten ist auch *Trachemys scripta chichiriviche* sehr sonnenhungrig. Ein Wärmestrahler auf dem Landteil ist daher ebenfalls angebracht, damit die Tiere sich wohlfühlen. Eine Nachzucht dürfte problemlos möglich sein. Auf die ersten Nachzuchten in Gefangenschaft darf man sehr gespannt sein. Tiere dieser südlichen Verbreitung halten keinen Winterschlaf.

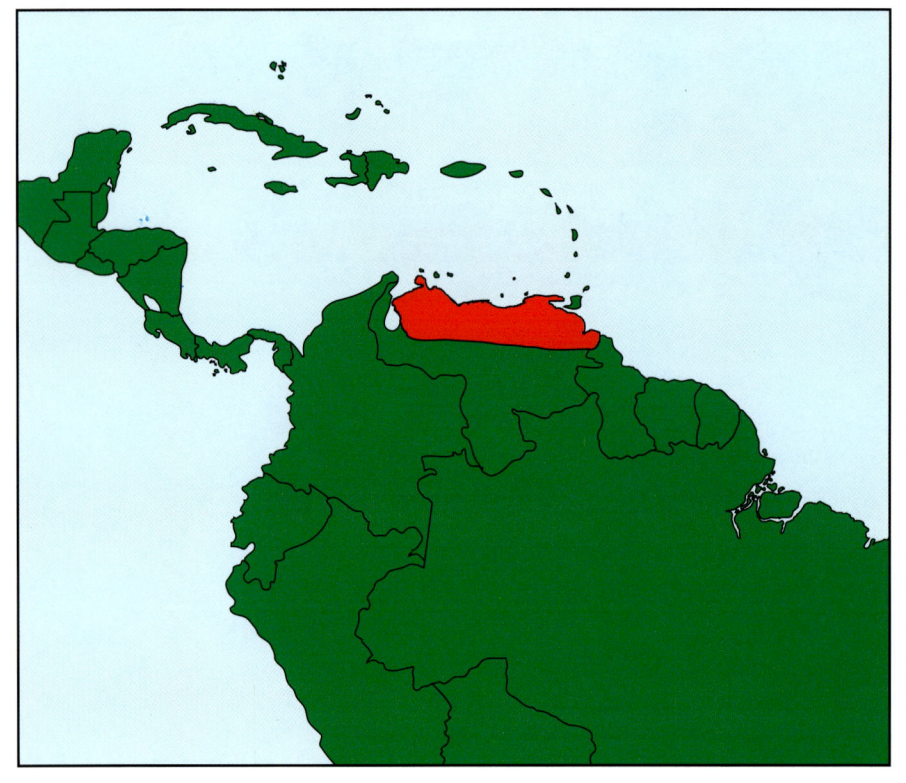

Foto: I. A. Basile / MTi-Press

Trachemys scripta chichiriviche (PRITCHARD & TREBBAU 1984)
Venezuela-Schmuckschildkröte

Trachemys scripta dorbigni (DUMÉRIL & BIBRON 1835)
Brasilianische Schmuckschildkröte

Geographische Verbreitung
Trachemys scripta dorbigni lebt in Süd-Amerika in Nordost-Argentinien, in Süd-Brasilien und in Uruguay. Es wird berichtet, daß die Tiere im südlichsten Brasilien (Rio Grande do Sul) weitgehend isoliert leben.

Biotop
Die Brasilianische Schmuckschildkröte bevorzugt langsam fließende Gewässer mit schlammigem Untergrund, umfangreicher Ufervegetation und exponierten Sonnenplätzen, wie z. B. hochgelegene Sandbänke oder aus den Wasser ragende Baumstämme.

Größe
Die Brasilianische Schmuckschildkröte ist eine relativ kleine Sumpfschildkrötenart. Weibliche Tiere erreichen selten eine Carapaxlänge von mehr als 20 cm. Männchen bleiben auch hier um einiges kleiner. Der Größenunterschied ist aber wesentlich geringer als bei anderen Sumpfschildkrötenarten.

Beschreibung
Der Carapax dieser Art ist relativ flach, bei Jungtieren noch flacher als bei erwachsenen Tieren. Es ist ein leichter Mittelkiel-Ansatz vorhanden. Die Schlüpflinge dieser Art sind sehr auffällig gefärbt. Die Grundfarbe ist grünlich bis braun, es ist eine komplexe gelbe Zeichnung vorhanden, die auf den Seitenschildern aus halbkreisförmigen Ringen besteht. Jungtiere der isolierten Population aus Brasilien (evtl. eigene Unterart *Trachemys scripta brasiliensis*) haben hier meist nur einen ovalen Fleck. Sie sind im allgemeinen etwas leuchtender gefärbt als die Tiere aus Argentinien und Uruguay. Bei beiden Tiergruppen sind die Marginalschilder gelb und besitzen eine Oceolenzeichnung. Erwachsene Tiere sind im allgemeinen dunkler als Jungtiere, die bunte Zeichnung verschwindet mit zunehmendem Alter immer mehr. Auch in der Bauchpanzerfärbung lassen sich die Tiere der brasilianischen Population von anderen Tieren unterscheiden, denn ihr Bauchpanzer hat eine gelbe Grundfarbe, im Gegensatz zum orangen Bauchpanzer der „Nominatform". In beiden Fällen ist eine symmetrische schwarze Figur entlang der Mittelnaht vorhanden. Diese besteht bei Jungtieren aus mehreren schwarzen Streifen, während bei erwachsenen Tieren nur noch eine durchgehend schwarze Fläche zu sehen ist, die fast den gesamten Bauchpanzer einnimmt.
Kopf, Hals und Gliedmaßen sind gräulich-braun bis schwarz und auffällig gelb gestreift. Hinter dem Auge befindet sich jeweils ein leuchtend oranger Fleck. Insgesamt ähnelt die Kopfzeichnung sehr der von *Trachemys scripta callirostris*, außer daß die Flecken auf der Kopfunterseite zu zwei einzelnen Punkten reduziert sind, die sich unter den Kieferecken befinden. Die übrige Kopfunterseite ist gelb gestreift. Die Extremitäten sind mit gut ausgeprägten Schwimmhäuten versehen.

Allgemeines
Bei *Trachemys scripta dorbigni* ist die Taxonomie unklar. Dies wird hauptsächlich durch die erwähnte isolierte Population in Brasilien verursacht. Diese Population wird häufig als eigene Unterart *Trachemys scripta brasiliensis* (FREIBERG 1969) bezeichnet. Andere Autoren hingegen bilden eine neue Art *Trachemys dorbigni* mit den beiden Unterarten *T. d. dorbigni* und *T. d. brasiliensis*.
Da erwachsene Männchen einen einfarbigen Rückenpanzer besitzen, lassen sie sich nur anhand der Bauchpanzerfärbung unterscheiden. Die „Nominatform" hat schwarze Flecken auf gelbem Hintergrund, während die „brasilianische" Form einen einfarbig oliven Bauchpanzer hat. Jungtiere lassen sich durch die Färbung der Seitenschilder unterscheiden (siehe oben). Die Weibchen der beiden Formen unterscheiden sich durch farbliche Differenzen an Bauch- und Rückenpanzer. Die Weibchen von *Trachemys scripta dorbigni* haben eine dunkelbraune Carapaxfarbe und eine orange-rote Plastrongrundfarbe. Die brasilianische Form dagegen hat einen grünlichen Rückenpanzer, die Grundfarbe des Bauchpanzers ist gelblich.

Haltung und Pflege
Ist es erst einmal gelungen, einige dieser raren Schildkröten zu erhalten, so machen sie bei der Aufzucht und auch später kaum Probleme. Die Pflege sollte im üblichen Aqua-Terrarium bei Temperaturen von ca. 28 °C erfolgen, da die Tiere ein sehr südliches Verbreitungsgebiet haben (*Trachemys scripta dorbigni* ist die am südlichsten verbreitete *Trachemys*-Art). Ein Landteil mit Wärmestrahler zum Sonnenbad ist unbedingt notwendig, da die Tiere sehr sonnenhungrig sind und sich oft stundenlang sonnen. Neben der üblichen tierischen Kost wird insbesondere bei älteren Tieren auch Pflanzliches nicht verschmäht. Dieses Futterverhalten ist übrigens bei allen *Trachemys*-Arten zu beobachten.
Da diese Schildkrötenart kaum importiert wird und daher selten in die Hände von Züchtern gelangt, ist über die Bedingungen einer erfolgreichen Nachzucht in Gefangenschaft noch nichts bekannt geworden. Es wird berichtet, daß die Tiere in ihrer Heimat mehrmals im Jahr ca. 10 bis 15 weichschalige Eier ablegen, die eine längliche Form haben. Die Nachzucht dieser Art dürfte ähnlich wie bei den anderen Unterarten von *Trachemys scripta* sein und damit keinerlei Probleme bereiten.

Foto: I. A. Basile / MTi-Press

Trachemys scripta dorbigni   (DUMÉRIL & BIBRON 1835)
Brasilianische Schmuckschildkröte

Trachemys scripta elegans (WIED 1839)
Rotwangen-Schmuckschildkröte

Geographische Verbreitung
Die Rotwangen-Schmuckschildkröte hat ein großes Verbreitungsgebiet. Sie kommt hauptsächlich in den mittleren und östlichen USA vor, und zwar im Wesentlichen in Texas, Oklahoma, Ost-Kansas, sowie von Indiana, Kentucky, Tennessee bis Alabama und südlich sogar bis ins nordöstliche Mexiko. Mittlerweile wurde sie von Menschenhand in vielen Ländern ausgesetzt, sogar in Deutschland. Das Verbreitungsgebiet von *Trachemys s. elegans* stößt an viele Verbreitungsgebiete anderer Unterarten, wo sie zum Teil auch mit ihnen gemeinsam vorkommt.

Biotop
Die Rotwangen-Schmuckschildkröte besiedelt in ihrem Verbreitungsgebiet praktisch alle Gewässer. Sie bevorzugt aber doch ruhige flache Gewässer mit sandigem Boden und dichter Ufervegetation. Die Art ist wie alle Schmuckschildkröten ausgesprochen sonnenhungrig und hält sich oft außerhalb des Wassers zum Sonnen auf (z. B. auf Baumstämmen, Wurzeln und sonstigen in das Wasser ragenden Gegenständen).

Größe
Wenn man die Babys sieht, die häufig im Handel erhältlich sind oder waren, kann man es fast nicht glauben: erwachsene Tiere, vor allem die weiblichen, werden über 30 cm groß (Stockmaß / Panzerlänge). Männchen bleiben deutlich kleiner und erreichen max. 15-17 cm.

Beschreibung
Der Rückenpanzer ist bei älteren Tieren oval und nur mäßig gewölbt. Der Hinterrand ist oft leicht gezackt. Ein Mittelkiel ist in der Regel nur bei Jungtieren vorhanden, er verschwindet im Laufe des Wachstums fast völlig. Jungtiere und Schlüpflinge sind fast kreisrund.
Die Farbe des Bauchpanzers ist hell- bis dunkelgrün mit einer dunklen linienförmigen Zeichnung auf jedem Schild. Die Zeichnung kann im Alter völlig verschwinden, auch verblaßt die grüne Farbe meist und kann zum Teil ins bräunliche übergehen (siehe Fotos in diesem Buch). Nicht zuletzt aufgrund ihrer großen Verbreitung gibt es auch eine große Variabilität in der Farbe und in der Zeichnung. Albinotische Tiere sind ebenfalls schon vorgekommen (siehe Foto am Ende dieses Berichtes).
Der Bauchpanzer (Plastron) ist hell-gelb gefärbt mit dunklen, meist runden Flecken auf den einzelnen Schildern, auch auf der Brücke und den Randschildern. (Die Nominatform *Trachemys scripta scripta* hat einen einfarbig gelben Bauchpanzer).
Der Kopf und die Extremitäten sind ebenfalls grün in allen Schattierungen. Kopf, Gliedmaßen und Schwanz haben eine auffällige gelbe Linienzeichnung. Beidseitig hinter dem Auge befindet sich ein breiter roter Streifen, der der Art den Namen gegeben hat.
An den Zehen befinden sich gut ausgebildete Schwimmhäute. Erwachsene männliche Tiere haben auffällig überlange Krallen an den Vorderbeinen.

Allgemeines
Die Gattung *Trachemys* besteht aus sechs Arten mit zahlreichen Unterarten. Die gesamte Taxonomie wurde jetzt neu geregelt. Danach besteht die Art *Trachemys scripta* aus folgenden Unterarten: *T. s. scripta, T. s. elegans, T. s. troosti, T. s. gaigeae, T. s. hiltoni, T. s. taylori, T. s. nebulosa, T. s. cataspila, T. s. ornata, T. s. yaquia, T. s. grayi, T. s. venusta, T. s. callirostris, T. s. dorbigni, T. s. chichiriviche, T. s. emolli, T. s. hartwegi* und *T. s. brasiliensis*.
Die hier beschriebene Unterart *Trachemys s. elegans* gehört zu den bekanntesten Schildkröten überhaupt und ist weitaus häufiger im Handel als z. B. die Nominatform *T. s. scripta*, die Gelbwangen-Schmuckschildkröte. Dies liegt natürlich daran, daß die „Rotwangen" seit vielen Jahren in großen Aufzuchtsfarmen nachgezüchtet werden und häufig und preiswert im Handel erhältlich sind. Leider

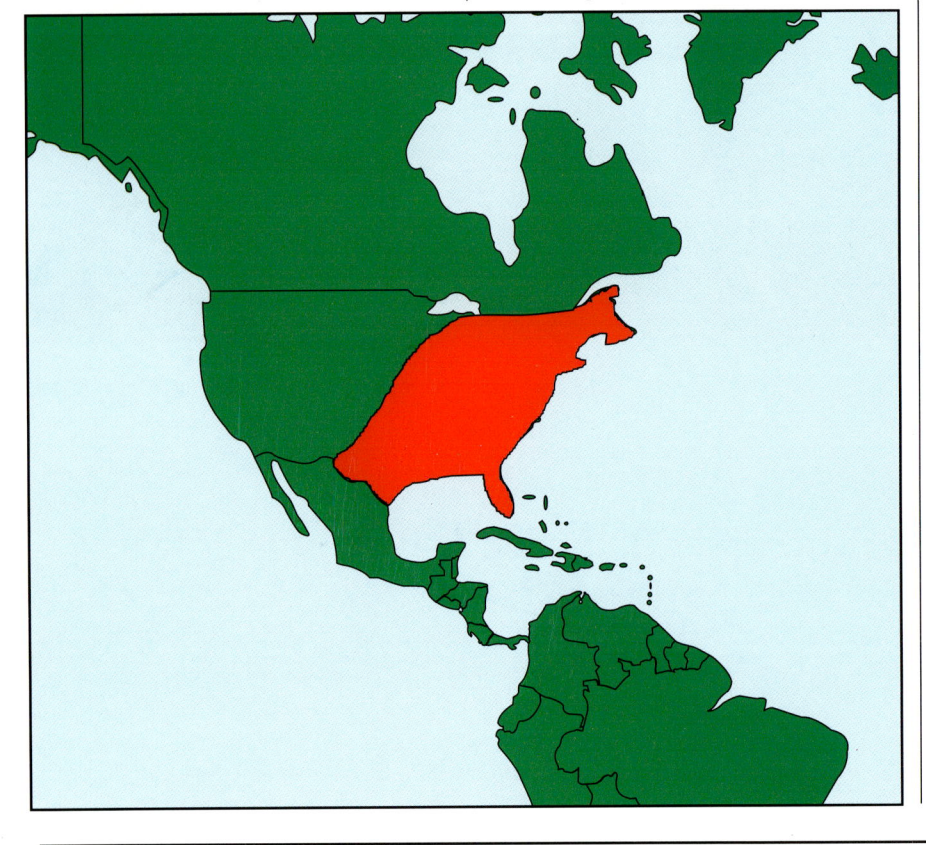

Foto: I. A. Basile / MTi-Press

Trachemys scripta elegans (WIED 1839)
Rotwangen-Schmuckschildkröte

Trachemys scripta elegans (WIED 1839)
Rotwangen-Schmuckschildkröte

werden die zierlichen und wunderschönen Babys allzuoft unüberlegt zum Teil als Kinderspielzeug gekauft, wo ihnen dann meist nur eine kurze Lebensdauer beschieden ist.

Die Tiere werden aus Unkenntnis oft falsch gehalten. Teilweise mit Zierfischen im Zierfischaquarium ohne Landteil und ohne Sonnenbestrahlung bei meist falschem Futter. Die Tiere, die überleben und größer werden, stellen dann oft ein neues Problem für den Halter dar, der eigentlich keine große Schildkröte halten wollte und nun mit dem Stoffwechsel einer großen Rotwangen-Schmuckschildkröte im Aquarium überfordert ist. Die Folge hiervon ist, daß diese Leute die Tiere nun loswerden möchten und sie leider verbotenerweise in den einheimischen Gewässern aussetzen. Die Tiere der nördlichen Verbreitung können in unseren Breiten gut überleben, so daß man heute schon in vielen Teichen unserer Heimat die nordamerikanische Rotwangen-Schmuckschildkröte vorfindet. Dies ist eine üble Faunenverfälschung, die zudem noch vom Gesetzgeber verboten ist.

Haltung und Pflege

Trachemys s. elegans ist hervorragend zur Haltung im Terrarium geeignet. Bei Wassertemperaturen um 25 °C und etwas höheren Lufttemperaturen sowie der Möglichkeit zu ausgiebigen Sonnenbädern unter einem Wärmestrahler fühlen sich die Tiere ausgesprochen wohl. Die Art ist sehr munter und gesellig sowie lange Jahre haltbar. Da die Weibchen aber sehr groß werden, sollte man schon von Anfang an den Platzbedarf berücksichtigen, den eine größere Gruppe schon nach einiger Zeit hat.

In den Sommermonaten können die „Rotwangen" problemlos im Gartenteich gehalten werden. Die Tiere der nördlichen Verbreitung können sogar im Gartenteich überwintert werden, wenn dieser tief genug ist und nicht bis zum Boden durchfriert. Hierzu sollte man allerdings schon wissen, woher die Tiere stammen.

Die Ernährung ist bei dieser Art problemlos. In Gefangenschaft sind sie Allesfresser, die wirklich alles fressen, von Würmern, Insekten, Fischen, Fischstreifen und Fleisch bis hin zu pflanzlicher Nahrung. Ältere Tiere neigen dazu, vermehrt Grünfutter zu fressen. Jüngere Tiere kann man auch mit Fertigfutter aus dem Handel füttern. Auch dieser Umstand macht die Tiere zum idealen Pflegling, wobei sie bei guter Fütterung schnell heranwachsen.

Bei idealer Haltung schreiten die Tiere alsbald zur Paarung und somit zur Nachzucht. Diese dürfte ebenfalls kein Problem sein, wenn sich ein versierter Pfleger Mühe gibt. Trotzdem ist über Gefangenschaftsnachzuchten wenig bekannt geworden. Man könnte vermuten, daß sich die Schildkrötenhalter lieber schwierigeren Tieren zuwenden, als sich um Nachzuchten bei Tieren zu bemühen, die bisher leicht und preiswert zu kaufen waren.

In der Natur legen die Tiere je nach Verbreitung mehrmals im Jahr Eier, insgesamt bis zu 20 Stück.

rechts: Albinotisches Tier

links: Altes Männchen
Foto: I. A. Basile / MTi-Press

Foto: I. A. Basile / MTi-Press

Trachemys scripta elegans (WIED 1839)
Rotwangen-Schmuckschildkröte

Trachemys scripta ornata (GRAY 1831)
Pfauenaugen-Schmuckschildkröte

Geographische Verbreitung
Trachemys scripta ornata ist von Süd-Mexiko (vom nördlichen Wendekreis an südlich) bis nach Guatemala, Honduras, El Salvador, Nicaragua und Costa Rica verbreitet. Teilweise kommt sie auch noch in Panama vor.

Biotop
Die Pfauenaugen-Schmuckschildkröte ist an keinen bestimmten Biotop gebunden. Sie bevölkert gleichermaßen kleine Tümpel und Bäche wie große Flüsse und Seen. Auch das Brackwasser wird nicht gemieden. Sie hält sich sehr häufig zum Sonnenbad an Land auf und bevorzugt daher Gewässer mit üppiger Ufervegetation und Sumpfgebiete.

Größe
Die Weibchen dieser Art werden ca. 30 cm groß. Wie es für diese Gattung typisch ist, bleiben auch hier die männlichen Tiere wesentlich kleiner.

Beschreibung
Der Rückenpanzer ist relativ flach, der Hinterrand ist etwas gezackt. Bei Jungtieren ist ein leichter Mittelkiel vorhanden, der mit zunehmendem Alter immer mehr verschwindet. Der Carapax hat eine dunkelbraune Farbe. Auf jedem Costalschild befindet sich eine auffällige Oceolenzeichnung, die der Art den deutschen Namen gegeben hat. Sie sieht aus wie bei Pfauenfedern: In der Mitte befindet sich ein unregelmäßiger schwarzer Fleck, der sich kaum von der übrigen Panzerfarbe abhebt. Dieser Fleck wird von mehreren gelben Ringen umgeben. Auf den Marginalschildern befinden sich gelbumrandete schwarze Flecken. Die Unterseite dieser Schilder ist gelb und mit schwarzen Verzierungen versehen. Es fällt auf, daß die Carapaxfärbung auch bei älteren Tieren vollständig erhalten bleibt.
Der Bauchpanzer ist gelb, es sind kreisförmige dunkle Muster vorhanden, die mit dem Alter zwar verblassen aber nie ganz verschwinden.

Kopf, Hals und Gliedmaßen haben eine gräulich-braune Grundfarbe und zahlreiche gelbe Längsstreifen. Die Kopfstreifen verlaufen hierbei von Nase, Kinn und Augen zum Hals, wobei die Streifen auf der Kopfoberseite wesentlich dünner als die anderen Streifen sind. Der arttypische Postokularfleck ist auch bei dieser Unterart vorhanden. Er wird aus einem verdickten Längsstreifen gebildet und hat so Verbindungen zum Auge und zum Hals. Dieser Fleck ist jedoch nicht so kräftig rot gefärbt wie zum Beispiel bei der Rotwangen-Schmuckschildkröte *Trachemys scripta elegans*, sondern er ist eher gelb bis orange. Er ist aber auf jeden Fall leuchtender als die übrigen Kopfstreifen (siehe Foto).
Die Extremitäten besitzen starke Krallen mit gut ausgebildeten Schwimmhäuten, die Augen haben eine helle Iris, wobei ein schwarzer Querbalken durch die Pupillen läuft.

Allgemeines
Die Gattung *Trachemys* wird aus einer Vielzahl von Arten und noch mehr Unterarten gebildet. So beinhaltet allein die Art *Trachemys scripta* 18 Unterarten. Manche Autoren betrachten die hier beschriebene Unterart als selbständige Art *Trachemys ornata*, der weiterhin die drei Unterarten *T. o. ornata*, *T. o. callirostris* und *T. o. nebulosa* zugeordnet werden, während andere Autoren diese Unterarten von *Trachemys ornata* als weitere Unterarten von *Trachemys scripta* betrachten. Die beiden letztgenannten Unterarten sind *Trachemys scripta ornata* jedoch zumindest äußerlich sehr ähnlich. Sie unterscheiden sich nur durch die typischen Kinnflecken von der Kinnflecken-Schmuckschildkröte *Trachemys scripta callirostris* bzw. durch die Oceolen der Costalschilder, die bei Unterart *Trachemys scripta nebulosa* keine schwarzen Zentren besitzen.

Haltung und Pflege
Für diese überaus lebhafte Schildkrötenart ist ein großes Aqua-Terrarium mit einem großen Wasserteil und einem Landteil mit einem starken Strahler nötig. Die Tiere sind sehr gute Schwimmer, die sich wie alle *Trachemys*-Arten auch sehr gerne ausgiebig auf dem Landteil sonnen. Gemäß des subtropischen oder sogar tropischen Verbreitungsgebietes sind relativ hohe Wasser- und Lufttemperaturen um 28 bis 30 °C angebracht, ein Winterschlaf wird nicht gehalten. Ein Freilandaufenthalt ist nur bei sehr hohen Temperaturen möglich.
Im Ursprungsbiotop können pro Saison bis zu fünf Eiablagen stattfinden, wobei die Gelege nicht sehr groß sind (ca. 4-8 Eier). Die Jungtiere schlüpfen nach ca. 70 Tagen. Auch in Gefangenschaft ist eine Nachzucht des öfteren gelungen und relativ unproblematisch. Die Aufzucht der Schlüpflinge macht ebenfalls keine Probleme, da die Tiere sehr gierige Fresser sind und daher relativ schnell heranwachsen. Jungtiere nehmen fast ausschließlich tierische Nahrung zu sich, während ältere Tiere Allesfresser mit meist vegetarischem Schwerpunkt sind.

Foto: I. A. Basile / MTi-Press

Trachemys scripta ornata (Gray 1831)
Pfauenaugen-Schmuckschildkröte

Trachemys scripta scripta (SCHOEPFF 1802)
Gelbwangen-Schmuckschildkröte

Geographische Verbreitung
Trachemys scripta scripta lebt in den östlichen und südöstlichen USA, und zwar von Ost-Virginia über Nordkarolina, Südkarolina und Georgia bis nach Nord-Florida.

Biotop
Die Gelbwangen-Schmuckschildkröte ist in Gewässern aller Art zu finden, hauptsächlich jedoch in kleineren stehenden oder langsam fließenden Gewässern. Eine reichhaltige Wasser- und Ufervegetation ist immer vorhanden.

Größe
Wie bei fast allen Sumpfschildkröten werden auch bei der Gelbwangen-Schmuckschildkröte die Weibchen größer als die männlichen Tiere. Sie können in seltenen Fällen bis zu 30 cm groß werden. Männchen dieser Art werden dagegen nie größer als 20 cm. Auch sind ihre Panzer nicht so hoch gewölbt wie die der Weibchen.

Beschreibung
Jungtiere haben einen kreisrunden Rückenpanzer. Dieser hat wie bei allen Unterarten von *Trachemys scripta* eine grünliche bis braune Grundfarbe. Auf jedem Costalschild befindet sich ein breiter gelber Streifen, der bei Jungtieren jedoch durch eine gelbe Marmorierung, die ebenfalls typisch für diese Art ist, nicht auffällt. Diese oceolenartige Marmorierung verschwindet jedoch mit zunehmendem Alter immer mehr. Alte Weibchen sind häufig nur einfarbig dunkelbraun. Adulte Tiere haben im allgemeinen eine länglichere Panzerform als die Jungtiere.
Der Bauchpanzer ist gelb. Bei Tieren aller Altersgruppen befinden sich auf den Gularschildern große schwarze Flecken. Es gibt Tiere, die weiterhin gefleckte Humeralschilder und teilweise auch ganz gefleckte Bauchpanzer haben. Es kommen jedoch auch Tiere ohne Bauchpanzerflecken vor.
Kopf, Hals und Gliedmaßen haben eine gräulich-braune bis schwarze Grundfarbe und sind mit leuchtend gelben Längsstreifen versehen. An den Kopfseiten befindet sich weiterhin eine komplexe, unregelmäßige Zeichnung, die die Augen fast umkreist. Erwähnenswert ist, daß auch erwachsene Tiere ihre Kopfzeichnung nicht verlieren.

Allgemeines
Die Art *Trachemys scripta* besteht zur Zeit aus 18 Unterarten. Eine Unterscheidung der Unterarten von *Trachemys scripta* ist teilweise nur bei Jungtieren möglich. Die hier beschriebene Nominatform fällt dabei durch die hochgewölbte Panzerform (höher als bei den anderen Unterarten), durch die dicken Panzerwände und durch die gelben Streifen auf den Costalschildern auf. Sie läßt sich auch an den gelben Schläfenstreifen erkennen, die bei den meisten anderen Unterarten rot sind oder in der Form eines Flecks vorliegen.

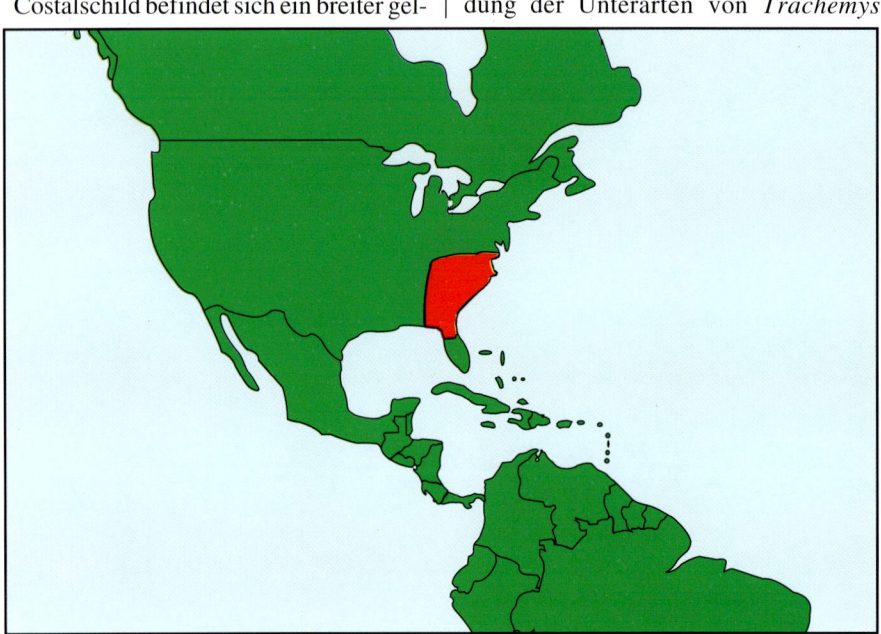

Haltung und Pflege
Die Gelbwangen-Schmuckschildkröte kann im Grunde genommen wie die bekanntere Rotwangen-Schmuckschildkröte gehalten werden. Sie ist eine sehr friedfertige Art und kann daher ohne Probleme mit anderen Tieren vergesellschaftet werden.
Trachemys scripta scripta stellt durch ihr etwas südlicheres Verbreitungsgebiet höhere Temperaturansprüche als die Rotwangen-Schmuckschildkröte *Trachemys scripta elegans*. Wasser- und Lufttemperaturen um 25 °C dürften jedoch ausreichen. Wie alle *Trachemys*-Arten ist auch die Gelbwangen-Schmuckschildkröte sehr sonnenhungrig und liebt stundenlange Sonnenbäder. Ein Landteil mit einem Wärmestrahler ist daher notwendig. Die Tiere halten in ihrer südlichen Heimat keinen Winterschlaf, so daß dieser auch bei Gefangenschaftshaltung nicht angebracht ist.
Die Fütterung dieser Tiere bereitet in der Regel keinerlei Probleme, da die Tiere Allesfresser sind. Auch bei ihnen liegt der Nahrungsschwerpunkt auf tierischer Nahrung.
Die Nachzucht von *Trachemys scripta scripta* in Gefangenschaft gelingt ebenfalls problemlos. Die Weibchen legen mehrmals im Jahr zwischen vier und zehn Eier ab. Die Gelegegröße ist wie die Eigröße vom Alter des Weibchens abhängig.

Foto: I. A. Basile / MTi-Press

Trachemys scripta scripta (SCHOEPFF 1802)
Gelbwangen-Schmuckschildkröte

Trachemys scripta venusta (GRAY 1855)
Schmuckschildkröte

Geographische Verbreitung
Trachemys scripta venusta ist in Südost-Mexiko bis nach Guatemala und Belize beheimatet. Auch auf der Yucatán-Halbinsel kommt sie vor. Das auf dem Foto dargestellte Tier gehört einer Farbvariante an, die ein südlicheres Verbreitungsgebiet hat (Honduras, Nord-El Salvador).

Biotop
Diese Art bevölkert Gewässer aller Art, d.h. Tümpel, Bäche, Flüsse und Seen jeder Größenordnung. Es ist jedoch immer eine reichliche Wasser- und Ufervegetation vorhanden. Die Tiere sind sehr oft an Land zu sehen, wo sie sich sonnen.

Größe
Wie bei allen *Trachemys scripta*-Unterarten werden die Weibchen deutlich größer als die Männchen. Weibliche Tiere werden durchschnittlich 35 cm groß. Die männlichen Tiere dagegen werden maximal 25 cm.
Ein weiteres Unterscheidungsmerkmal ist die erhöhte Nasenregion der Männchen, die bei ihnen immer mehr oder weniger stark ausgeprägt ist. Außerdem ist der Kopf der Weibchen meist etwas breiter als der der Männchen.

Beschreibung
Der Rückenpanzer dieser Art besitzt eine dunkelbraune Grundfarbe. Auf jedem Schild ist in der Mitte ein großer schwarzer Fleck vorhanden, der von einer hellbraunen bis orangenen Linie umrandet wird. Die Randschilder sind fast ganz schwarz gefärbt, die orangene Linie bildet die Grenze zwischen den Schildern. Die Unterseite dieser Carapaxrandschilder dagegen ist gelb. Jeweils an den Nähten zweier Schilder befindet sich eine gelbe und braune Ozeolenzeichnung. Die Brücke ist gelb und braun gestreift.
Der Bauchpanzer hat eine gelbe Grundfarbe. Entlang der Plastronmitte ist eine relativ symmetrische schwarze Figur zu sehen, die aus schwarzen und gelben Linien gebildet wird.

Der Kopf und die Gliedmaßen besitzen eine braune Grundfärbung mit einer gelben Streifenzeichnung. Weiterhin ist jeweils hinter dem Trommelfell ein kräftig roter Streifen vorhanden, der sehr an die Rotwangen-Schmuckschildkröte *Trachemys scripta elegans* erinnert. Die Pupillen sind wie bei allen *Trachemys*-Arten geschlitzt.
Die Extremitäten besitzen eine schwarze Grundfarbe, auch hier ist die typische gelbe Streifenzeichnung vorhanden, es sind jedoch in der Regel meist nur drei bis vier Streifen zu sehen. Zwischen den scharfen Krallen befinden sich Schwimmhäute.

Allgemeines
Die Art *Trachemys scripta* besitzt 18 Unterarten, von denen sich die nachfolgenden 4 Unterarten (3 anerkannte Unterarten, eine Farbvariante) besonders ähnlich sehen. Ihnen allen gemeinsam ist ein bräunlicher Carapax mit schwarz-orangener Zeichnung, ein gelber Plastron mit schwarzer Zeichnung und ein roter Streifen am Trommelfell. Die Rotwangen-Schmuckschildkröte *T. s. elegans* hat von diesen Tieren die nördlichste Verbreitung (S-USA und N-Mexiko) und besitzt die kräftigste Färbung. Darauf folgt etwas südlicher *T. s. cataspila* (Mexiko), die schon etwas blasser gefärbt ist. Noch weiter im Süden lebt *T. s. venusta*, die wiederum blasser ist als *T. s. cataspila*, wobei das auf dem Foto dargestellte Tier, das aus Honduras stammt, ein noch südlicheres Verbreitungsgebiet hat und noch farbloser ist als die bekannte *T. s. venusta*. Dieses Verblassen bezieht sie hauptsächlich auf die Carapaxfärbung und auf den roten Streifen am Kopf. Insgesamt fällt also auf, daß die nördlichen Unterarten eine viel kräftigere Färbung besitzen als die südlichen Tiere. Die Honduras-Variante beweist das durch einen fast einfarbigen Rückenpanzer und ein starkes Verblassen des roten Streifens hinter dem Trommelfell. Es ist wahrscheinlich, daß die südlichen Unterarten eine Anpassung von *Trachemys scripta* an das südliche Tropenklima Südamerikas darstellen, wobei diese Anpassung bei der Farbvariante aus Honduras offensichtlich am stärksten ausgeprägt ist.

Haltung und Pflege
Prinzipiell ist *Trachemys scripta venusta* genauso problemlos in Gefangenschaft zu halten wie die Rotwangen-Schmuckschildkröte, die sehr häufig in Gefangenschaft anzutreffen ist. Es sollte jedoch auf die Temperatur geachtet werden, die bei *T. s. venusta*, und besonders bei der Honduras-Variante, gemäß der tropischen Herkunft höher sein sollte als bei der Rotwangen-Schmuckschildkröte. Eine Wasser- und Lufttemperatur von ca. 28 °C dürfte jedoch ausreichend sein.
Bei der Fütterung dagegen ist diese Schmuckschildkröte sehr anspruchslos, denn sie frißt nahezu alles, was sie bekommen kann (Würmer, Schnecken, Fische), in Gefangenschaft nimmt sie auch Fleisch- und Fischstückchen und Trockenfutter an.
Die Fortpflanzung dürfte genauso wenig Probleme bereiten, da die Tiere jedoch nur sehr selten im Handel sind, ist hierüber bisher nichts bekannt geworden. Es wird berichtet, daß *T. s. venusta* in ihrer Heimat im Februar und März bis zu 20 Eier legt und daß mehrere Gelege pro Jahr vorkommen. Gemäß der südlichen Herkunft hält diese Art keinen Winterschlaf. Sie ist daher auch in Gefangenschaft ganzjährig warm zu halten.

Foto: I. A. Basile / MTi-Press

Trachemys scripta venusta (Gray 1855)
Schmuckschildkröte

Haltung und Zucht der europäischen Süßwasserschildkröten
von Hans-Peter Kau

Allgemeines

Nach den neusten Erkenntnissen gibt es drei verschiedene Arten von Süßwasserschildkröten, die in Europa vorkommen bzw. innerhalb ihres Verbreitungsgebietes europäischen Boden betreten. Am bekanntesten hiervon ist die Europäische Sumpfschildkröte *Emys orbicularis*, die auch das größte Verbreitungsgebiet aufweist, und deren Verbreitungsgebiet sich auf drei Kontinente erstreckt.
Die Maurische Sumpfschildkröte *Mauremys leprosa* finden wir in Nordafrika und auf der Iberischen Halbinsel.
Die Kaspische Bachschildkröte *Mauremys caspica caspica* lebt in der Osttürkei, der Republik Aserbaidschan, dem Irak und im Iran.
Die Unterart *Mauremys caspica rivulata* ist im ehemaligen Jugoslawien, in Griechenland und in der Türkei zu finden.
Alle drei Arten bewohnen Verbreitungsgebiete mit gemäßigtem Klima mit deutlichen Temperaturunterschieden im Sommer und Winter. Daraus resultiert, daß alle drei Arten an eine mehr oder weniger ausgeprägte Hibernation gewöhnt sind. Dies ist in Bezug auf eine erfolgreiche Haltung und insbesondere Nachzucht deshalb sehr wichtig, weil eine fehlende Überwinterung in der Regel ein Ausbleiben von Paarungsaktivitäten zur Folge hat. Vor allem männliche Tiere zeigen wenig Paarungsbereitschaft. Möglicherweise werden dann auch keine lebensfähigen Spermien gebildet. Darüberhinaus wäre zu sagen, daß eine konstante Warmhaltung der Tiere ohne Hibernation zumindest langfristig auch gesundheitliche Probleme nach sich ziehen kann.
Wer etwas zur Nachzucht dieser Arten bei Haltung in menschlicher Obhut sagen will, der kommt nicht umhin, zunächst etwas zu den Haltungsbedingungen zu sagen, denn erst eine optimale Haltung wird eine erfolgreiche Nachzucht ermöglichen. Natürlich lassen sich die europäischen Süßwasserschildkröten auch in einem Zimmerterrarium halten, doch ist dies mit Sicherheit die schlechteste Möglichkeit. Ich bin der Auffassung, daß man diese Haltungsmöglichkeit nur für Jungtiere anwenden sollte. Bis zu einer gewissen Größe sind die Jungtiere nach meiner Erfahrung in Freilandanlagen einer Menge von Gefahren ausgesetzt. Zum einen ist oftmals die Gestaltung der Freilandanlagen mit tiefen Teichen und steilen Ufern für kleine Tiere ungeeignet, so daß es hier in der kühleren Jahreszeit zu Ausfällen kommen kann. Ferner haben kleine Tiere natürlich noch eine Menge natürliche Feinde wie Katzen, Krähen, Marder, Igel, Ratten und sogar Spitzmäuse.
Für halbwüchsige oder adulte Tiere ist aber auf jeden Fall eine Freilandhaltung vorzuziehen. Selbst in unseren Breiten kommt dies den natürlichen klimatischen Gegebenheiten am nächsten. Die Freilandhaltung bringt eine Menge von Vorteilen, die man zumindest bei den Arten, wo es praktizierbar ist, auch nutzen sollte. Hier wären die natürliche UV-Strahlung und der Tag-Nacht Rhythmus mit den unterschiedlichen Temperaturen zu nennen. Ferner erlaubt uns eine Freilandanlage auch in bezug auf die Anlagengröße, den Tieren das zu bieten, was wir im Haus meistens nicht ermöglichen können. Außerdem werden die Tiere im Freiland optimal auf die bevorstehende Winterruhe stimuliert.
Die Freilandanlage bietet jedoch noch weitere Vorteile. Nur dort haben die Tiere die Möglichkeit, in einer großen Anlage sich quasi selbst wie in der Natur zu ernähren. Nicht nur die Maurische und Kaspische Bachschildkröte ernähren sich zumindest temporär rein pflanzlich, sondern auch die Europäische Sumpfschildkröte.

Überwinterung

Nun bestehen in Mitteleuropa natürlich Wärmedefizite gegenüber den Verbreitungsgebieten der europäischen Süßwasserschildkröten. Bei der Freilandhaltung der Europäischen Sumpfschildkröte dürfte dies nach meinen Erfahrungen keine besonders große Rolle spielen. Wie ja bekannt ist, hatte diese Art in früheren Zeiten ein Verbreitungsgebiet bis hoch in den Norden Europas. Diese Art kommt von allen europäischen Süßwasserschildkröten am besten mit dem mitteleuropäischen Klima zurecht. *Mauremys leprosa* und *Mauremys caspica* in beiden Unterarten sind sicherlich wesentlich wärmebedürftiger als *Emys orbicularis*. Dies spielt jedoch meines Erachtens weniger bei der Überwinterung als in den Übergangszeiten im Frühjahr und Herbst eine Rolle. So habe ich seit Jahren alle europäischen Arten mit großem Erfolg im Freiland überwintert. Es wäre jedoch darauf hinzuweisen, daß die Überwinterung bei mir bei 200 Meter über Meereshöhe erfolgte.
Ferner waren alle Freilandanlagen mit einem entsprechenden Winterschutz versehen. Dieser Winterschutz besteht aus Plexiglasbedeckungen, die die Freilandanlage komplett abdecken. Bei großer Kälte wird die Anlage zusätzlich mit einer weiteren Isolierfolie (Luftpolsterfolie) abgedeckt. Trotz zeitweiser Inbetriebnahme eines leistungsstarken Heizstabes (insbesondere zur Nachtzeit) fror die Anlage zumindest für einige Zeit komplett zu. Bei diesen Überwinterungsbedingungen überwintere ich jedoch auch *Mauremys leprosa* aus Nordafrika mit bestem Erfolg. Die Hinweise in zahlreicher Fachliteratur, daß man *Mauremys leprosa* in unseren Breiten nur im Hochsommer im Freiland halten kann, kann man so sicher nicht übernehmen.
Natürlich spielt die Herkunft der gehaltenen Tiere unter Umständen eine große Rolle. Bei der Europäischen Sumpfschildkröte dürfte die Herkunft der Tiere diesbezüglich unerheblich sein. So besitze ich *Emys orbicularis* aus Nordafrika, die seit vielen Jahren im Freiland überwintert werden und sich unter diesen Bedingungen auch erfolgreich fortpflanzen.

Abgedeckte Freilandanlage.

Blick unter die Abdeckung im Frühjahr.

Unter der Abdeckung ist die Lufttemperatur höher als die Wassertemperatur.

Fotos: H. P. Kau / MTi-Press

Haltung und Zucht der europäischen Süßwasserschildkröten

Ganz anders verhält es sich bei *Mauremys leprosa* oder *Mauremys caspica caspica*. Tiere aus Höhenlagen (zum Beispiel *Mauremys leprosa* aus höheren Lagen Marokkos) sind für eine Freilandhaltung bei uns durchaus geeignet. Mit Oasentieren von Fundorten des südlichen Verbreitungsgebietes von *Mauremys leprosa* würde ich eine Überwinterung im Freien natürlich nicht versuchen.

Auch *Mauremys caspica caspica* kommt zum Beispiel in Aserbaidschan in Höhenlagen von 1.800 Meter über Meeresniveau vor. Dort dürfte der Winter ähnlich hart sein wie in Mitteleuropa. Tiere aus dem Südirak sind natürlich ganz andere klimatische Bedingungen gewohnt. Solche Tiere sollte man vielleicht doch besser kurz im Keller überwintern und dann bis zum Frühjahr in einem Zimmerterrarium halten.

Die schwierigste Zeit für die Tiere ist nach meinen Erfahrungen jedoch nicht die Überwinterungszeit selbst, sondern das zeitige Frühjahr. In den Verbreitungsgebieten der Tiere kommt der Frühling in der Regel früher und ist dann stabiler. Die ständigen Kälteeinbrüche und Schlechtwetterphasen im Frühjahr sind für die Tiere äußerst schlecht. Deshalb denke ich, daß man auf jeden Fall versuchen sollte, das Wärmedefizit gegenüber Südeuropa in unseren Anlagen durch technische Veränderungen zu kompensieren.

Da eine Begrenzung der Freilandanlagen ohnehin unumgänglich ist, bietet sich an, die ganze Anlage mit Abdeckungen zu versehen. Diese Abdeckungen können mit Folie bespannt sein, oder man verwendet Plexiglasplatten. Diese Materialien sind UV-Licht durchlässig. So erreicht man einen Gewächshauseffekt, der für die Tiere sehr nützlich ist. Selbst bei Schlechtwetterphasen ohne Sonnenschein sind die Luft- und Wassertemperaturen in solchen Anlagen höher. So verlassen die Tiere auch bei schlechtem Wetter wie Regen oder Wind das Wasser, um die höheren Lufttemperaturen zu genießen. Dies ist nicht nur für die Zucht, sondern für das Wachstum und Wohlbefinden der Tiere insgesamt von großer Bedeutung.

In dieser Zeit sollte man auch bezüglich der Fütterung den Tieren viel und möglichst gutes Futter bieten. Ich gebe dann meinen Tieren überwiegend Regenwürmer, Süßwasserfisch oder Rinderherz. Trockenfutter verwende ich nur im Hochsommer, wo dieses Futter auch eher angenommen wird als in den kühleren Übergangszeiten des Frühlings oder des Herbstes.

Auch die Hibernation kommt im Freiland den natürlichen Gegebenheiten viel näher als eine Überwinterung im Haus. Wenn man die Tiere im Winter im Keller überwintert, dann befinden sie sich auch bei Abdunklung in einer absolut ungewohnten Umgebung. Sobald bei einem Wärmeeinbruch die Temperaturen etwas steigen, sind die Tiere in den Überwinterungsbehältern unruhig und verlieren so wertvolle Substanz. Wenn es im Freiland dagegen einmal zu einer Wärmephase im Winter kommt, so verhalten sich die Tiere wesentlich ruhiger, weil sie sich in ihrer gewohnten Umgebung befinden. Anstatt vollkommen beunruhigt in einer Überwinterungswanne herumzuschwimmen, suchen die Tiere im Freiland ruhig einen Landplatz.

Bereits gegen Ende des Winters kann man schon vereinzelte Kopulationen feststellen. Mit zunehmender Wärme steigt dann auch die Paarungsbereitschaft der Tiere.

Nachzucht

Natürlich können alle Arten der europäischen Süßwasserschildkröten untereinander vergesellschaftet werden. Bastarde sind bisher nicht bekannt geworden.

Viel ist in der Literatur über die Unverträglichkeit der männlichen Tiere in der Paarungszeit geschrieben worden. Ich kann dies nicht so bestätigen. Die männlichen Tiere der europäischen Süßwasserschildkröten sind nicht in einem besonderen Maße unverträglich untereinander, auch nicht in der Paarungszeit. Natürlich kommt es in der Paarungszeit schon einmal zu kleinen Beißereien, doch sind diese ohne Bedeutung. Es gibt zudem eine Vielzahl von weiblichen Tieren, die untereinander mindestens im gleichen Maß unverträglich sind.

Damit wären wir indirekt schon bei der Frage nach der idealen Besatzdichte einer Anlage angelangt, um ein möglichst gutes Nachzuchtsergebnis zu erzielen, was ja sicherlich das Bestreben des verantwortungsbewußten Tierhalters sein sollte.

Glücklicherweise hat sich in Bezug auf Nachzuchten dieser Arten in den letzten zehn Jahren viel positiv verändert. Früher wurden insbesondere die europäischen Arten aufgrund ihrer Häufigkeit im Handel und ihres geringen Preises nur gelegentlich nachgezogen. Es ist sicherlich ein Verdienst der Artenschutzbestimmungen, daß man sich seit etlichen Jahren verstärkt um die Nachzucht gerade dieser Arten erfolgreich bemüht. Es wäre jedoch wünschenswert, wenn die verantwortlichen Gesetzgeber bei uns und insbesondere in den Verbreitungsländern nicht nur die Tierhaltung als Bedrohung für diese Arten ansehen würden. Hier muß in erster Linie ein Biotopschutz Priorität haben.

Doch nun zurück zur Besatzdichte von Anlagen. Es ist ein weiterer Vorteil von Freilandanlagen, daß man hier in Relation zur Größe auch eine höhere Besatzdichte vornehmen kann, als dies selbst in einem großen Zimmerterrarium der Fall wäre.

Ich habe seit vielen Jahren zahlreiche Kontakte zu Haltern dieser Arten, die sich ganz auf die europäischen Süßwasserschildkröten spezialisiert haben. Darunter befinden sich einige Tierhalter, denen bei der Gestaltung ihrer Anlagen sehr an möglichst naturnahen Anlagen gelegen war. Dementsprechend hat man die Teiche und Landteile möglichst groß angelegt. Die Anlagen wurden teilweise mit hohem oder niedrigem Besatz belegt. Wiederum andere Halter, wozu auch ich gehöre, wählen eher kleinere Anlagen mit relativ hoher Besatzdichte. Nach nunmehr

Noch ist es zu kühl draußen.

Bei steigenden Temperaturen können die Abdeckungen schräg gestellt werden.

Die Anlage ohne Abdeckungen.

Fotos: H. P. Kau / MTi-Press

Haltung und Zucht der europäischen Süßwasserschildkröten

gut zehn Jahren an Erfahrungswert läßt sich sagen, daß kleinere, überschaubare Anlagen wesentlich bessere Nachzuchtergebnisse bringen. Die Gründe hierfür sind sicherlich vielfältig.
Zum einen lassen sich große Anlagen nicht oder nur sehr schlecht mit einer Plexiglasabdeckung versehen, es sind richtige Freilandanlagen, die unseren klimatischen Bedingungen voll ausgeliefert sind. Man kann dann natürlich empfindlichere Arten in den kühlen Übergangszeiten woanders halten, doch sind solche Veränderungen immer negativ zu sehen und werden von den Tieren mit ausbleibender Fortpflanzung quittiert.
Weiterhin ist alles sehr großräumig, und es kann vorkommen, daß sich in der doch kurzen Paarungszeit adäquate Partner nicht oder nicht oft genug finden. Von zahlreichen Freilandbeobachtungen weiß ich, daß gerade die europäischen Süßwasserschildkröten oftmals in erstaunlicher Besatzdichte in der Natur vorkommen, und dies nicht nur zu Zeiten, wenn im Spätsommer wenig Wasser vorhanden ist, und die Tiere extrem konzentriert zu finden sind.
In großräumigen Anlagen ist es zudem schwierig, immer alle Ablageplätze zu finden. Wenn die Landteile entsprechend groß sind, kann es vorkommen, daß man nach einem nächtlichen Regen am Morgen die Eiablagestellen nicht mehr sieht.
Oftmals gibt es Tiere, die insbesondere nach Umsetzungen nicht zuverlässig ablegen, sondern die Eier im Wasser ablegen. Bei großen Anlagen ist es für den Tierhalter fast unmöglich, sich einen Überblick über die Zahl der trächtigen Weibchen zu verschaffen. Ein Einfangen der Tiere zur Kontrolle ist nahezu unmöglich. In kleinen Anlagen bereitet es keine Probleme, in der entsprechenden Jahreszeit die weiblichen Tiere zur Kontrolle im Abstand von einigen Tagen einzufangen.
Eine kleine manuelle Überprüfung der Weibchen ergibt innerhalb weniger Sekunden Aufschluß darüber, ob das Tier trächtig ist. Hierzu nimmt man das Tier in beide Hände und hält es senkrecht mit dem Kopf nach oben vor sich, so daß vorhandene Eier möglichst tief in den Bauchraum fallen. Dann zieht man beide Hinterextremitäten vorsichtig heraus. Nun geht man an beiden Beinen vorsichtig mit den beiden Mittelfingern tastend an die Weichteile der Bauchhöhle. Wenn die Eier verkalkt sind, kann man sie dann ohne große Probleme ertasten und fast zählen. In diesem Stadium weiß man dann, daß es bei entsprechenden Temperaturen nur noch wenige Tage bis zur Eiablage dauert.
In einer kleinen Anlage mit einem kleinen Landteil kann man den Landteil auch entsprechend präparieren. Man kann z. B. den Landteil jeden Abend glätten, damit man am nächsten Tag sofort eine Unebenheit feststellen kann, woraus zu schließen ist, daß eine Eigrube angelegt wurde.
An dieser Stelle wäre darauf hinzuweisen, daß zwischenzeitlich auch gute Erkenntnisse über eine echte Freilandnachzucht vorliegen. In den letzten Jahren ist es mehreren Züchtern gelungen, zumindest *Emys orbicularis* im Freiland zu zeitigen. Es wäre jedoch zu bemerken, daß mir dies bisher nur aus klimatisch begünstigten Gebieten bekannt geworden ist (jedoch in mehreren Fällen).
Die abgelegten Eier wurden hier teilweise beabsichtigt und teilweise unbeabsichtigt in den Freilandanlagen belassen. Die Jungtiere schlüpften jedoch ausnahmslos erst nach dem Winter, teilweise sogar Ende Februar. Es ist jedoch davon auszugehen, daß dies in unseren Breiten nicht nur in extrem guten Sommern möglich ist, sondern auch in einem Durchschnittssommer. Die Tiere können dies offensichtlich dadurch ausgleichen. daß sie im Ei oder in der Eigrube überwintern.
In diesem Zusammenhang sei auf Forschungsergebnisse der Carleton- und Guelph-Universität aus Kanada hingewiesen. Dort hat man bei Schlüpflingen der Zierschildkröte *Chrysemys picta marginata* festgestellt, daß diese in ihren Zellen stark erhöhte Werte von Glukose, Glyzerin und Aminosäuren aufwiesen und daß diese Substanzen wie ein „Frostschutzmittel" wirken. Sie setzen den Gefrierpunkt der Zellen herab. Die Werte bei den Schlüpflingen sind dreimal so hoch wie bei Adulten. Auf jeden Fall aber ist eine kontrollierte Inkubation in einem Brutapparat einer versuchten Freilandnachzucht vorzuziehen. Nur unter solchen Bedingungen sind optimale Nachzuchtergebnisse zu erreichen, denn verständlicherweise sind dort die Schlupfraten höher und die Verluste bei den Jungtieren seltener.

Die Eiablage

Die bevorstehende Eiablage ist bei den trächtigen weiblichen Tieren schon Tage vorher festzustellen. Vornehmlich in den Abendstunden ziehen die weiblichen Tiere unruhig auf dem Landteil der Anlage umher. Die Tiere suchen dann einen geeigneten Platz zur Eiablage. Die Eiablage selbst erfolgt meistens in den frühen Abend- und Nachtstunden. Voraussetzung hierfür sind immer entsprechend hohe Temperaturen. Sind diese nicht gegeben, so hat das Tier die Möglichkeit, die Ablage in einem gewissen Rahmen zu verzögern. Die Tiere würden jedoch niemals die wärmeren Tagestemperaturen für eine Eiablage nutzen, sie erfolgt nach meinen bisherigen Erfahrungen auf jeden Fall am Abend oder in der Nacht.
Bei extremen Schlechtwetterphasen im Sommer zur Eiablagezeit besteht natürlich die Gefahr, daß die Tiere die Eier zwangsläufig im warmen Wasser ablegen. Solche Eier sind dann in der Regel verloren, denn entweder findet man sie nicht oder nicht schnell genug, oder sie sterben ab und werden oftmals von anderen Tieren gefressen.
Es sollte vielleicht noch darauf eingegangen werden, wie lange Eier unbeschadet im Wasser liegen können. Hierzu wäre zu sagen, daß nach meinen Erfahrungen Eier bis zu 12 Stunden

Haltung und Zucht der europäischen Süßwasserschildkröten

unbeschadet im Wasser liegen können. Die Zeitangabe kann vielleicht noch etwas nach oben oder nach unten schwanken, wobei die Wassertemperatur eine Rolle spielen dürfte. Je wärmer das Wasser ist, umso kürzer ist die Zeit, in der die Eier keinen Schaden nehmen.

Hat man in seinem Bestand Tiere, die dazu neigen, die Eier im Wasser abzulegen, oder liegt ein Fall von Legenot vor, so sollte man sich dazu entschließen, die Eiablage durch ein Wehenmittel herbeizuführen. Hierzu bringe ich meine Tiere einzeln in einen kleinen Behälter mit einem niedrigen Wasserstand. Das Wasser sollte lauwarm sein. Danach erhalten die Tiere eine Dosis Oxytocin (ca. 0,5-1,0 ml / kg-10 internationale Einheiten). Um die Tiere ruhigzustellen, wird der Behälter anschließend abgedunkelt. Die Tiere legen die Eier dann nach etwa 30 bis 60 Minuten ab. Sollten die Eier bis zu diesem Zeitpunkt nicht abgelegt worden sein, so sollte man die gleiche Dosis nach dieser Zeit nochmals subcutan verabreichen (das heißt unter die Haut spritzen, in der Regel in den Oberschenkel eines Hinterbeines). Meist werden die Eier dann auf jeden Fall abgelegt. Es empfiehlt sich ferner, den Tieren während dieser Phase Calcium zu spritzen. Die Gefahr, daß die Tiere die Eier abstoßen, wenn sie noch nicht richtig verkalkt sind, ist sehr gering. Zudem hat man ja die Möglichkeit, vor dem Spritzen von Oxytocin durch Abfühlen den Zustand der Eier festzustellen. Nach einiger Zeit hat man so viel Erfahrung, daß man sehr gut unterscheiden kann, ob die Eier zum Zeitpunkt der Kontrolle vollkommen verkalkt sind oder nicht.

Wichtig ist, daß man die Tiere nach einem erfolglosen Spritzen mit Oxytocin nicht wieder in die Freilandanlage zurück bringt. Oftmals legen die Tiere nämlich in der folgenden Nacht. Alle Tiere bleiben bei mir immer die folgende Nacht in dem beschriebenen Behälter. Morgens sollte man dann früh kontrollieren, um eventuell nachträglich noch abgelegte Eier entnehmen zu können.

An dieser Stelle wäre noch darauf hinzuweisen, daß die Möglichkeit des Ertastens der Eier nicht bei allen Schildkrötenarten möglich ist. So ist mir dies bisher bei den europäischen Landschildkröten noch nie gelungen, wogegen es bei einigen tropischen Landschildkrötenarten möglich ist. Bei Landschildkröten ist es jedoch grundsätzlich schwieriger als bei Wasserschildkröten.

Ich möchte ausdrücklich darauf hinweisen, daß das Verabreichen von Spritzen nur von erfahrenen Pflegern und niemals leichtfertig vorgenommen werden soll. Ich rate hierzu nur bei dringender Notwendigkeit, wie Legenot o. ä.. Beim ersten Mal sollte das Spritzen von einem Tierarzt vorgenommen werden und nur nachgeahmt werden, wenn man es ganz sicher kann. Der Tierarzt wird in der Regel zuvor ein Röntgenbild anfertigen, auf dem man deutlich erkennen kann, ob wirklich Eier vorhanden sind. Im übrigen belastet das Wehenmittel die Tiere nicht. Sie zeigen keine Krämpfe oder sonstige Symptome. Sie verlieren die Eier meist völlig unbeteiligt, ohne zum Beispiel eine Eigrube auszuheben.

Unproblematischer ist es natürlich, wenn die Tiere ganz normal ihre Eier selbständig ablegen. Es gibt meines Erachtens mehrere Gründe, die gegen einen zu großen Landteil in einer Freilandanlage sprechen. Einer davon ist, daß man die europäischen Wasserschildkröten schlechter als beispielsweise europäische Landschildkröten an einen vorbereiteten Platz binden kann. So ist es beispielsweise kein Problem, die *Testudo*-Arten durch vorbereitete Örtlichkeiten wie Frühbeete mit spezieller Erde dort zur Eiablage zu bewegen. Solche Versuche sind mir bei den europäischen Süßwasserschildkröten immer mißlungen. Hier scheint es eher so zu sein, daß sie spezielle Substrate, wie sie von den Landschildkröten eher gerne angenommen werden, total ablehnen. Die europäischen Süßwasserschildkröten bevorzugen harte und trockene Substrate. Während der Eiablage kehrt das Weibchen mehrmals zum Wasser zurück, um in den Analblasen Wasser zur Befeuchtung der Eihöhle zu holen. Diese Eihöhle selbst ist birnenförmig. Gänzlich ungeeignet sind sandige Böden, bei denen die Erde immer nachrutscht.

Die Dauer der Eiablage ist sehr unterschiedlich. Manche Tiere benötigen für den gesamten Grab- und Ablagevorgang nur etwa zwei Stunden, wogegen andere Tiere bis zum frühen Morgen dafür benötigen. Wie bereits bemerkt, dürfte auch die Temperatur während des Legevorgangs eine Rolle spielen.

Die Zeitigung

Die auf diese Weise abgelegten Eier werden von mir am nächsten Tag geborgen und im Brutkasten untergebracht. Bereits nach kurzer Zeit achte ich darauf, daß die Eier nicht mehr gedreht werden. Ab einem gewissen Zeitpunkt hat sich die Dotterscheibe im Ei fixiert und würde dann abreißen, was ein Absterben zur Folge hätte.

Die geborgenen Eier werden mit einem Bleistift oben mit einem Kreuz gekennzeichnet. Ferner werden sie mit dem Legedatum und der Artkennzeichnung versehen. Dies ist erforderlich, wenn man die Eier von verschiedenen Arten in einem Inkubator zeitigt, die auch verschieden lange Inkubationszeiträume haben.

Bezüglich der europäischen Süßwasserschildkröten gilt, daß der Legevorgang bei allen drei Arten gleich ist. Unterschiedlich ist jedoch das Aussehen der Eier. Man kann grundsätzlich sagen, daß die Eier von *Emys orbicularis* immer rundlicher und auch kleiner sind. Die Eier der *Mauremys*-Arten sind immer auffallend länglicher.

Auch die Zeitigungsdauer ist verschieden. Bei gleichen Zeiti-

Haltung und Zucht der europäischen Süßwasserschildkröten

gungstemperaturen ist die Dauer der Zeitigung bei den *Mauremys*-Arten etwa ein Drittel länger.

Bei Temperaturen um 30 °C schlüpft *Emys orbicularis* etwa nach 56-58 Tagen. Bei *Mauremys* dauert es etwa 70-80 Tage. Dies dürfte auf die südlichere Verbreitung der *Mauremys*-Arten zurückzuführen sein. Aufgrund ihrer nördlicheren Verbreitung war *Emys orbicularis* gezwungen, sich an schlechtere klimatische Bedingungen anzupassen. Wo dies jedoch nicht erforderlich war, konnte die Natur sich jede Menge Zeit lassen. Wir sehen dies an den teilweise sehr langen Zeitigungsdauern einiger tropischer Landschildkröten.

An dieser Stelle möchte ich noch auf einen Umstand hinweisen, für den es derzeit noch keine Erklärung gibt. Es handelt sich hierbei um die Tatsache, daß *Emys orbicularis* sich wesentlich leichter und schneller zur Nachzucht bringen läßt als die europäischen *Mauremys*-Arten. Dies dürfte mit Sicherheit nichts mit den klimatischen Bedingungen bzw. Haltetemperaturen zu tun haben, denn die *Mauremys*-Arten sind auch unter reinen Zimmerterrariumbedingungen mit hohen Haltungstemperaturen bisher nur sporadisch nachgezogen worden. Weiterhin habe ich festgestellt, daß die Tiere nur ab und zu zur Nachzucht zu bringen sind, wogegen weibliche Exemplare von *Emys orbicularis* nach einem einmaligen Ablegen in der Regel auch in den Folgejahren immer zuverlässig zur Fortpflanzung schreiten.

Was nun die Zeitigung der Eier der europäischen Süßwasserschildkröten angeht, so muß man sagen, daß diese keine großen Schwierigkeiten bereitet. Hier gibt es auch mehrere Möglichkeiten. Man kann sich ohne große Probleme einen Inkubator selbst bauen, oder man greift auf einen der zwischenzeitlich in großer Zahl angebotenen Inkubatoren aus dem Fachhandel zurück. Mir erscheint nur wichtig, darauf hinzuweisen, daß man die Eier in einem Substrat zeitigen sollte. Überhaupt hat man bei den meisten käuflichen Inkubatoren zunächst nur einen Apparat, der relativ konstant eine gewisse Temperatur hält. Ich habe mir für einen derartigen käuflichen Inkubator einen Plastikeinsatz beschafft. Diesen fülle ich bis oben mit Perlite. Dieses Substrat (Dämmstoff auf dem Baustoffhandel) hat sich zur Zeitigung aller europäischen Schildkröteneier bestens bewährt. Für andere Schildkrötenarten können jedoch auch andere Substrate wie beispielsweise Vermiculite geeigneter sein.

Das eingefüllte Perlite wird leicht angefeuchtet. In die Mitte wird ein Hygrometer gelegt. Die Eier werden etwa zur Hälfte in das Substrat eingebettet. Der Plastikbehälter wird dann mit einer Plexiglasscheibe abgedeckt, in der nur etwa 2-3 kleine Löcher zur Lüftung sind. Auf diese Weise hält sich die Luftfeuchtigkeit länger und steigt auch höher an. Bei Landschild-kröteneiern zum Beispiel lasse ich diese Abdeckscheibe weg. Die Luftfeuchte sollte bei europäischen Süßwasserschildkröten etwa 70-90 Prozent betragen. Fällt sie unter 60 Prozent ab, dann sterben die Eier ab, indem sie austrocknen. Ist die Luftfeuchte zu hoch, so besteht die Gefahr, daß die Eier sehr früh Risse aufweisen und daß blutiges Sekret austritt. Diese Eier sind zwar auch dann noch nicht unbedingt verloren, doch es kann durch Infektionen Verluste geben. Außerdem sollte man im Abstand von einigen Tagen die Plexiglasabdeckung kurz zu Lüftungszwecken abnehmen.

Zur Zeitigungstemperatur wäre zu sagen, daß diese ja zu einem großen Prozentsatz das spätere Geschlecht des Tieres festlegt. Neuere Erkenntnisse scheinen jedoch darauf hinzuweisen, daß auch die Substratfeuchte hierbei eine gewisse Rolle spielt. Auf jeden Fall war die Geschlechtsfixierung nie absolut. Um möglichst verschiedene Geschlechter zu „zeitigen", benutze ich mehrere Inkubatoren mit verschiedenen Zeitigungstemperaturen. Die Temperaturgrenze liegt bei 28,5 °C. Bei niedrigeren Temperaturen erhält man männliche Tiere, darüber gibt es weibliche Tiere. Bei den Tieren mit niedrigeren Temperaturen erhöht sich natürlich die Zeitigungsdauer um einige Tage.

Schlupf und Aufzucht

Der Schlupf der Tiere wird schon einige Tage vorher durch Risse im Ei angezeigt. Die Tiere wachsen im letzten Drittel sehr stark, und es kommt deshalb häufig dazu, daß die Kalkschale des Eies platzt. Dann kann man sehr häufig die unverletzte innere Eihülle sehen. Verstärkt kann man dies bei sehr feucht gezeitigten Eiern feststellen. Bei trockener Zeitigung sind die Eier bis zum Durchbruch des Jungtieres mit dem Eizahn vollkommen unversehrt.

Bei den europäischen Süßwasserschildkröten kann man übrigens sehr früh erkennen, ob das Ei befruchtet ist oder nicht. Bei befruchteten Eiern hat sich nämlich innerhalb weniger Tage der sogenannte Eifleck gebildet. Man meint damit einen hellen Pol, der sich auf der Oberfläche des Eies bilden muß. Einfarbige Eier sind in der Regel unbefruchtet.

Den Entwicklungszustand des Embryos kann man sehr gut mit einem Diaprojektor feststellen. Man hält das Ei in seiner ursprünglichen Lage vor die Lampe des Projektors. Dann kann man nach etwa 10 Tagen nach der Ablage bereits den kleinen Embryo und die Blutäderchen erkennen. Man muß jedoch darauf achten, das Ei keinesfalls zu drehen. Dies ist insbesondere in der ersten Hälfte der Zeitigungsdauer wichtig. Im letzten Drittel der Zeitigungsdauer hat ein Drehen des Eis keine schlimmen Folgen. Man sollte das Ei jedoch auch dann immer wieder in seiner ursprünglichen Lage in den Inkubator bringen.

Der eigentliche Schlupf beginnt mit dem Durchbrechen der Eischale mit dem Eizahn. Das Jungtier verschafft sich auf diese Weise eine kleine Öffnung. In der Regel hat das Jungtier zu diesen Zeitpunkt jedoch noch einen mehrere Millimeter großen

Fertig entwickelter Schlüpfling *Emys orbicularis*.

Einige Tage zu früh geöffnet. *Emys orbicularis* **noch von der Membrane umhüllt.**

Wenige Wochen alter Schlüpfling *Mauremys caspica caspica*.

Fotos: H. P. Kau / MTi-Press

Haltung und Zucht der europäischen Süßwasserschildkröten

Dottersack, so daß das Tier in diesem Zustand noch einige Tage im Ei verbleibt. Solche Eier überführe ich in einen speziellen Inkubator. Ich will damit verhindern, daß schlüpfende Tiere andere Eier umwälzen.

Wenn der Dottersack nahezu ganz resorbiert ist, kommen diese Schlüpflinge zunächst in ein kleines Terrarium mit einem Wasserstand von nur wenigen Zentimetern. Die Wassertemperatur in diesem Becken halte ich immer auf mindestens 30 °C. In diesem Terrarium müssen im Wasserteil zahlreiche Ausstiegsmöglichkeiten vorhanden sein.

Wenn der Dottersack ganz verschwunden ist, kommen die Tiere in ein Aufzuchtterrarium mit einem Wasserstand von etwa 10-15 Zentimetern.

Auch hier wähle ich die Wassertemperatur in den ersten drei bis vier Lebensmonaten relativ hoch, etwa 28-30 °C. Auf diese Weise hat man weniger Ausfälle, und die Tiere kommen gut über den ersten Winter. Gefüttert werden die Schlüpflinge mit Fisch, getrockneten Bachflohkrebsen und Rinderherz. Eine UV-Bestrahlung im ersten Winter ist hilfreich, jedoch kein Muß. Wasserschildkröten sind in Bezug auf rachitische Erkrankungen nicht so anfällig wie Landschildkröten.

Sehr positiv wirkt sich eine regelmäßige Kochsalzanreicherung des Wassers aus. Damit kann man vor allem Verpilzungen und Hautkrankheiten vorbeugen. Als Dosis gebe ich auf etwa drei Liter Wasser einen knappen Teelöffel Kochsalz.

Bei der Aufzucht ist darauf zu achten, daß man den Tieren eine beleuchtete Stelle anbietet, an der sie absolut trocken werden. Besonders die Jungtiere von *Mauremys*-Arten sind für Hautpilze sehr anfällig. Aus diesem Grund sollte man den Aufzuchtbehälter auch keinesfalls ganz abdecken. Sonst entsteht eine sehr hohe Luftfeuchte im Behälter, was solche Erkrankungen sehr begünstigt. Dieser Umstand ist ein weiterer Grund dafür, daß man die europäischen Süßwasserschildkröten eigentlich nur im Freiland halten sollte.

Die weitere Aufzucht der Jungtiere bereitet eigentlich keine Probleme. Man sollte darauf achten, daß man nicht zu reichlich füttert.

Jungtiere kann man im folgenden Jahr ins Freiland bringen. Dies ist jedoch ein Zeitpunkt, bei dem es wieder zu Problemen kommen kann.

Ich rate, dies nicht vor Juni zu tun. Die Tiere sind nämlich durch die Warmhaltung im Winter klimatisch verwöhnt und können bei immer wieder vorkommenden Schlechtwetterphasen Schaden nehmen.

Ausfälle gibt es vor allem dann, wenn man die noch relativ kleinen Tiere in sehr tiefe Anlagen gibt. Es ist wiederholt vorgekommen, daß Tiere bei kalten Temperaturen ertrinken. Hierbei dürfte es auch eine Rolle spielen, daß die Tiere ihre Anlage und die vorhandenen Ausstiegsmöglichkeiten einfach noch nicht ausreichend kennen.

Günstig ist eine kleine separate Anlage mit sehr niedrigem Wasserstand. Solche kleinen Anlagen kann man auch besser gegen Beutegreifer wie Krähen und Elstern schützen, die natürlich für so kleine Tiere eine Bedrohung darstellen.

Selbst bei Beachtung aller Vorsichtsmaßnahmen kann es jedoch beim Aussetzen ins Freiland zu Verlusten kommen. Die Ursache hierfür ist bisher vollkommen unklar. Viele Züchter konnten mir bestätigen, daß es immer wieder vorkommt, daß Jungtiere ohne vorheriges Krankheitsbild auf einmal eingehen. Auch Untersuchungen dieser betroffenen Tiere brachten bisher kein Ergebnis. Zum Glück ist davon jedoch nur ein geringer Prozentsatz betroffen. Die Aufzucht der Jungtiere ist ansonsten problemlos. Bei entsprechender Haltung sind die Jungtiere bereits nach einigen Jahren selbst schon wieder geschlechtsreif. Bei männlichen Tieren ist dies erheblich früher als bei weiblichen Exemplaren der Fall.

Besonders möchte ich noch darauf hinweisen, daß gerade die Jungtiere unglaubliche Fähigkeiten im Erklettern von Begrenzungen besitzen. Hier ist eine überstehende Begrenzung unbedingt erforderlich. Aufgrund ihres geringen Körpergewichts können diese Tiere an senkrechten Mauern emporklettern.

Es ist festzustellen, daß gerade die europäischen Süßwasserschildkröten immer mehr Freunde unter den Terrarianern gewinnen. Ein Grund dafür ist sicherlich, daß man diese Tiere unter Freilandbedingungen naturnah halten kann. Hinzu kommt eine leichte Züchtbarkeit und Haltbarkeit, vor allem bei *Emys orbicularis*.

Ich habe in meinem Bestand Tiere, die nun schon seit Jahrzehnten in menschlicher Obhut gepflegt werden.

Wer diese Tiere züchten will, sollte daran denken, daß jeder Standortwechsel von den Tieren oftmals mit einem Ausbleiben der Fortpflanzung quittiert wird. Die Tiere brauchen oftmals eine längere Eingwöhnungsphase bis sie wieder zur Fortpflanzung schreiten. Auch sollte eine Gruppe in bezug auf Nachzucht so groß sein, daß unter verschiedenen Partnern gewählt werden kann.

Bei eingewöhnten Tieren kann die Reproduktionsrate dann aber auch erstaunlich hoch sein. So habe ich Anlagen mit ca. 30 adulten Tieren, die jährlich 100 bis 130 Jungtiere bringen.

Dabei können manche Weibchen sogar zweimal in einem Jahr ablegen. Die Gelegegröße kann bis zu 16 Eiern betragen.

Nach vielen Jahren der Erfahrung in der Schildkrötenhaltung kann ich nur sagen, daß die europäischen Süßwasserschildkröten äußerst dankbare Pfleglinge sind. Bei einer entsprechenden Freilandhaltung ist zudem der Arbeitsaufwand relativ gering. Eingewöhnte Tiere sind ausdauernd und nicht anfällig für Krankheiten. Sie sind deshalb besonders für Anfänger der Terraristik geeignet.

rechts: Jungtiere

Foto: I. A. Basile / MTi-Press

Emys orbicularis orbicularis (LINNAEUS 1759)
Europäische Sumpfschildkröte

Krankheiten der Europäischen Süßwasserschildkröten

von Hans-Peter Kau

Allgemeines

Zu diesem für den Schildkrötenhalter sehr wichtigen Thema wäre grundsätzlich zu sagen, daß eingewöhnte Exemplare der europäischen Süßwasserschildkröten relativ selten von Krankheiten befallen werden. Im Vergleich zu europäischen Landschildkröten treten Erkrankungen offenbar wesentlich seltener auf. Vor allem die kritische Zeit der Überwinterung und der Übergangszeiten scheint für die Süßwasserschildkröten weitaus weniger gefährlich in bezug auf Erkrankungen zu sein. Demgegenüber steht die Erfahrung, daß Landschildkröten aber wesentlich besser auf Behandlungen ansprechen und Heilungserfolge häufiger sind. Dies hat der langjährige Umgang sowohl mit europäischen Land- als auch mit Wasserschildkröten gezeigt.

Wie bei allen Erkrankungen ist es auch bei den europäischen Süßwasserschildkröten für einen Heilungserfolg von großer Wichtigkeit, eine solche so früh wie möglich zu erkennen. Dies dürfte jedoch in großen Freilandanlagen wesentlich schwieriger sein als in einem kleinen Zimmerterrarium. Allein aus diesem Grund sollte man seine Anlagen vor allem in der kritischen Zeit während und nach der Überwinterung besonders sorgfältig kontrollieren. Es gibt z. B. eine besondere Verhaltensweise bei den meisten Wasserschildkröten, die uns eine relativ frühe Erkennung von Krankheiten ermöglicht. Kranke Wasserschildkröten verlassen sehr konsequent das Wasser und halten sich dauerhaft, also auch während der Nacht, auf dem Landteil der Anlage auf. Natürlich kommt es vor allem im Sommer schon einmal vor, daß einzelne Tiere die Nacht nicht im Wasser verbringen. Wenn aber zudem noch die Wassertemperatur höher als die Lufttemperatur ist, dann bleibt eine gesunde Schildkröte sicher nicht auf dem kühleren Landteil. Setzt man eine solche Schildkröte ins Wasser und sie sucht sofort wieder den Landteil auf, dann kann man mit großer Sicherheit davon ausgehen, daß das Tier erkrankt ist.

Solche Tiere sollte man sofort separieren und in ein kleines warmes Zimmerterrarium bringen. Den Stoffwechsel des betreffenden Tieres sollte man langsam hochfahren, indem man die Temperaturen erhöht.

Bei den europäischen Süßwasserschildkröten dürften dies so etwa 30-32 °C Wassertemperatur sein. Ein Sonnenplatz unter einem Strahler oder unter einer Rotlichtlampe kann ruhig noch höhere Temperaturen aufweisen.

Unter diesen Bedingungen kommt eine vermutete Erkrankung dann recht schnell mit den für sie typischen Symptomen zum Ausbruch. Es gibt Tierhalter, die die Auffassung vertreten, daß man erkrankte Tiere besser nicht bei so hohen Temperaturen hält. Ich habe jedoch die Erfahrung gemacht, daß bei hohen Haltungstemperaturen die Krankheiten zwar sehr schnell zum Ausbruch kommen, auf der anderen Seite werden die Abwehrkräfte des Körpers aber besser aktiviert. Auch sprechen Medikamente besser an.

An dieser Stelle sei nur auf die wichtigsten und häufigsten Erkrankungsmöglichkeiten der europäischen Süßwasserschildkröten hingewiesen.

1. Magen- und Darmtrakt

Dies dürfte die häufigste Erkrankung bei den europäischen Süßwasserschildkröten sein. Die Ursachen hierfür sind zahlreich, es handelt sich jedoch fast immer um Infektionen durch spezielle Erreger.

Der Schildkrötenhalter bemerkt eine derartige Erkrankung am ehesten durch auftretenden Durchfall, der zudem noch oft auf den Landteil abgesetzt wird, was gerade in einer Freilandanlage die Früherkennung begünstigt. Eine derartige „Kotprobe" sollte man so schnell wie möglich in einem Institut untersuchen lassen. Solche Erkrankungen lassen sich relativ gut mit einem Antibiotikum behandeln. Zur gezielten Behandlung sollte man deshalb die Erreger austesten lassen.

Bei allen Infektionserkrankungen empfiehlt es sich, zusätzlich zur Behandlung mit einem Antibiotikum Mittel zur Stärkung des Immunsystems zu verabreichen. Bei Durchfallerkrankungen sollte man auf jeden Fall Elektrolyte verabreichen. Wer auf diesem Gebiet noch keine großen Erfahrungen hat, sollte mit dem Befund aus der Kotprobe zu einem Tierarzt gehen, damit er das richtige Medikament erhält und die Dosierung erfährt. Medikamente, die gespritzt werden, sollten ohnehin vom Tierarzt verabreicht werden. Erst langjähriger Umgang mit Schildkröten-Krankheiten befähigt die meisten Pfleger zur Selbstmedikamentation.

Oftmals treten solche Erkrankungen nicht nur bei einem einzelnen Tier auf. Über das Wasser werden die entsprechenden Erreger natürlich gestreut. Es empfiehlt sich aus diesem Grund, auch die augenscheinlich gesunden Tiere anhand einer Kotprobe untersuchen zu lassen. Sind auch hier die Befunde positiv, so sollte man auch diese Tiere behandeln.

2. Atemwege

Erkrankungen der Atemwege dürften mit Sicherheit die zweithäufigste Erkrankung bei den europäischen Süßwasserschildkröten sein. Auch bei dieser Erkrankung suchen die Tiere den Landteil auf. Weiterhin sind solche Erkrankungen gut daran zu erkennen, daß die Tiere beim Schwimmen in Schräglage im Wasser liegen. Ferner sind Bläschen an der Nase oder ein Pfeifen beim Atmen festzustellen.

Krankheiten der Europäischen Süßwasserschildkröten

Auch diese Tiere sollten umgehend mit einem Antibiotikum behandelt werden. Während dieser Zeit sollten die Tiere sehr warm gehalten werden. Kamillebäder und Bestrahlung mit einer Rotlichtlampe unterstützen die Heilung.
Bei manchen Tieren kommt es vor, daß sie trotz vollkommener Genesung die Schräglage im Wasser nicht mehr verlieren.
Auch bei dieser Erkrankung ist es sehr wichtig, daß sie früh erkannt wird, bevor sie chronisch wird. Dauerschnupfen können arg störend werden und das Wohlbefinden der Tiere dauerhaft beeinträchtigen. Kleine Erkältungen können auch zur Lungenentzündung werden und zum baldigen Tode führen.

3. Panzernekrosen

Besonders die europäischen *Mauremys*-Arten scheinen für Panzernekrosen sehr anfällig zu sein. Sehr oft ist eine solche Erkrankung bei *Mauremys caspica caspica* festzustellen, zumindest bei Tieren aus bestimmten Fundorten. Möglicherweise liegt dies daran, daß dort die Biotope steinig sind und so vielfältige Verletzungsmöglichkeiten für den Schildkrötenpanzer darstellen. Haben sich Verletzungen am Panzer gebildet, so begünstigt das warme Wasser hier natürlich sehr die Entstehung von Entzündungsherden durch Erreger. Diese Herde werden immer größer und können tief bis ins Gewebe unter dem Panzer eindringen.
Solche Tiere sind zunächst bei einer gründlichen Untersuchung von abgestorbenen weichen Panzerteilen zu befreien. Wenn der Entzündungsherd nicht sehr tief im Gewebe sitzt, dann genügt oft ein beherztes Ausräumen des Stelle. Danach muß die Wunde desinfiziert werden. Ferner muß die Entzündung dann mehrere Tage mit einem Antibiotikum behandelt werden. Natürlich kann eine solch schwerwiegende Behandlung nur von einem Tierarzt vorgenommen werden. Während dieser Zeit muß das erkrankte Tier meistens trocken sitzen. Es genügt, das Tier einmal am Tag etwas zu wässern. Ansonsten sollte man es während der Behandlung separieren. Die manchmal vertretene Auffassung, daß solche Panzernekrosen ansteckend sind, kann ich aus meinen Erfahrungen nicht bestätigen.
Werden derartige Nekrosen kurz vor der Winterruhe festgestellt, so kann ich nur sehr davor warnen, solche Tiere zu überwintern, da sich während dieser Zeit die Entzündungen sonst noch verstärken. Wichtig ist auch hier, daß den Tieren ein absolut trockener Sonnenplatz angeboten wird. Am besten heilen solche Erkrankungen im Sonnenlicht im Hochsommer.

4. Haut

Vor allem bei einer Überwinterung im Haus treten sehr oft Verpilzungen der Weichteile, der Augen, der Nase und an den Krallen auf. Verursacht werden diese weißlichen Beläge in der Regel durch Pilze. Ich hatte früher bei einer Überwinterung im Haus sehr oft mit diesen Erkrankungen zu tun. Ich konnte dies nur abstellen, indem ich das Überwinterungswasser in den Wannen sehr oft wechselte, mit Sauerstoff anreicherte oder mit schwarzem Tee ansäuerte. Seit ich meine Tiere im Freiland überwintere, habe ich mit diesen Erkrankungen keine Probleme mehr.
Es handelt sich hierbei um eine sehr hartnäckige und auch gefährliche Erkrankung, bei der es oft zu Verlusten kommt. Befallene Tiere sollte man sofort separieren und in ein Teebad setzen. Für eine Wassermenge von etwa 1,5-2 Liter kann man bedenkenlos 6-8 Aufgußbeutel schwarzen Tee verwenden. Das Bad muß täglich erneuert werden. Die Tiere läßt man dann etwa 48 Tage durchgehend in diesem Bad sitzen. Die Temperatur sollte man relativ hoch wählen. Die weißlichen Belege färben sich dann braun und fallen schließlich ab. Begünstigt wird die Heilung durch Wärme- oder Sonnenbäder.
Eine Heilung ist jedoch nur möglich, wenn die Verpilzungen nur äußerlich sind und nicht stark die inneren Atemwege befallen haben. Dann sind oftmals Verluste nicht mehr zu verhindern.

5. Augen

Für Erkrankungen der Augen ist besonders *Mauremys leprosa* nach meinen Erfahrungen anfällig. Die Ursache hierfür ist nicht immer klar.
Zur Behandlung solcher Erkrankungen sollte man so schnell wie möglich eine Antibiotikumsalbe verwenden. Es ist wichtig, daß man die Behandlung konsequent und auch noch einige Tage nach Besserung durchführt. Oftmals erkranken die Tiere nach anfänglicher Besserung wieder, und es können sich sehr schnell Resistenzen bilden. Aus diesem Grund ist es bei diesen Augenentzündungen meines Erachtens durchaus richtig, gleich bei der ersten Behandlung ein Präparat mit Cortisonzusatz zu verwenden. Damit kann man nach meinen Erfahrungen verhindern, daß die Entzündungen nach einem ersten Abklingen immer wieder auftreten.

Krankheiten der Europäischen Süßwasserschildkröten

6. Äußere Verletzungen

Was derartige Verletzungen angeht, so zeigen gerade die europäischen Süßwasserschildkröten unvorstellbare Härte. In der Natur habe ich sehr oft Tiere sehen können, die selbst schwerste Verletzungen überlebt haben. Gerade in Südeuropa kommt es häufig vor, daß man diese Tiere mit Steinen bewirft oder mit dem Auto darüber fährt. Auch kommt es in Viehtränken oft vor, daß große Weidetiere mit ihren Hufen auf Jungtiere steigen und diese so stark verletzen. Ich besitze Tiere, denen mit einem Angelhaken der ganze Unterkiefer weggerissen wurde.
Solche Tiere sollte man natürlich einer tierärztlichen Versorgung zuführen. Bei einer entsprechenden Wundbehandlung sind hier die Heilungserfolge sehr gut.

7. Parasiten

Ähnlich wie die Landschildkröten werden natürlich auch die europäischen Süßwasserschildkröten von einer Vielzahl von Parasiten heimgesucht. Was die Zecken bei den Landschildkröten, sind die Blutegel bei den Wasserschildkröten. Diese sind jedoch relativ ungefährlich und lassen sich auch einfach entfernen.
Weitaus gefährlicher sind hier eine Vielzahl von Würmern. Tiere mit einer schlechten Kondition oder von geringem Gewicht sollte man aus diesem Grund gezielt auf Parasiten untersuchen lassen. Eine vorsorgliche und regelmäßige Entwurmung, wie dies bei den Landschildkröten unbedingt erforderlich ist, würde ich bei Wasserschildkröten jedoch nicht durchführen.

Bau und Gestaltung einer Freilandanlage
von Hans-Peter Kau

Bei der Wahl des Standortes einer solchen Anlage ist davon auszugehen, daß wir den Tieren so viel Wärme wie möglich bieten müssen. Aus diesem Grund sind schattige oder auch halbschattige Lagen ungeeignet.
Ferner sollte man nach Möglichkeit geschützte Lagen wie etwa direkt an der Südseite eines Gebäudes für derartige Anlagen wählen. Dies bringt zum einen eine höhere Temperatur durch die Wärmereflektion des Gebäudes, zum anderen hält es den von den Tieren als lästig empfundenen Wind ab. Aus den verschiedensten Gründen ist es zudem besser, eine Schildkrötenanlage in der Nähe des Wohnhauses zu haben als weiter davon entfernt (Beobachtungen, Kontrollen, Diebstahl).

Was die Größe einer derartigen Anlage angeht, so sei an dieser Stelle auf meine Ausführungen bezüglich der Haltung europäischer Süßwasserschildkröten hingewiesen. Der Tierhalter sollte sich meines Erachtens fragen, ob er die Tiere regelmäßig mit guten Ergebnissen züchten möchte, oder ob er in erster Linie an einer naturnahen Haltung einiger Tiere interessiert ist. Hier kommen auch ästhetische Gesichtspunkte zum Tragen, denn natürlich kann man eine große Anlage sicherlich naturnaher gestalten.
Eines ist jedoch für beide Typen von Freilandanlagen unabdingbar, eine sichere Begrenzung. Nur so kann man langfristig einem Abwandern und somit einem Verlust von Tieren vorbeugen. Mir sind zwar einzelne Fälle bekannt, wo Tiere derartige Teiche trotz Möglichkeit nicht verlassen haben, doch dürfte dies sicherlich eher die Ausnahme sein. Besonders die weiblichen Tiere sind vor der Eiablage sehr unruhig und neigen dazu, auch an Land weite Strecken zurückzulegen.
Eine Begrenzung kann aus vielen verschiedenen Materialien erstellt werden. Alle sollten jedoch eine überstehende Kante haben, denn die europäischen Süßwasserschildkröten sind gute Kletterer und wahre Ausbruchskönige. Dies trifft vor allem auf die besonders leichten und wendigen Jungtiere zu.
Wer eine Begrenzung seines Teiches für besonders störend empfindet, der sollte die Möglichkeit erwägen, seine Anlage im Gelände etwas tiefer zu legen. Auf diese Weise sieht alles mit entsprechender Bepflanzung versehen überhaupt nicht „begrenzt" aus, die Tiere können aber nicht entweichen. Oftmals genügt ein Absatz von 25-30 Zentimetern, wenn nur eine überstehende Kante vorhanden ist.

Der Wasserteil einer Freilandanlage kann aus den verschiedensten Materialien erstellt werden. Am preisgünstigsten und zudem haltbar und einfach in der Verarbeitung dürfte jedoch Teichfolie sein.
Wichtig bei der Anlage des Teiches ist, daß zumindest nicht überall steile Ufer entstehen. Aus diesem Grund sind auch die im Fachhandel erhältlichen Fertigteiche aus Hartplastik meines Erachtens nur bedingt geeignet. Hier muß man durch Aufschüttung von Kies oder ähnlichem ein flaches Ufer schaffen. Geschieht dies nicht, so kann es im ungünstigsten Fall zu Verlusten durch Ertrinken der Tiere kommen. An dieser Stelle sei vor allem in den Übergangszeiten davor gewarnt, Tiere in die Hand zu nehmen und dann durch Betasten dazu zu bewegen, sich ganz einzuziehen. Auf diese Weise entleert das Tier seine Lunge fast vollständig. Wird so ein Tier dann in das Wasser zurückgeworfen, dann kann das bei kaltem Wasser sehr schnell zum Ertrinken des Tieres führen.
Was die Wassertiefe angeht, so bin ich kein Verfechter von sehr tiefen Anlagen. Der Teich sollte zwar noch so tief sein, daß er nicht so schnell vollkommen zufriert, doch wähle ich bei meinen Anlagen die Wassertiefe keinesfalls höher als 80 Zentimeter. Dies ist meines Erachtens vollkommen ausreichend, um in Verbindung mit etwas Technik ein Durchfrieren des Teiches bis zum Grund zu verhindern. Der Vorteil solcher Wassertiefen ist, daß die Tiere besser das Ufer erklettern können, wenn es kalt ist. Außerdem heizen sich solche Teiche wesentlich schneller auf. Dieser Vorteil ist wesentlich höher einzustufen als der Nachteil, daß das Wasser auch etwas schneller auskühlt.
In den Übergangszeiten des Frühjahres und des Herbstes habe ich meine Freilandanlagen mit Abdeckungen aus Plexiglas versehen. Dadurch erreicht man einen Frühbeeteffekt. Bei relativ niedriger Begrenzung und Auflage dieser Abdeckung erhält man dann einen günstigen Wärmestau, der auch die Wasser-temperatur hebt. Tiere in solchen Anlagen erwachen früher aus der Winterruhe, fressen und paaren sich früher. Ich bin sicher, daß ich dieser Haltungsweise zu verdanken habe, daß etliche Tiere bei mir in einem Sommer zwei Gelege ablegen. Im Winter begünstigt diese bauliche Einrichtung, daß sich nicht so schnell und so stark Eis auf dem Wasser bildet. Bei Kälteeinbrüchen kann man die gesamte Anlage dann nochmals mit einer Folie abdecken. Wird die Eisschicht auf der Anlage trotzdem sehr stark, dann kann man leicht mit einem elektrischen Teichheizer eine eisfreie Stelle im Wasser halten. Dies ist jedoch nicht unbedingt nötig, ich habe selbst Mauremys leprosa unter einer geschlossenen Eisdecke im Freiland überwintert.

Selbst bei einer sehr geringen Besatzdichte sollte man eine Filterung der Anlage in Erwägung ziehen. Sehr effizient und optisch schön kann man dies mit einem zweiten höhergelegenen „Filterteich" tun. Einfacher geht es mit im Fachhandel erhältlichen großen Teichfiltern.
Besonders positiv wirkt sich eine Sauerstoffanreicherung des Wassers mit einer Luftpumpe aus. Es versteht sich von selbst, daß manch solche Aggregate jedoch bei starkem Frost ausschalten muß, um nicht das warme Wasser von unten nach oben zu befördern.

Bau und Gestaltung einer Freilandanlage

Den Landteil der Anlage sollte man bewußt nicht zu groß wählen. Die europäischen Süßwasserschildkröten halten sich überwiegend im Wasser auf. Lediglich zum Sonnenbaden suchen sie das Ufer auf, wo sie ausdauernd den ganzen Tag auf einer Stelle liegen und sich der Sonne aussetzen.

Zur Eiablage kann man versuchen, die Tiere an bestimmte Stellen zu lenken. Dies geschieht, indem man besonders sonnige Stellen z.B. mit Schieferplatten belegt, jedoch große Zwischenräume läßt. Die Tiere bemerken sehr schnell die wärmespeichernde Eigenschaft der schwarzen Schieferplatten und legen in der Nähe dieser Platten ihre Eier ab.

Den Wasserteil der Anlage kann und sollte man mit Wasserpflanzen versehen. Zum einen ist dies für die Wasserqualität von Nutzen und entspricht den natürlichen Gegebenheiten. Zum anderen stellen Pflanzen Schutz und Nahrung für die Tiere dar. Aus diesem Grund muß man sich jedoch damit abfinden, daß derartige Pflanzen auch angefressen und vernichtet werden, verstärkt bei den *Mauremys*-Arten.

Auch andere Tiere können mit den europäischen Süßwasserschildkröten vergesellschaftet werden, vor allem, wenn es sich um große Anlagen handelt. Fische werden nach kurzer Zeit nicht mehr beachtet, denn sie fallen auch in der Natur nur als Aas in den Speiseplan der Schildkröten. Auch Teichfrösche habe ich viele Jahre gemeinsam mit den Schildkröten gehalten.

Abschließend sei noch ein Hinweis zur Gestaltung des Ufers der Anlagen gegeben. Nach Möglichkeit sollte man hier möglichst viel Holz benutzen, da dies Steinen gegenüber als Sonnenplatz immer bevorzugt wird. Ich benutze seit vielen Jahren mit bestem Erfolg Korkeiche. Diese ist auch im Freiland viele Jahre haltbar und ermöglicht den Tieren ganz hervorragend einen Ausstieg aus dem Wasser.

Ferner empfiehlt es sich, den Tieren mit Baumstämmen Inseln im Wasser zu gestalten. Aus Sicherheitsgründen lieben die Tiere es sehr, wenn sie ganz von Wasser umgeben sind, da ihnen nur vom Land aus Gefahr droht.

Nach dem Bau einer solchen Anlage sollte man etwas Geduld zeigen, bis das Ganze zu einem eingewachsenen Stück Natur wird (sich wilde Pflanzen und allerlei Getier einfinden). Eine solche Anlage begeistert dann sicher jeden Naturfreund und nicht nur den Schildkröten-Interessierten.

Literatur

Basile, Ignaz A.: Faszinierende Schildkröten Band I - Landschildkröten. Verlag Stephanie Naglschmid; Stuttgart 1989

Branch, Bill: Field Guide to the snakes and other reptiles of southern Africa. New Holland (Publishers) Ltd.; London 1988

Ernst, Carl H. & Barbour, Roger W.: Turtles of the World. Smithsonian Institution 1989

Freiberg, Dr. Marcos: Turtles of South America. TFH Publications, Inc. Ltd.; Neptune 1981

Klingelhöffer, W. & Scherpner; W.: Terrarienkunde, Band 4: Schlangen, Schildkröten, Panzerechsen; Stuttgart 1959

Lehrer, John: Turtles and tortoises. Michael Friedman Publishing Group Inc.; New York 1990

Mertens, R. & Wermuth H.: Die Amphibien und Reptilien Europas; Frankfurt/Main 1960

Müller, Gerhard: Schildkröten. Eugen Ulmer GmbH & Co.; Stuttgart 1987

Nietzke, G.: Die Terrarientiere; Stuttgart 1969 und 1972

Nöllert, Andreas: Schildkröten. Landbuch-Verlag GmbH; Hannover 1987

Nutaphand, Wirot: The turtles of Thailand. Siamfarm Zoological Garden; Bangkok 1979

Obst, Fritz Jürgen: Die Welt der Schildkröten. Müller Rüschlikon Verlag; Zürich 1985

Obst, Fritz Jürgen: Schmuckschildkröten. A. Ziemsen Verlag; Wittenberg Lutherstadt 1983

Obst, F. J., Richter, K. & Jacob, U.: Lexikon der Terraristik und Herpetologie; Leipzig 1984

Patterson, Rod & Bannister Anthony: Reptilien Südafrikas. Landbuch-Verlag GmbH; Hannover 1988

Pritchard, Dr. Peter: Encyclopedia of turtles. TFH Publications, Inc. Ltd.; Neptune 1979

Rudloff, Hans-Werner: Schildkröten. Urania-Verlag; Leipzig, Jena, Berlin 1990

Zeitschriften

Die Aquarien- u. Terrarien-Zeitschrift DATZ
Ulmer Verlag, Stuttgart

Salamandra
DGHT Frankfurt ab 1965

Die Schildkröte
Interessensgemeinschaft Schildkrötenschutz München, IGS ab 1979

Herpetofauna
Ludwigsburg

Auflistung der Tiere aus Band I
Landschildkröten

Folgende Tiere werden gezeigt und besprochen:

1. *Testudo hermanni hermanni* — Griechische Landschildkröte, Ostrasse
2. *Testudo hermanni robertmertensi* — Griechische Landschildkröte, Westrasse
3. *Testudo graeca ibera* — Maurische Landschildkröte *T. g. ibera*
4. *Testudo graeca graeca* — Maurische Landschildkröte *T. g. graeca*
5. *Testudo graeca terrestris* — Maurische Landschildkröte *T. g. terrestris*
6. *Testudo marginata* — Breitrandschildkröte
7. *Agrionemys horsfieldi* — Vierzehen-Landschildkröte
8. *Testudo kleinmanni* — Ägyptische Landschildkröte
9. *Geochelone pardalis babcocki* — Pantherschildkröte
10. *Geochelone sulcata* — Spornschildkröte
11. *Malacochersus tornieri* — Spaltenschildkröte
12. *Chersina angulata* — Afrikanische Schnabelbrustschildkröte
13. *Psammobates oculifera* — Stachelrand-Landschildkröte
14. *Psammobates tentoria tentoria* — Höckerschildkröte
15. *Kinixys belliana nogueyi* — Glattrand-Gelenkschildkröte
16. *Kinixys belliana belliana* — Glattrand-Gelenkschildkröte spec.
17. *Kinixys erosa* — Stachelrand-Gelenkschildkröte
18. *Kinixys homeana* — Stutz-Gelenkschildkröte
19. *Homopus areolatus* — Areolen-Flachschildkröte
20. *Asterochelys radiata* — Strahlenschildkröte
21. *Pyxis arachnoides arachnoides* — Spinnenschildkröte
22. *Geochelone elegans elegans* — Sternschildkröte
23. *Indotestudo elongata elongata* — Gelbkopf-Landschildkröte
24. *Indotestudo elongata travancorica* — Travancore-Landschildkröte
25. *Indotestudo elongata forsteni* — Celebes-Landschildkröte
26. *Manouria emys emys* — Braune Landschildkröte
27. *Manouria emys nutapundi* — Braune Landschildkröte
28. *Manouria impressa* — Hinterindische Landschildkröte
29. *Cuora amboinensis* — Amboina Scharnierschildkröte
30. *Cuora flavomarginata flavomarginata* — Gelbrand-Scharnierschildkröte
31. *Cuora trifasciata* — Dreistreifen-Scharnierschildkröte
32. *Cuora galbinifrons* — Vietnam-Scharnierschildkröte
33. *Geoemyda spengleri spengleri* — Zacken-Erdschildkröte
34. *Pyxidea mouhotii* — Indische Dornschildkröte
35. *Heosemys grandis* — Riesen-Erdschildkröte
36. *Heosemys silvatica* — Gelbkopf-Erdschildkröte
37. *Chelonoidis carbonaria* — Köhlerschildkröte
38. *Chelonoidis denticulata* — Waldschildkröte
39. *Chelonoidis chilensis chilensis* — Argentinische Landschildkröte
40. *Terrapene carolina triunguis* — Dreizehen-Dosenschildkröte
41. *Terrapene ornata ornata* — Schmuck-Dosenschildkröte
42. *Terrapene carolina bauri* — Florida-Dosenschildkröte
43. *Terrapene carolina carolina* — Carolina-Dosenschildkröte
44. *Terrapene carolina major* — Große Carolina-Dosenschildkröte
45. *Terrapene carolina mexicana* — Mexikanische Dosenschildkröte
46. *Terrapene carolina yucatana* — Yucatan-Dosenschildkröte
47. *Terrapene coahuila* — Wasser-Dosenschildkröte
48. *Rhinoclemmys punctularia punctularia* — Guayana Erdschildkröte
49. *Gopherus agassizi* — Kalifornische Wüstenschildkröte
50. *Megalochelys gigantea* — Seychellen-Riesenschildkröte
51. *Chelonoidis elephantopus nigrita* — Galapagos-Riesenschildkröte

Liste der rezenten Sumpfschildkröten der Erde
Stand: April 1994

Annamemys annamensis (SIEBENROCK 1903)

Batagur baska baska (GRAY 1831)
Batagur baska ranongensis WIROT 1979

Callagur borneoensis (SCHLEGEL & MÜLLER 1844)

Chinemys kwangtungensis (POPE 1934)
Chinemys megalocephala FANG 1934
Chinemys reevesi (GRAY 1831)

Chrysemys picta picta (SCHNEIDER 1783)
Chrysemys picta belli (GRAY 1831)
Chrysemys picta dorsalis AGASSIZ 1857
Chrysemys picta marginata AGASSIZ 1857

Clemmys guttata (SCHNEIDER 1792)
Clemmys insculpta (LE CONTE 1830)
Clemmys marmorata marmorata (BAIRD & GIRARD 1852)
Clemmys marmorata pallida SEELIGER 1945
Clemmys muhlenbergi (SCHOEPFF 1801)

Cuora amboinensis amboinensis (DAUDIN 1802)
Cuora amboinensis couro (SCHWEIGGER 1812)
Cuora amboinensis kamaroma RUMMLER & FRITZ 1991
Cuora aurocapitata LUO & ZONG 1988
Cuora chriskarannarum ERNST & MCCORD 1987
Cuora flavomarginata flavomarginata (GRAY 1863)
Cuora flavomarginata evelynae ERNST & LOVICH 1990
Cuora flavomarginata sinensis (HSU 1930)
Cuora galbinifrons galbinifrons BOURRET 1939
Cuora galbinifrons hainanensis (LI 1958)
Cuora galbinifrons serrata IVERSON & MCCORD 1992
Cuora mccordi ERNST 1988
Cuora pani SONG 1984
Cuora trifasciata (BELL 1825)
Cuora yunnanensis (BOULENGER 1906)
Cuora zhoui ZHAO, ZHOU & YE 1990

Cyclemys dentata (GRAY 1831)
Cyclemys tcheponensis (BOURRET 1939)

Deirochelys reticularia reticularia (LATREILLE 1801)
Deirochelys reticularia chrysea SCHWARTZ 1956
Deirochelys reticularia miaria SCHWARTZ 1956

Emydoidea blandingi (HOLBROOK 1838)

Emys orbicularis orbicularis (LINNAEUS 1759)
Emys orbicualris luteofusca FRITZ 1989

Geoclemys hamiltoni (GRAY 1831)

Geoemyda japonica FAN 1931
Geoemyda spengleri (GMELIN 1789)

Graptemys barbouri CARR & MARCHAND 1942
Graptemys caglei HAYNES & MCKOWN 1974
Graptemys flavimaculata CAGLE 1954
Graptemys geographica (LE SUEUR 1817)
Graptemys kohni (BAUR 1890)
Graptemys nigrinoda nigrinoda CAGLE 1954
Graptmeys nigrinoda delticola FOLKERTS & MOUNT 1969
Graptemys oculifera (BAUR 1890)
Graptemys pseudogeographica pseudogeographica (GRAY 1831)
Graptemys pseudogeographica ouachitensis CAGLE 1953
Graptemys pseudogeographica sabinensis CAGLE 1953
Graptemys pulchra BAUR 1893
Graptemys versa STEJNEGER 1925

Hardella thurji thurji (GRAY 1831)
Hardella thurji indi GRAY 1870

Heosemys depressa (ANDERSON 1875)
Heosemys grandis (GRAY 1860)
Heosemys leytensis TAYLOR 1920
Heosemys silvatica (HENDERSON 1912)
Heosemys spinosa (GRAY 1831)

Hieremys annandali (BOULENGER 1903)

Kachuga dhongoka (GRAY 1835)
Kachuga kachuga (GRAY 1831)
Kachuga smithi smithi (GRAY 1863)
Kachuga smithi pallidipes MOLL 1987
Kachuga sylhetensis (JERDON 1870)
Kachuga tecta tecta (GRAY 1831)
Kachuga tecta tentoria (GRAY 1834)
Kachuga tecta circumdata MERTENS 1969
Kachuga trivittata (DUMÉRIL & BIBRON 1835)

Malaclemys terrapin terrapin (SCHOEPFF 1793)
Malaclemys terrapin centrata (LATREILLE 1802)
Malaclemys terrapin littoralis (HAY 1904)
Malaclemys terrapin macrospilota (HAY 1904)
Malaclemys terrapin pileata (WIED 1865)
Malaclemys terrapin rhizophorarum FOWLER 1906
Malaclemys terrapin tequesta SCHWARTZ 1955

Malayemys subtrijuga (SCHLEGEL & MÜLLER 1844)

Liste der rezenten Sumpfschildkröten der Erde

Mauremys caspica caspica (GMELIN 1774)
Mauremys caspica rivulata (VALENCIENNES 1835)
Mauremys iversoni PRITCHARD & MCCORD 1991
Mauremys japonica (TEMMINCK & SCHLEGEL 1835)
Mauremys leprosa (SCHWEIGGER 1812)
Mauremys nigricans (GRAY 1834)

Melanochelys tricarinata (BLYTH 1856)
Melanochelys trijuga trijuga (SCHWEIGGER 1812)
Melanochelys trijuga coronata (ANDERSON 1878)
Melanochelys trijuga edeniana (THEOBALD 1876)
Melanochelys trijuga indopeninsularis (ANNANDALE 1913)
Melanochelys trijuga parkeri DERANIYAGALA 1939
Melanochelys trijuga thermalis (LESSON 1830)

Morenia ocellata (DUMÉRIL & BIBRON 1835)
Morenia petersi (ANDERSON 1879)

Notochelys platynota (GRAY 1834)

Ocadia philippeni MCCORD & IVERSON 1992
Ocadia sinensis (GRAY 1834)

Orlitia borneensis GRAY 1873

Pseudemys alabamensis BAUR 1893
Pseudemys concinna concinna (LE CONTE 1830)
Pseudemys concinna gorzugi WARD 1984
Pseudemys concinna hieroglyphica (HOLBROOK 1836)
Pseudemys concinna metteri WARD 1984
Pseudemys concinna mobilensis (HOLBROOK 1938)
Pseudemys concinna suwanniensis CARR 1937
Pseudemys floridana floridana (LE CONTE 1830)
Pseudemys floridana hoyi (AGASSIZ 1857)
Pseudemys floridana peninsularis (CARR 1938)
Pseudemys nelsoni CARR 1938
Pseudemys rubriventris (LE CONTE 1830)
Pseudemys texana BAUR 1893

Pyxidea mouhoti (GRAY 1862)

Rhinoclemmys annulata (GRAY 1860)
Rhinoclemmys areolata (DUMÉRIL & BIBRON 1851)
Rhinoclemmys diademata (MERTENS 1954)
Rhinoclemmys funerea (COPE 1875)
Rhinoclemmys melanosterna (GRAY 1861)
Rhinoclemmys nasuta (BOULENGER 1902)
Rhinoclemmys pulcherrima pulcherrima (GRAY 1855)
Rhinoclemmys pulcherrima incisa (BOCOURT 1868)
Rhinoclemmys pulcherrima manni (DUNN 1930)

Rhinoclemmys pulcherrima rogerbarbouri (ERNST 1978)
Rhinoclemmys punctularia punctularia (DAUDIN 1802)
Rhinoclemmys punctularia flammigera PAOLILLO 1985
Rhinoclemmys rubida rubida (COPE 1869)
Rhinoclemmys rubida perixantha MOSIMANN & RABB 1953

Sacalia bealei (GRAY 1831)
Sacalia pseudocellata IVERSON & MCCORD 1992
Sacalia quadriocellata (SIEBENROCK 1903)

Siebenrockiella crassicollis (GRAY 1831)

Terrapene carolina carolina (LINNAEUS 1758)
Terrapene carolina bauri TAYLOR 1894
Terrapene carolina major (AGASSIZ 1857)
Terrapene carolina mexicana (GRAY 1849)
Terrapene carolina triunguis (AGASSIZ 1857)
Terrapene carolina yucatana (BOULENGER 1895)
Terrapene coahuila SCHMIDT & OWENS 1944
Terrapene nelsoni nelsoni STEJNEGER 1925
Terrapene nelsoni klauberi BOGERT 1943
Terrapene ornata ornata (AGASSIZ 1857)
Terrapene ornata luteola SMITH & RAMSEY 1952

Trachemys decorata (BARBOUR & CARR 1940)
Trachemys decussata decussata (GRAY 1831)
Trachemys decussata angusta (BARBOUR & CARR 1940)
Trachemys scripta scripta (SCHOEPFF 1792)
Trachemys scripta brasiliensis (FREIBERG 1969)
Trachemys scripta callirostris (GRAY 1855)
Trachemys scripta cataspila (GUNTHER 1885)
Trachemys scripta chichiriviche (PRITCHARD & TREBBAU 1984)
Trachemys scripta dorbigni (DUMÉRIL & BIBRON 1835)
Trachemys scripta elegans (WIED 1838)
Trachemys scripta emolli (LEGLER 1990)
Trachemys scripta gaigeae (HARTWEG 1938)
Trachemys scripta grayi (BOCOURT 1868)
Trachemys scripta hartwegi (LEGLER 1990)
Trachemys scripta hiltoni (CARR 1942)
Trachemys scripta nebulosa (VAN DENBURGH 1895)
Trachemys scripta ornata (GRAY 1831)
Trachemys scripta taylori (LEGLER 1960)
Trachemys scripta troosti (HOLBROOK 1936)
Trachemys scripta venusta (GRAY 1855)
Trachemys scripta yaquia (LEGLER & WEBB 1970)
Trachemys stejnegeri stejnegeri (SCHMIDT 1928)
Trachemys stejnegeri malonei (BARBOUR & CARR 1938)
Trachemys stejnegeri vicina (BARBOUR & CARR 1940)
Trachemys terrapen (LACEPEDE 1788)

Index wissenschaftliche Namen aus Band I und II

	Band/Seite		Band/Seite
Agrionemys horsfieldi	I/30	*Graptemys pseudogeo. pseudogeographica*	II/58
Annamemys annemensis	II/12	*Graptemys pulchra*	II/60
Asterochelys radiata	I/56	*Hardella thurji thurji*	II/62
Callagur borneoensis	II/14	*Heosemys grandis*	I/86, II/64
Chelonoidis carbonaria	I/90	*Heosemys silvatica*	I/88
Chelonoidis chilensis chilensis	I/94	*Heosemys spinosa*	II/66
Chelonoidis denticulata	I/92	*Homopus areolatus*	I/54
Chelonoidis elephantopus nigrita	I/118	*Indotestudo elongata elongata*	I/62
Chersina angulata	I/40	*Indotestudo elongata forsteni*	I/66
Chinemys kwangtungensis	II/16	*Indotestudo elongata travancorica*	I/64
Chinemys megalocephala	II/16	*Kachuga dhongoka*	II/68
Chinemys reevesi	II/18	*Kachuga kachuga*	II/70
Chrysemys picta belli	II/20	*Kachuga smithi smithi*	II/72
Chrysemys picta dorsalis	II/20	*Kachuga tecta circumdata*	II/74
Chrysemys picta marginata	II/20	*Kachuga tecta tecta*	II/74
Chrysemys picta picta	II/20	*Kinixys belliana belliana*	I/48
Clemmys guttata	II/24	*Kinixys belliana nogueyi*	I/46
Clemmys insculpta	II/26	*Kinixys erosa*	I/50
Clemmys marmorata marmorata	II/26	*Kinixys homeana*	I/52
Clemmys marmorata pallida	II/26	*Malaclemys terrapin macrospilota*	II/76
Clemmys muhlenbergi	II/26	*Malaclemys terrapin ssp.*	II/76
Cuora amboinensis	I/74	*Malaclemys terrapin tequesta*	II/76
Cuora amboinensis amboinensis	II/28	*Malaclemys terrapin terrapin*	II/76
Cuora amboinensis couro	II/30	*Malacochersus tornieri*	I/38
Cuora amboinensis kamaroma	II/32	*Malayemys subtrijuga*	II/80
Cuora chriskarannarum	II/34	*Manouria emys emys*	I/68
Cuora flavomarginata flavomarginata	I/76	*Manouria emys nutapundi*	I/70
Cuora galbinifrons	I/80	*Manouria impressa*	I/72
Cuora mccordi	II/34	*Mauremys caspica caspica*	II/82
Cuora pani	II/34	*Mauremys caspica rivulata*	II/84
Cuora trifasciata	I/78, II/36	*Mauremys leprosa*	II/86
Cyclemys dentata	II/38	*Mauremys nigricans*	II/88
Cyclemys tcheponensis	II/40	*Mauremys pritchardi*	II/82
Deirochelys reticularia chrysea	II/42	*Megalochelys gigantea*	I/116
Deirochelys reticularia miaria	II/42	*Melanochelys trijuga thermalis*	II/90
Deirochelys reticularia reticularia	II/42	*Melanochelys trijuga trijuga*	II/92
Emydoidea blandingi	II/44	*Morenia ocellata*	II/94
Emys orbicularis orbicularis	II/46	*Morenia petersi*	II/94
Geochelone elegans elegans	I/60	*Ocadia sinensis*	II/96
Geochelone pardalis babcocki	I/34	*Orlitia borneensis*	II/98
Geochelone sulcata	I/36	*Psammobates oculifera*	I/42
Geoclemys hamiltoni	II/48	*Psammobates tentoria tentoria*	I/44
Geoemyda spengleri spengleri	I/82	*Pseudemys concinna concinna*	II/100
Gopherus agassizi	I/114	*Pseudemys concinna hieroglyphica*	II/102
Graptemys barbouri	II/50	*Pseudemys concinna mobiliensis*	II/104
Graptemys geographica	II/52	*Pseudemys concinna suwannensis*	II/104
Graptemys kohni	II/54	*Pseudemys floridana*	II/106
Graptemys nigrinoda nigrinoda	II/56	*Pseudemys floridana floridana*	II/106

Index wissenschaftliche/deutsche Namen aus Band I und II

	Band/Seite		Band/Seite
Pseudemys floridana hoyi	II/106	Afrikanische Schnabelbrustschildkröte	I/40
Pseudemys nelsoni	II/108	Ägyptische Landschildkröte	I/32
Pyxidea mouhotii	I/84	Amboina Scharnierschildkröte	I/74, II/28, II/30
Pyxis arachnoides arachnoides	I/58	Amerikanische Sumpfschildkröte	II/44
Rhinoclemmys pulcherrima pulcherrima	II/112	Annam-Sumpfschildkröte	II/12
Rhinoclemmys punctularia diademata	II/110	Areolen-Flachschildkröte	I/54
Rhinoclemmys punctularia punctularia	I/112	Argentinische Landschildkröte	I/94
Rhinoclemmys punctularia punctularia	II/114	Barbour's Höckerschildkröte	II/50
Sacalia quadrocellata	II/116	Borneo-Flußschildkröte	II/98
Siebenrockiella crassicollis	II/118	Brasilianische Schmuckschildkröte	II/126
Terrapene carolina bauri	I/100	Braune Landschildkröte	I/68, I/70
Terrapene carolina carolina	I/102	Breitrandschildkröte	I/28
Terrapene carolina major	I/104	Callagur-Schildkröte	II/14
Terrapene carolina mexicana	I/106	Carolina-Dosenschildkröte	I/102
Terrapene carolina triunguis	I/96	Celebes-Landschildkröte	I/66
Terrapene carolina yucatana	I/108	Chinesische Dickkopfschildkröte	II/16
Terrapene coahuila	I/110, II/120	Chinesische Dreikielschildkröte	II/18
Terrapene ornata ornata	I/98	Chinesische Pfauenaugenschildkröte	II/116
Testudo graeca graeca	I/24	Chinesische Streifenschildkröte	II/96
Testudo graeca ibera	I/22	Dhongoka-Dachschildkröte	II/68
Testudo graeca terrestris	I/26	Diademschildkröte	II/62
Testudo hermanni hermanni	I/16	Diamantschildkröte	II/76
Testudo hermanni robertmertensi	I/18	Dreikiel-Wasserschildkröte	II/88
Testudo kleinmanni	I/32	Dreistreifen-Scharnierschildkröte	I/78, II/36
Testudo marginata	I/28	Dreizehen-Dosenschildkröte	I/96
Trachemys scripta callirostris	II/122	Europäische Sumpfschildkröte	II/46
Trachemys scripta chichiriviche	II/124	Falsche Landkarten-Höckerschildkröte	II/58
Trachemys scripta dorbigni	II/126	Florida-Dosenschildkröte	I/100
Trachemys scripta elegans	II/128	Florida-Rotbauch-Schmuckschildkröte	II/108
Trachemys scripta ornata	II/132	Florida-Schmuckschildkröte	II/106
Trachemys scripta scripta	II/134	Galapagos-Riesenschildkröte	I/118
Trachemys scripta venusta	II/136	Gelbkopf-Erdschildkröte	I/88
		Gelbkopf-Landschildkröte	I/62
		Gelbrand-Scharnierschildkröte	I/76
		Gelbwangen-Schmuckschildkröte	II/134
		Glattrand-Gelenkschildkröte	I/46
		Glattrand-Gelenkschildkröte spec.	I/48
		Griechische Landschildkröte	I/16, I/18
		Große Carolina-Dosenschildkröte	I/104
		Guayana-Erdschildkröte	I/112, II/114
		Hieroglyphen-Schmuckschildkröte	II/100, II/102, II/104
		Hinterindische Landschildkröte	I/72
		Hinterindische Pfauenaugenschildkröte	II/94
		Höckerschildkröte	I/44
		Honduras-Schmuckschildkröte	II/136
		Indische Dachschildkröte	II/74
		Indische Dornschildkröte	I/84
		Indische Pfauenaugenschildkröte	II/94

Index deutsche Namen aus Band I und II

	Band/Seite		Band/Seite
Kachuga-Dachschildkröte	II/70	Waldbachschildkröte	II/26
Kalifornische Wüstenschildkröte	I/114	Waldschildkröte	I/92
Kaspische Wasserschildkröte	II/82, II/84	Wasser-Dosenschildkröte	I/110, II/120
Kinnflecken-Schmuckschildkröte	II/122	Yucatan-Dosenschildkröte	I/108
Köhlerschildkröte	I/90	Yunnan-Scharnierschildkröte	II/34
Landkarten-Höckerschildkröte	II/52	Zacken-Erdschildkröte	I/82
Langhals-Sumpfschildkröte	II/42	Zierschildkröte	II/20
Malayen-Sumpfschildkröte	II/80		
Malayische Dornschildkröte	II/38		
Maurische Landschildkröte	I/22, I/24, I/26		
Maurische Sumpfschildkröte	II/86		
McCord's Scharnierschildkröte	II/34		
Mexikanische Dosenschildkröte	I/106		
Mississippi-Höckerschildkröte	II/54		
Muhlenberg-Wasserschildkröte	II/26		
Pan's Scharnierschildkröte	II/34		
Pantherschildkröte	I/34		
Pazifik-Wasserschildkröte	II/26		
Pfauenaugen-Schmuckschildkröte	II/132		
Pracht-Erschildkröte	II/112		
Pritchard's Sumpfschildkröte	II/82		
Riesen-Erdschildkröte	I/86, II/64		
Rothalsschildkröte	II/16		
Rotwangen-Schmuckschildkröte	II/128		
Schmuck-Dosenschildkröte	I/98		
Schmuck-Höckerschildkröte	II/60		
Schwarzbauch-Erdschildkröte	II/90, II/92		
Schwarze Dickkopfschildkröte	II/118		
Schwarzkopf-Höckerschildkröte	II/56		
Seychellen-Riesenschildkröte	I/116		
Smith's Dachschildkröte	II/72		
Spaltenschildkröte	I/38		
Spinnenschildkröte	I/58		
Spornschildkröte	I/36		
Stachel-Erdschildkröte	II/66		
Stachelrand-Gelenkschildkröte	I/50		
Stachelrand-Landschildkröte	I/42		
Sternschildkröte	I/60		
Strahlen-Dreikielschildkröte	II/48		
Strahlenschildkröte	I/56		
Streifenhals-Dornschildkröte	II/40		
Stutz-Gelenkschildkröte	I/52		
Travancore-Landschildkröte	I/64		
Tropfenschildkröte	II/24		
Venezuela-Erdschildkröte	II/110		
Venezuela-Schmuckschildkröte	II/124		
Vierzehen-Landschildkröte	I/30		
Vietnam-Scharnierschildkröte	I/80		

Weltweit anerkanntes Standardwerk über Schildkröten in 3 Bänden:

Alle Bände enthalten Einzelbiographien, in denen Aussehen, Größe, geographische Verbreitung, Biotope, Besonderheiten, allgemeine Anmerkungen zu Art und Verwandtschaft, Haltung, Pflege und WA-Status ausführlich beschrieben werden.

Band 1 zeigt die wichtigsten Arten der Landschildkröten in einmaligen großformatigen Farbaufnahmen.

Landschildkröten

ISBN 3-924342-17-6
144 S. mit 79 Farbfotos und 32 Abb., Format 29,7 x 21 cm, gebunden

Dieser einzigartige farbige Sachbildband ist Dokument und Aufruf zugleich für den Schutz der immer stärker gefährdeten Landschildkröten der Welt. Aus jahrelangen, von vielen Zuchterfolgen gekrönten Erfahrungen im Umgang mit Landschildkröten ist dieser herrliche Sachbildband entstanden, der auch Ihnen helfen wird, Schildkröten artgerecht zu halten und die Bestimmungen des Washingtoner Artenschutzabkommens und des Tierschutzes einzuhalten.

Zusammen mit seinem zweiten Sachbildband sowie dem in Arbeit befindlichen 3. Band über Wasser- und Meeresschildkröten hat Ignaz A. Basile das umfassenste Standardwerk über Schildkröten in deutscher Sprache, mit weltweiter Anerkennung geschaffen. In diesen drei Sachbildbänden werden alle rezenten Schildkrötenarten angesprochen, sodaß hier gleichzeitig eine vollständige Enzyklopädie aller heute bekannten Schildkrötenarten vorliegt.

Der Autor:

Ignaz A. Basile, engagierter Schildkrötenkenner, ist bekannt durch zahlreiche Vorträge und Fachartikel sowie seinen ersten Bildband " Faszinierende Schildkröten - Landschildkröten ". Sein großes Anliegen ist es, den Tierverbrauch aus der Natur zu verringern und damit beizutragen, daß die gefährdeten Bestände so vieler Schildkrötenarten eine wirkliche Überlebenschance erhalten, sowie den Kenntnisstand über diese Tiergruppe zu erweitern.

Band 2 zeigt einzigartige und teilweise weltweit noch nie veröffentlichte Arten der Sumpfschildkröten.

Sumpfschildkröten

ISBN 3-927913-81-2
180 S., ca. 80 Farbfotos, Format 29,7 x 21 cm, gebunden

In diesem Band sind die wichtigsten Arten der Sumpfschildkröten zusammengestellt worden. Als Besonderheit, findet man hier Fotografien von bisher noch nie gezeigten Arten!

Band 3 zeigt die wichtigsten Wasser- und Meeresschildkröten, wiederum mit teilweise nochnie abgebildeten Arten.

Wasser- und Meeresschildkröten

Ca. 180 Seiten

In diesem dritten, ebenfalls umfassend ausgestattetem Sachbildband werden u.a. Großkopfschildkröten, Schnappschildkröten, Geierschildkröten, Weichschildkröten, Schlammschildkröten sowie alle Meeresschildkröten dargestellt.

Allen Bänden ist ein umfassender systematischer Überblick nach neuesten wissenschaftlichen Erkenntnissen angegliedert.

Unser Verlagsprogramm umfaßt die Themen Natur und Naturreiseführer, Umwelt und Umwelterziehung, Naturheilverfahren und Lebenshilfen, Sport und Sportwissenschaft, Zeitgeschichte sowie Naturphänomene und Grenzwissenschaften. Wünschen Sie Informationen, so schreiben Sie bitte an:

Verlag Stephanie Naglschmid Stuttgart
Rotebühlstr. 87 A - 70178 Stuttgart   Telefon 0711 / 62 68 78 - Telefax.: 0711 / 61 23 23

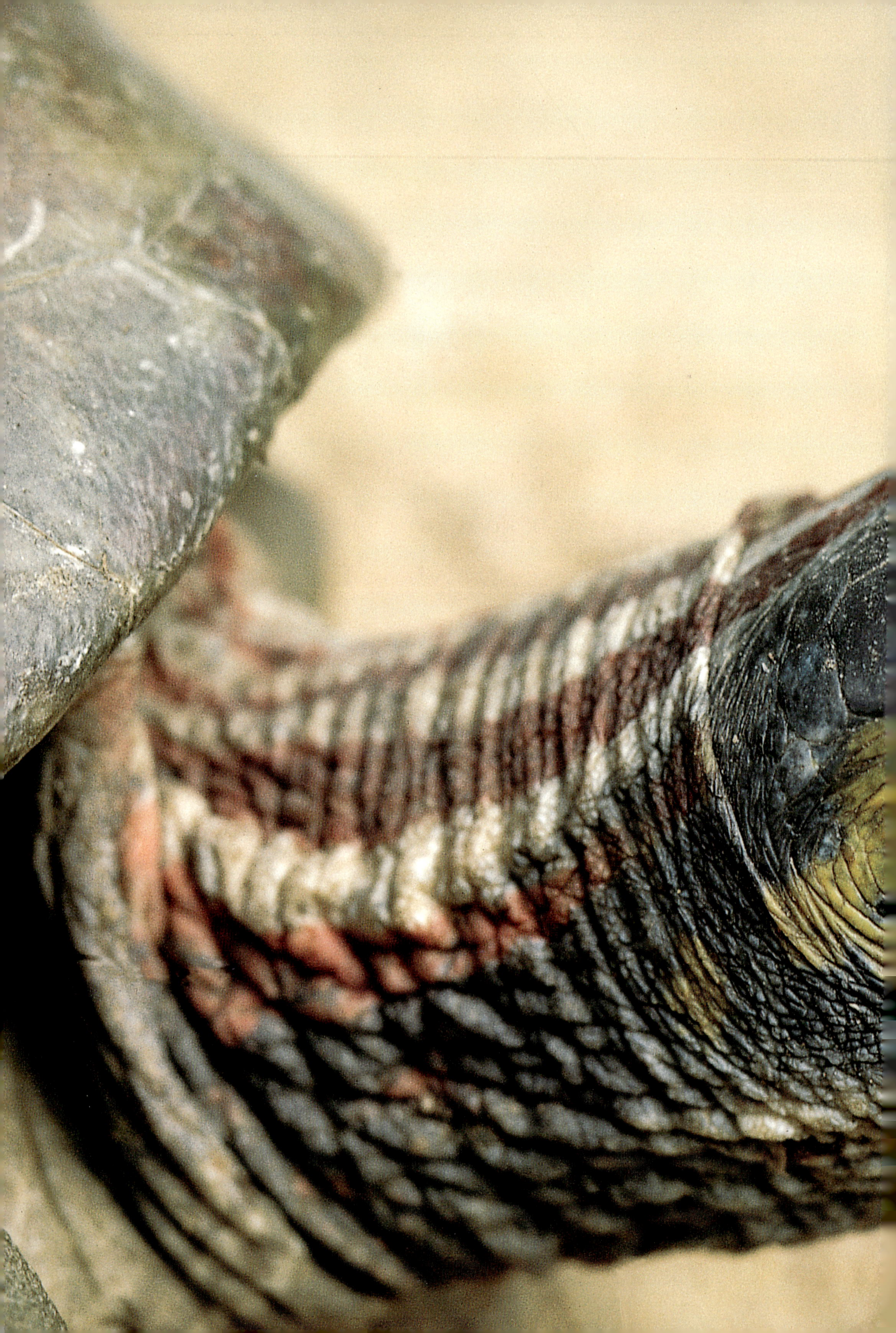

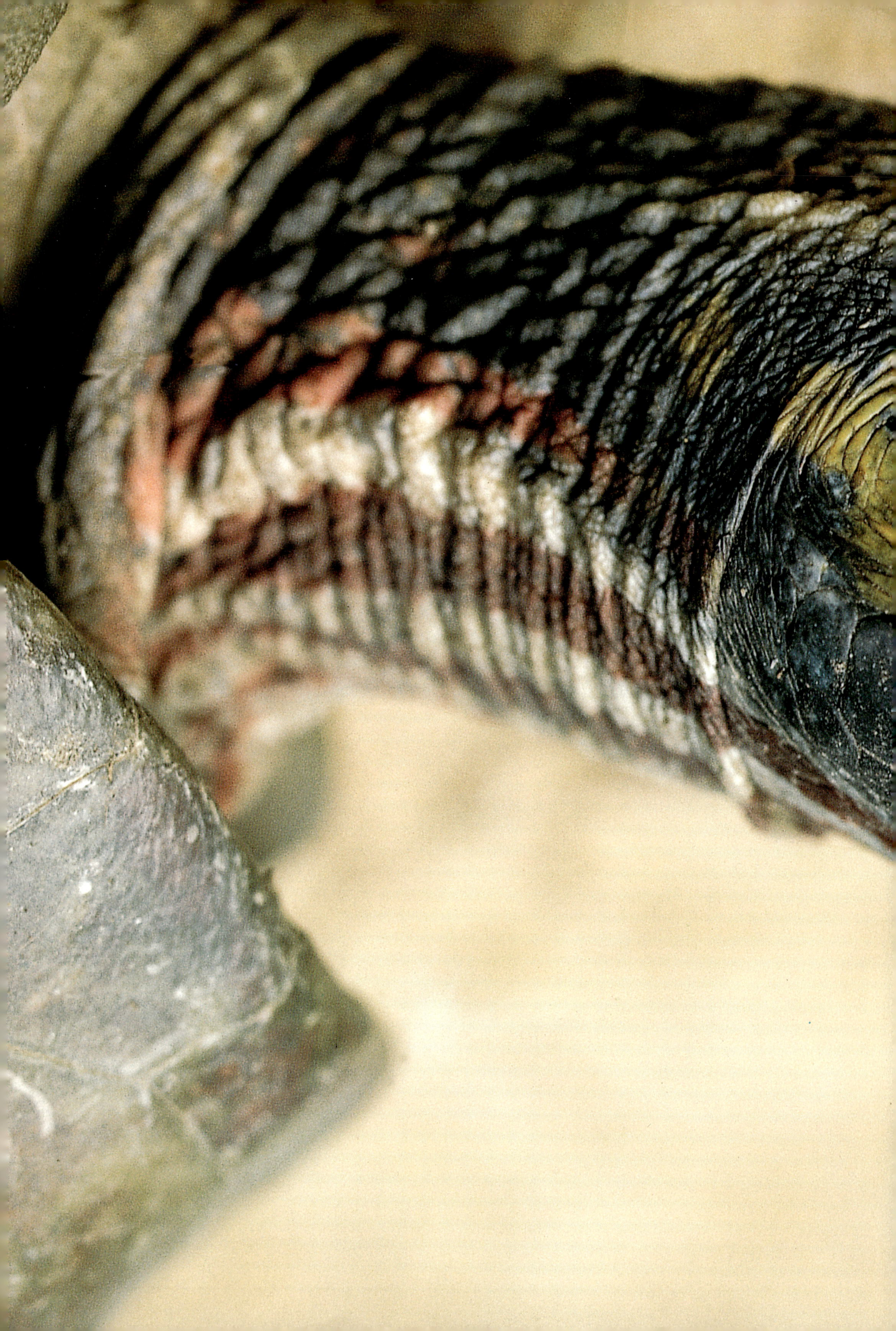